Jörg Schieb
Mirko Müller

SMART
BOOKS

edition
jörg schieb

Voice over IP

Telefonieren übers Internet

Bibliografische Informationen der Deutschen Bibliothek:
Die Deutsche Bibliothek verzeichnet diese Publikation in der Deutschen Nationalbibliografie; detaillierte bibliografische Daten sind im Internet über http://dnb.ddb.de abrufbar.

ISBN 978-3-908497-33-2
1. Auflage 2006

SmartBooks Publishing AG
Dorfstrasse 147
CH-8802 Kilchberg

www.smartbooks.ch
info@smartbooks.ch
Telefon: 0041 (0)44 716 14 24
Telefax: 0041 (0)44 716 14 25

Lektorat:	Horst-Dieter Radke
Korrektorat:	Horst-Dieter Radke
Gesamtlayout und Satz:	Harald Müller, Würzburg Coverillustration unter Zuhilfenahme des Bildmaterials von fotolia.de, istockphoto.com, photocase.de
Illustrationen:	Andrzej Windak, Harald Müller
Druck und Bindung:	J.P. Himmer GmbH & Co. KG, Augsburg

Trotz sorgfältigen Lektorats schleichen sich manchmal Fehler ein. Autoren und Verlag sind Ihnen dankbar für Anregungen und Hinweise.

Voice over IP
Telefonieren übers Internet

Kapitelübersicht

Inhalt

Vorwort

VoIP erlebt derzeit einen regelrechten Boom. Kaum ein Internet-Provider oder Onlinedienst, der nicht lauthals die Vorzüge von «Voice over IP» anpreist. Im Fokus der Versprechen: Günstige oder sogar kostenlose Telefonate. Das hört natürlich jeder gerne, und darum ist das Interesse an «Voice over IP» derzeit riesig. Übersetzt bedeutet «Voice over IP» übrigens soviel wie «Sprache übers Internet». Was die Sache ganz gut trifft, da die Telefongespräche tatsächlich vollständig übers Internet abgewickelt werden.

Fachleute und Insider sagen zum neuen Telefontrend lieber «VoIP». Warum auch nicht: VoIP klingt gut – und ist viel kürzer. An den Begriff hat man sich also schnell gewöhnt, entscheidend ist ohnehin das Sparpotenzial. Einige Anbieter versprechen Gespräche für schlappe 1,5 Cent pro Minute ins gesamte deutsche Festnetz. Egal, wohin in Deutschland. Andere Anbieter bieten diese Leistung sogar für nur 1 Cent pro Minute. Wer monatlich ein fettes Minutenpaket abnimmt, kommt mitunter noch günstiger weg. Derzeit besonders beliebt: Flatrates. Telefonieren zum Pauschaltarif. Alle Anrufe ins Festnetz für einen festen Preis, in der Regel rund 10 Euro im Monat.

Von solchen Angeboten hätte man vor einigen Jahren wirklich nur träumen können. Die Message ist eindeutig: Telefonieren übers Internet ist günstig. Saugünstig. Was allerdings – und das sei nur am Rande erwähnt! – gar nicht immer stimmt, zumindest nicht bei Auslandsgesprächen. Kostenlos ist VoIP übrigens nur dann, wenn beide Gesprächspartner über das Internet verbunden sind – und beide auch noch im selben VoIP-Netz telefonieren. Oder zumindest in befreundeten Netzen. Mittlerweile sind die wichtigsten Netze eigentlich alle miteinander verkoppelt.

Am praktischsten ist es zweifellos, wenn man nicht vorm PC sitzen muss, um zu voipen. Schließlich ist der PC nicht rund um die Uhr eingeschaltet – noch nicht mal bei uns, den Autoren dieses Buchs. Deshalb habe ich mir ein «richtiges» Internet-Telefon gekauft. Einen Apparat, der sich bei flüchtigem Blick nicht von einem regulären Telefon unterscheidet, der aber nicht mit dem Telefonnetz, sondern direkt mit dem Internet verbunden wird.

Das Telefon kam komplett vorkonfiguriert per Post nach Hause. Alles war fix und fertig eingestellt, für mein VoIP-Konto bei Sipgate, dem einzigen Anbieter, der vorkonfigurierte Apparate verschickt. Telefon eingestöpselt – und wenige Sekunden später konnte ich telefonieren. Erstaunlich. Aber: So muss das sein. Die Kunden bekommen sogar eine reguläre Rufnummer, fast immer mit der Vorwahl ihrer Stadt oder Gemeinde. Also zum Beispiel 0211 für Düsseldorf und nicht 01212 und dann ein Rattenschwanz von Ziffern, wie es bei den meisten anderen VoIP-Anbietern üblich ist.

Voiper können auch vom Festnetz oder Handy angerufen werden – und das ist besonders praktisch. Wenn allerdings irgendetwas schief läuft und das VoIP-Telefon oder die Telefon-Software auf dem PC konfiguriert werden muss, dann wird's problematisch. Und zwar so richtig. Denn da wird man nach Dingen wie «Silence Suppresion», «Layer 3 QoS», «Local RTP Port» oder dem «Keep alive Interval» gefragt. Jede Wette, dass nicht mal 0,001 Prozent der Bevölkerung solche Fragen verstehen, geschweige die Antworten darauf kennen.

Wenn alles funktioniert, ist VoIP aber wirklich eine feine Sache – und kann richtig eingesetzt auch eine Menge Geld sparen. Darum haben wir dieses Buch geschrieben: Es soll zeigen, welche Möglichkeiten VoIP bietet und wie sich damit eine Menge Geld sparen lässt.

Wer Spaß an Technik hat, dem wird VoIP sowieso viel Freude bereiten – einfach, weil es so viele spannende Möglichkeiten gibt. Die wollen wir in diesem Buch auf jeden Fall aufzeigen. Wer hingegen einfach nur günstig oder kostenlos telefonieren möchte, wird mit diesem Buch ebenfalls auf seine Kosten kommen, denn wir zeigen, wie's geht – kompakt und hoffentlich verständlich. Sie werden sehen: Es ist heute gar nicht mehr so schwer, übers Internet zu telefonieren.

Ein Buch in Teamarbeit

Auch dieses Buch ist wieder in bewährter Teamarbeit entstanden: Mirko Müller ist nicht nur ein geschätzter Kollege, sondern vor allem äußerst erfahren in Sachen Voice over IP. Er hat schon sehr früh zu Hause über das Internet telefoniert und auch in seiner Firma eine komplette Telefonanlage auf VoIP umgestellt – und das will was heißen! Er verfügt also über unschätzbares Wissen in Sachen Voice over IP – und lässt uns alle daran teilhaben.

Dafür möchte ich mich bei Mirko Müller bedanken. Ein dickes Dankeschön geht aber auch an Horst-Dieter Radke, der dieses Buch sorgfältig und mit viel Engagement lektoriert hat. Lektoren sind immer die ersten Leser – und kritische dazu. Das kommt dem Manuskript zugute und damit letztlich auch der Verständlichkeit. Horst-Dieter Radke hat alles penibel geprüft – und auch dafür bedanke ich mich.

Aktuelle Infos im Web

Eins noch: Das Thema Voice over IP ist raschen Veränderungen unterworfen. Es gibt neue Programme, neue Tarife, neue Geräte und Möglichkeiten. Oder auch neue Tipps und Tricks, wie sich noch mehr aus dem VoIP-Telefonanschluss heraus holen lässt. Weil ein Buch aber irgendwann Redaktionsschluss hat – und künftige Entwicklungen nicht abgebildet werden können –, finden Sie auf meiner Webseite zusätzliche Tipps und Tricks sowie Hinweise zum Thema VoIP. Am besten, Sie surfen regelmäßig vorbei: www.schieb.de/voip

Bleibt mir jetzt eigentlich nur noch, Ihnen recht viel Freude bei der Lektüre des Buches zu wünschen.

Jörg Schieb
Meerbusch, im August 2006
www.schieb.de

Kapitel 1

Voice over IP

Telefonieren übers Internet

VoIP – Das sollte man wissen

Surfen und E-Mails sind im Internet mittlerweile selbstverständlich. Das Telefonieren via Internet ist allerdings für die meisten verhältnismäßig neu. Aber: Es winken Gratistelefonate und die weltweite Erreichbarkeit unter einer einzigen Nummer. Und das macht neugierig. Stellt sich die Frage: Wie funktioniert VoIP (Voice over IP) eigentlich? Wie wandert Sprache übers Internet zum Gesprächspartner? Warum ist Internet-Telefonie so viel komfortabler als das klassische Telefon? Dieses Kapitel verrät es Ihnen und zeigt auch, wo die Tücken der neuen Technologie liegen. Und natürlich, was die Gratistelefonate tatsächlich kosten.

Telefonieren via Internet – Endlich funktioniert's

Voice over IP, VoIP, Internet-Telefonie oder IP-Telefonie: Das Telefonieren übers Internet ist in aller Munde. In nahezu allen Fachzeitschriften und Publikationen ist VoIP ein heißes Thema. Das ist auch kein Wunder, denn: Es funktioniert, es kostet viel weniger, ist meistens sogar kostenlos und es macht Spaß. Wer via Internet telefoniert, merkt keinen Unterschied zum klassischen Telefon. Es sieht ähnlich aus, es funktioniert genau so und es hört sich auch so an.

Das war nicht immer so. Die ersten Versuche, Telefongespräche über das Internet zu führen, scheiterten kläglich an der miserablen Sprachqualität und häufigen Gesprächsabbrüchen. Diese Zeiten sind zum Glück vorbei. Heute sind VoIP-Gespräche glasklar und nicht von normalen Telefongesprächen zu unterscheiden.

info

VoIP, Internet-Telefonie, Voice over IP – wie heißt es denn jetzt?

Gar nicht so einfach, einen griffigen Namen für die neue Art zu Telefonieren zu finden. In der Internet-Welt ist man sich noch nicht ganz einig, wie die neue Technik denn nun heißen soll. Und so finden Sie in Zeitungen und Zeitschriften aber auch bei den Anbietern immer wieder verschiedene Bezeichnungen. Gemeint ist aber immer dasselbe: Das Telefonieren über eine bestehende Internet-Verbindung. Die gängigsten Bezeichnungen sind:

VoIP (gesprochen: woip)

Voipen

Voice over IP

Internet-Telefonie

IP-Telefonie

DSL-Telefonie

Auch wenn es etwas holprig klingt: Das Akronym «VoIP» hat sich mittlerweile als Standardbegriff durchgesetzt. Vermutlich wird es nicht lange dauern, bis er sogar Einzug in den Duden findet.

Eine kurze Geschichte der Internet-Telefonie

Auch wenn die Internet-Telefonie brandneu erscheint und sich anschickt, das klassische Telefon abzulösen: Ganz so neu wie es scheint ist VoIP gar nicht. Im Grunde ist VoIP schon über zehn Jahre alt. Die rasante, aber holprige Geschichte der VoIP-Technologie liest sich folgendermaßen:

■ Mitte der 90er Jahre des letzten Jahrhunderts: Erste mühsame Gehversuche

Die ersten Versuche, Sprache über das Internet zu schicken, fanden Mitte der 90er Jahre statt. Als Pionier gilt das israelische Unternehmen Vocaltec, das 1995 mit einer Software namens iPhone eines der ersten Programme zum Telefonieren über das Internet entwickelte.

VoIP anno 1995: Internet Phone, eines der ersten Internet-Telefone von VocalTec.

Die Ergebnisse waren allerdings ernüchternd. Die Gespräche konnten nur im so genannten Halbduplex-Verfahren stattfinden: Die Gesprächspartner konnten nur abwechselnd kommunizieren. Man konnte entweder sprechen oder zuhören; beides zusammen war nicht möglich. Die ersten Gehversuche in Sachen Internet-Telefonie erinnerten damit eher an ein Walkie-Talkie, als an ein echtes Telefon. Hinzu kamen eine miserable Sprachqualität und häufige Gesprächsabbrüche. Für den Praxiseinsatz war das untauglich.

Eine weitere Hürde: Die Gespräche konnten nur zwischen zwei Gesprächspartnern stattfinden, die über die identische Software verfügten. An Gespräche mit «echten» Telefonen im Festnetz oder zum Handy war nicht zu denken.

■ Anfang des neuen Jahrtausends: Wichtige Hürden genommen

Die Ursache für die schlechte Sprachqualität war schnell gefunden: Die bis dahin weit verbreiteten Modem- und ISDN-Internet-Leitungen waren für die Übertragung von Sprachdaten einfach zu langsam und völlig ungeeignet. Das hat sich mit dem Boom der DSL-Anschlüsse radikal geändert. Moderne DSL-Anschlüsse sind «breit» genug für glasklare Telefongespräche via Internet.

Einen weiteren Schub brachten moderne Kompressionsverfahren. Sie wandeln die Sprache in möglichst kleine Datenpakete um und ermöglichen sogar mehrere Gespräche gleichzeitig über eine einzige DSL-Leitung.

Eine wichtige Rolle spielen die so genannten Protokolle, die genau regeln, wie ein Telefongespräch im Internet abläuft. Die Entwicklung des SIP-Protokolls (Session Initiation Protocol) im Jahr 1999 sowie die Verbesserung 2002 legten den Grundstein für die Erfolgsgeschichte der Internet-Telefonie. Die meisten Internet-Telefonate laufen nach den Regeln des SIP-Protokolls ab.

Weitere Informationen zur Bedeutung des SIP-Protokolls finden Sie weiter unten in diesem Kapitel im Abschnitt *Ohne geht's nicht: Protokolle.*

Ab 2004: Jetzt funktioniert VoIP wirklich

Seit knapp zwei Jahren ist VoIP nicht mehr aufzuhalten. Der endgültige Durchbruch gelang zirka 2004, als zwei Ereignisse zusammentrafen: Zum einen wurden die Internet-Telefone immer ausgeklügelter und einfacher zu bedienen; zum anderen stellten immer mehr Anbieter so genannte Gateways zum Festnetz zur Verfügung. Die Gateways funktionieren im wahrsten Sinn des Wortes als Tor zum klassischen Festnetz, sie sind die Schnittstelle zwischen Internet-Telefonen und normalen Telefonen oder Handys. Seitdem können Sie vom Internet-Telefon aus weltweit jedes beliebige Telefon erreichen – und sind umgekehrt von überall erreichbar.

Aus dem bis dato nur als Nischenprodukt bekannten VoIP wurde eine echte Alternative zum klassischen Telefon. Eine bessere obendrein.

Jetzt bekommen die Großen Angst

Die Entwicklung auf dem VoIP-Markt ist rasant. Experten schätzen, dass bis spätestens zum Jahr 2010 alle Telefongespräche über das Internet abgewickelt werden. Die Gespräche finden dann oftmals kostenlos oder zu minimalen Kosten im Cent-Bereich statt. Das lässt bei den klassischen Telefonkonzernen die Alarmglocken schrillen. Große Anbieter wie Deutsche Telekom oder Arcor sind alarmiert: Wenn jeder via VoIP nur noch kostenlos oder zu minimalen Kosten plaudert, steht viel Umsatz auf dem Spiel.

VoIP mischt den Telefonmarkt also kräftig auf. Für Telefonkonzerne ist das aber kein Grund, die Flinte ins Korn zu werfen. Im Gegenteil: Sie mischen mit im VoIP-Markt und werden selbst Anbieter der Internet-Telefonie. Intern verwenden Anbieter wie die Deutsche Telekom sowieso schon seit mehreren Jahren die VoIP-Technologie. Die Deutsche Telekom möchte bis zum Jahr 2012 sämtliche Telefongespräche nicht mehr über das bisherige Festnetz, sondern über Internet-Leitungen führen. Das klassische Telefonnetz hätte dann ausgedient. Ob es wirklich so weit kommt, und ob der ehrgeizige Zeitplan eingehalten werden kann, bleibt abzuwarten. Eines ist aber sicher: Das Telefonieren über das Internet ist bereits heute Realität. Es funktioniert. Und es ist wesentlich günstiger als das klassische Telefonat. In vielen Fällen plaudern Sie sogar kostenlos.

Darum ist VoIP so viel besser als das klassische Telefon

Das Interesse an VoIP ist riesengroß. Zahlreiche Anbieter locken mit attraktiven VoIP-Anschlüssen, neuen Internet-Telefonen und Adaptern. Stellt sich die Frage: Ist VoIP wirklich so toll wie versprochen? Die Antwort ist einfach: ja.

Die acht wichtigsten Vorteile von VoIP im Einzelnen:

1. Weniger Kosten: VoIP-Gespräche sind günstiger.
2. Kostenlose Gespräche: Viele VoIP-Gespräche sind gratis.
3. Keine Grundgebühr: Null Euro Fixkosten.
4. Mehr Kostentransparenz: Übersichtliche Kostenaufstellungen im Web oder direkt im Telefon.
5. Stabile Tarifstruktur: Ein Tarif für alle Gespräche.
6. Mehr Komfort: VoIP bietet tolle Komfortfunktionen.
7. Überall erreichbar: Mit VoIP sind Sie weltweit unter derselben Nummer erreichbar.
8. Klingeln überall: Mehrere Telefone gleichzeitig klingeln lassen.

Was sich hinter den Vorteilen tatsächlich verbirgt, erfahren Sie auf den nachfolgenden Seiten.

Weniger Kosten: VoIP ist günstiger

Wichtigster Vorteil der Internet-Telefonie: Es ist billiger. Pro Gespräch zahlen Sie wesentlich weniger als im klassischen Festnetz.

beispiel

Was kostet ein Gespräch?

Ein Gespräch von München nach Hamburg kostet mit VoIP zwischen 0 Cent und 1,5 Cent pro Minute – im Schnitt zahlen Sie pro VoIP-Gespräch knapp 1 Cent pro Minute. Im Netz der Deutschen Telekom sind hierfür hingegen knapp 4 Cent fällig, der günstigste Call-by-Call-Anbieter schafft es nicht unter 1,6 Cent (Stand: März 2006). Ein gewaltiger Unterschied.

Wieso sind Internet-Telefonate so günstig? Die Antwort ist einfach: Bei einem normalen Telefongespräch zwischen Hamburg und München muss ein Telefonanbieter für die gesamte Strecke eine separate Telefonleitung aufbauen – die auch nur für dieses Gespräch genutzt werden kann. Die Internet-Telefonie hat es da einfacher: Das Telefonat geht in Hamburg erst einmal ins kostengünstigere Internet, kommt dann in München – praktisch vor der Haustüre des Gesprächspartners – wieder aus dem Internet heraus und wechselt erst dort in das Festnetz. Das ist wesentlich kostengünstiger, da praktisch nur die kurze Strecke der so genannten «letzten Meile» zum Gesprächspartner über das klassische Telefonnetz geführt wird.

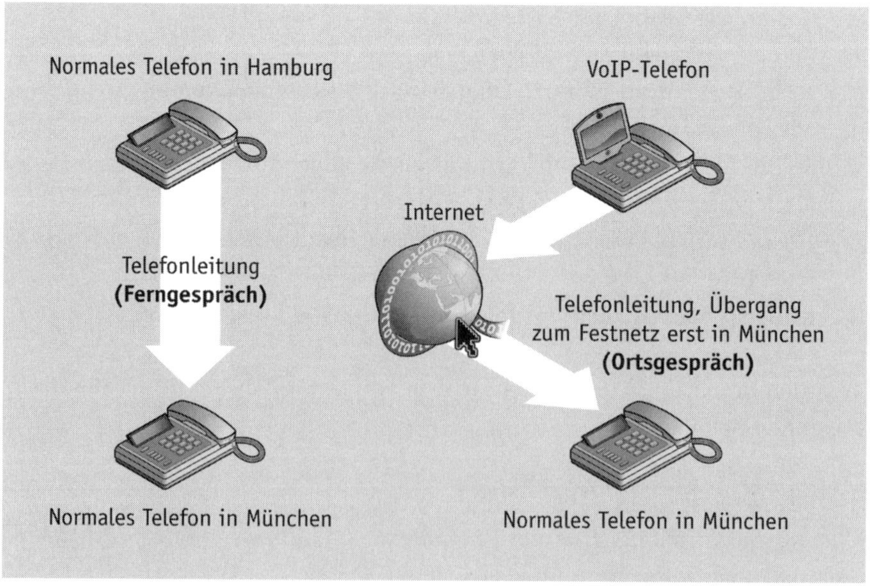

Darum ist VoIP so günstig: Im Gegensatz zum normalen Ferngespräch (links) findet beim Internet-Telefonieren der Übergang zum Festnetz («Letzte Meile») erst kurz vor dem Ziel statt. Jedes Ferngespräch ist damit praktisch ein günstiges Ortsgespräch.

Wie genau ein Internet-Telefonat eigentlich funktioniert, erfahren Sie weiter unten im Abschnitt *So funktioniert VoIP.*

Die VoIP-Telefonie hält allen Preisvergleichen stand. Egal ob Sie lokal, ins Festnetz, zum Handy oder ins Ausland telefonieren.

Günstiger als Standard-Telefonanschlüsse

Einem Standard-Telefonanschluss der Deutschen Telekom ist VoIP haushoch überlegen. Das gilt auch für die scheinbar attraktiven Tarifoptionen, bei denen Sie sich günstigere Gesprächskosten oder Freiminuten mit einer höheren Grundgebühr erkaufen.

beispiel

Mit VoIP telefonieren Sie länger

Das Angebot «Call Time» der Deutschen Telekom ermöglicht für monatlich knapp 4 Euro mehr deutschlandweit bis zu 240 Freiminuten. Per VoIP können Sie zu den gleichen Kosten fast doppelt so lange telefonieren: ca. 400 Minuten. Ebenfalls deutschlandweit

Günstiger als Telefon-Flatrates

Und wie sieht es bei Telefon-Flatrates aus? Auch hier heißt der Sieger in den meisten Fällen: VoIP. Die Flatrates der traditionellen Festnetzanbieter wie Telekom und Arcor oder Mobilfunkflatrates wie «Base» lohnen sich nur für wirkliche Vieltelefonierer. Die Telefon-Flatrate von Arcor für knapp 20 Euro lohnt sich im Vergleich zur Internet-Telefonie erst, wenn Sie regelmäßig mehr als 2.000 Minuten telefonieren. Gleiches gilt für das Flatrateangebot «XXL Fulltime» der Deutschen Telekom.

Und wer tatsächlich eine «Quasselstrippe» ist und monatlich mehr als 33 Stunden vertelefoniert, fährt mit den Flatrateangeboten der VoIP-Anbieter wesentlich besser. Hier gibt es die Flatrate ins Festnetz bereits für unter 10 Euro, zum Beispiel von Sipgate (www.sipgate.de) oder GMX (www.gmx.de).

Ausführliche Informationen zu VoIP-Flatrates und den Kosten beim Internet-Telefonieren erhalten Sie im Kapitel *Den passenden Anbieter finden.*

Günstiger als Call-by-Call

Im Vergleich zum Call-by-Call schmilzt zwar der Vorsprung von VoIP, Sieger bleibt aber in den meisten Fällen auch hier die Internet-Telefonie. Sowohl bei Orts- als auch bei Fern- und Auslandsgesprächen ist die Internet-Telefonie deutlich günstiger als die meisten Call-by-Call-Anbieter. Wenn Sie Ihren klassischen Telefonanschluss nicht mehr bei der Deutschen Telekom, sondern z. B. bei Arcor haben, hat sich das Thema Call-by-Call sowieso erledigt: Bei Nicht-Telekom-Anschlüssen ist Call-by-Call fast immer ausgeschlossen.

Zugegeben: Auch bei Call-by-Call-Anbietern finden Sie immer mal wieder 1-Cent-Tarife, die den VoIP-Tarifen ebenbürtig sind. Allerdings ist hier das Kleingedruckte wichtig: Oftmals gelten die niedrigen Tarife nur zu später Abendstunde oder sind nur örtlich begrenzt verfügbar. Nicht selten verschwinden die Spartarife genau so schnell wieder, wie sie aufgetaucht sind.

In einem Punkt ist das klassische Call-by-Call häufig noch unschlagbar: Telefonate in die Mobilfunknetze sind in der Regel mit Call-by-Call günstiger als mit VoIP. Während per Internet-Telefonie zwischen 17 und 20 Cent pro Minute anfallen, liegen die Call-by-Call-Anbieter mit knapp 13 Cent noch einiges darunter. Vermutlich wird es aber nicht mehr lange dauern, bis sich auch hier die Preise angenähert haben und VoIP auch bei Gesprächen zum Handy als Sieger hervorgeht.

Ganz konkret: So viel sparen Sie bei VoIP

Ob VoIP-Anbieter, Fachzeitschriften oder Hersteller von Internet-Telefonen: Von allen Seiten hören Sie «VoIP ist billiger». Doch wie viel billiger ist es genau? Wie viel lässt sich beim Internet-Telefonieren wirklich sparen? Folgendes Beispiel zeigt Ihnen, wie viel Sparpotenzial drin ist.

beispiel

Telefonrechnung analysieren

Als Praxisbeispiel dient meine Telefonrechnung mit knapp 15 Euro Gesprächskosten im Monat.

Sie können auch Ihre eigene Telefonrechnung zur Hand nehmen, mitrechnen und sofort erfahren, wie viel Sie sparen können. Gehen Sie zur Ermittlung des Sparpotenzials folgendermaßen vor:

1. Nehmen Sie Ihre aktuelle Telefonrechnung zur Hand. Bei der Rechnung der Deutschen Telekom finden Sie Ihre aktuellen Gesprächskosten im Bereich *Verbindungen Deutsche Telekom* – zumeist auf der zweiten Seite. Dort sind alle City- und Deutschland- und Auslandsverbindungen aufgeführt, z. B. in der Form:

Leistung	**Menge**	**Einzelbetrag**	**Gesamt**
22 Cityverbindungen	53	0,0517	2,74
30 Deutschlandverbindungen Tagtarif	93	0,0775	7,21
...			
Summe Verbindungen Deutsche Telekom			13,50

2. Nehmen Sie daneben die Tariftabelle Ihres VoIP-Anbieters zur Hand. Falls Sie noch keinen VoIP-Anbieter ausgesucht haben, können Sie beispielhaft einen beliebigen VoIP-Anbieter auswählen – für einen Näherungswert reicht das vollkommen aus. Sehr übersichtlich sind beispielsweise die Tarifseiten von sipgate (www.sipgate.de/user/tarife.php) und dus.net (www.dus.net/index.php?id=preise).
3. Jetzt geht es ans Vergleichen: Tragen Sie auf der Rechnung hinter dem Einzelbetrag den passenden Einzelbetrag (Cent pro Minute) Ihres VoIP-Anbieters ein. Bei Deutschlandverbindungen beispielsweise 0,0129 Euro, wenn Ihr VoIP-Anbieter 1,29 Cent pro Minute berechnet.
   Wie die Beispielrechnung aussehen kann, sehen Sie in der Abbildung weiter unten.
4. Multiplizieren Sie nun den VoIP-Einzelbetrag mit der Menge, und tragen Sie das Ergebnis auf der Rechnung rechts neben dem Gesamtbetrag, z. B. 0,06837.
5. Wiederholen Sie diese Schritte mit allen aufgeführten Verbindungen. Zugegeben, das ist zunächst ein wenig mühsam – das Ergebnis wird Sie aber positiv überraschen. Versprochen.
6. Wichtig: Die Beträge auf der Rechnung der Deutschen Telekom sind Nettobeträge, also ohne Umsatzsteuer. Sie müssen bei der Summe auf der Originalrechnung noch die Umsatzsteuer hinzufügen. Hierzu multiplizieren Sie die Summe einfach mit 1,16 und schon haben Sie die Bruttosumme inklusive Umsatzsteuer, zum Beispiel 13,50 * 1,16 = 15,66.

7. Spannend wird es, sobald Sie die neu ermittelten VoIP-Gesamtbeträge addieren. Tragen Sie die VoIP-Summe rechts neben die Bruttosumme Rechnung. Mit Sicherheit wird die VoIP-Summe weit niedriger ausfallen als die Summe auf der Rechnung.
8. Wie viel Sie prozentual sparen, lässt sich ebenfalls leicht ausrechnen: Subtrahieren Sie zunächst von der Telekom-Bruttosumme die VoIP-Summe, z. B. 15,66 - 4,15 = 11,51.
   Anschließend teilen Sie das Ergebnis durch die Telekom-Bruttosumme, z. B. 11,51 / 15,66 = 0,73499. Das Ergebnis: Mit VoIP sparen Sie in diesem realen Beispiel knapp 73,5% oder in absoluten Zahlen 11,51 Euro pro Monat. VoIP lohnt sich damit auf jeden Fall.

Beachten Sie bei der Berechnung des Sparpotenzials, dass sich die Ersparnis nur auf die reinen Gesprächskosten beschränken. Die Grundgebühr für den Telefonanschluss können Sie zurzeit noch nicht einsparen – zumindest nicht bei der Deutschen Telekom. Die Ersparnis bei den reinen Gesprächskosten ist aber dennoch beeindruckend. Warum Sie den Telefonanschluss nicht so einfach einsparen können, erfahren Sie weiter unten in diesem Kapitel im Abschnitt *VoIP könnte noch kostenloser sein: Die Sache mit dem Telefonanschluss.*

Wie viel Sie beim Internet-Telefonieren sparen können, zeigt ein Vergleich mit der aktuellen Telefonrechnung.

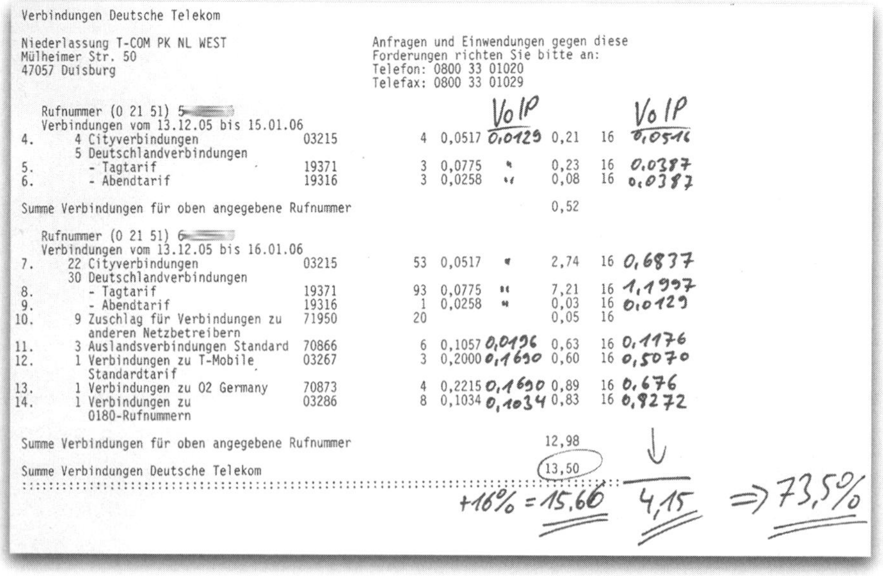

Verbindungen Deutsche Telekom

Niederlassung T-COM PK NL WEST
Mülheimer Str. 50
47057 Duisburg

Anfragen und Einwendungen gegen diese Forderungen richten Sie bitte an:
Telefon: 0800 33 01020
Telefax: 0800 33 01029

					VoIP			VoIP
	Rufnummer (0 21 51) 5[redacted]							
	Verbindungen vom 13.12.05 bis 15.01.06							
4.	4 Cityverbindungen	03215	4	0,0517	0,0129	0,21	16	0,0516
	5 Deutschlandverbindungen							
5.	- Tagtarif	19371	3	0,0775	"	0,23	16	0,0387
6.	- Abendtarif	19316	3	0,0258	"	0,08	16	0,0387
	Summe Verbindungen für oben angegebene Rufnummer					0,52		
	Rufnummer (0 21 51) 6[redacted]							
	Verbindungen vom 13.12.05 bis 16.01.06							
7.	22 Cityverbindungen	03215	53	0,0517	"	2,74	16	0,6837
	30 Deutschlandverbindungen							
8.	- Tagtarif	19371	93	0,0775	"	7,21	16	1,1997
9.	- Abendtarif	19316	1	0,0258	"	0,03	16	0,0129
10.	9 Zuschlag für Verbindungen zu anderen Netzbetreibern	71950	20			0,05	16	
11.	3 Auslandsverbindungen Standard	70866	6	0,1057	0,0196	0,63	16	0,1176
12.	1 Verbindungen zu T-Mobile Standardtarif	03267	3	0,2000	0,1690	0,60	16	0,5070
13.	1 Verbindungen zu O2 Germany	70873	4	0,2215	0,1690	0,89	16	0,676
14.	1 Verbindungen zu 0180-Rufnummern	03286	8	0,1034	0,1034	0,83	16	0,9272
	Summe Verbindungen für oben angegebene Rufnummer					12,98		
	Summe Verbindungen Deutsche Telekom					13,50		

+16% = 15,66 4,15 => 73,5%

Kostenlose Gespräche: Viele VoIP-Gespräche sind gratis

Das Schönste an VoIP: Viele Gespräche sind komplett kostenlos. Sie kosten keinen Cent – egal wie lange und wie oft Sie telefonieren. Doch Vorsicht: Viele Anbieter werben mit kostenlosen Gesprächen, ohne genau zu erläutern, wann genau die Gespräche nichts kosten und wann doch Kosten anfallen. Generell sind kostenlose Gespräche nur unter drei Bedingungen wirklich kostenlos:

Kostenlose Gespräche im gleichen Netz

Bei Gesprächen zwischen zwei VoIP-Nutzern im gleichen VoIP-Netz fallen keine Gebühren an. Im gleichen Netz bedeutet dabei: Beide Gesprächspartner müssen Ihren VoIP-Anschluss beim selben Anbieter haben.

Von sipgate zu sipgate – kostenlos!

beispiel

Wenn Sie beispielsweise Ihren VoIP-Anschluss bei sipgate (www.sipgate.de) haben und einen anderen sipgate-Nutzer anrufen, ist dieses Gespräch komplett kostenlos. Der Grund: Obwohl Sie eine normale Telefonnummer gewählt haben, erkennt der sipgate-Server, dass es sich bei der Zielrufnummer ebenfalls um einen sipgate-VoIP-Kunden handelt und wickelt das Gespräch komplett über das Internet ab. Es findet kein Übergang zum klassischen Telefonnetz statt. Kosten: 0 Euro.

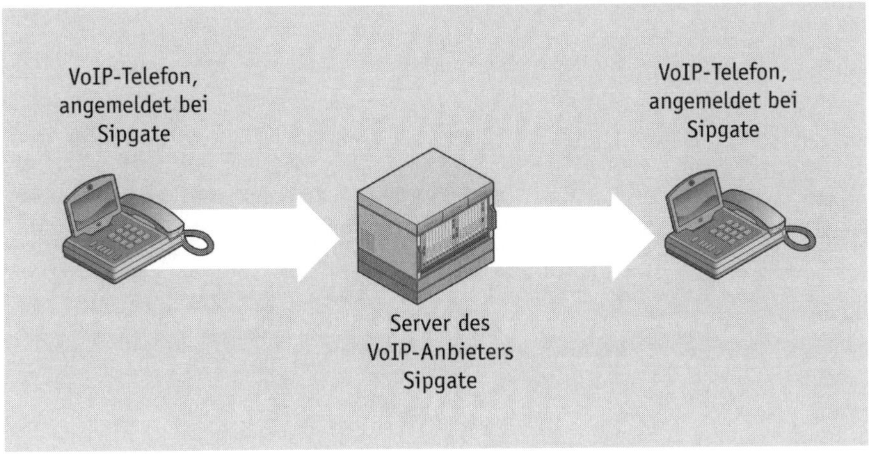

Kostenlos telefonieren, Variante 1: Mit Gesprächspartnern im gleichen Netzwerk

Kostenlose Gespräche zu Partnernetzen

Ebenfalls gratis sind Gespräche zu so genannten Partner-Netzwerken. Einige VoIP-Anbieter haben ihre Netze zusammengeschlossen. Sobald Sie eine Rufnummer aus dem Partnernetz anrufen, erkennt das ihr Anbieter und leitet das Gespräch automatisch via Internet zum Partnernetzwerk weiter. Da kein kostenträchtiger Übergang zum klassischen Telefonnetz stattfindet, fallen auch für diese Gespräche keine Kosten an.

beispiel

Bei Kooperation: kostenlos!

Die Anbieter sipgate und web.de sind in Sachen Internet-Telefonie bereits sehr lange Kooperationspartner. Wenn Sie mit Ihrem VoIP-Telefon von sipgate die Rufnummer eines web.de Freephone-Teilnehmers wählen, zahlen Sie für das Gespräch keinen Cent. Der sipgate-Server erkennt automatisch, dass die gewählte Nummer zu einem Partner-VoIP-Netzwerk gehört und leitet es gar nicht erst ins Festnetz, sondern direkt über das Internet zum Partnernetz. Auch hier gilt: Da das Telefongespräch nie das klassische Telefonnetz erreicht, sondern komplett im Internet abgewickelt wird, fallen keine Kosten an.

Welche VoIP-Netzwerke zusammen kooperieren und untereinander kostenlose Gespräche ermöglichen, erfahren Sie im Kapitel *Den passenden Anbieter finden.*

Kostenlos telefonieren, Variante 2: Mit Gesprächspartnern in kooperierenden Partner-Netzwerken.

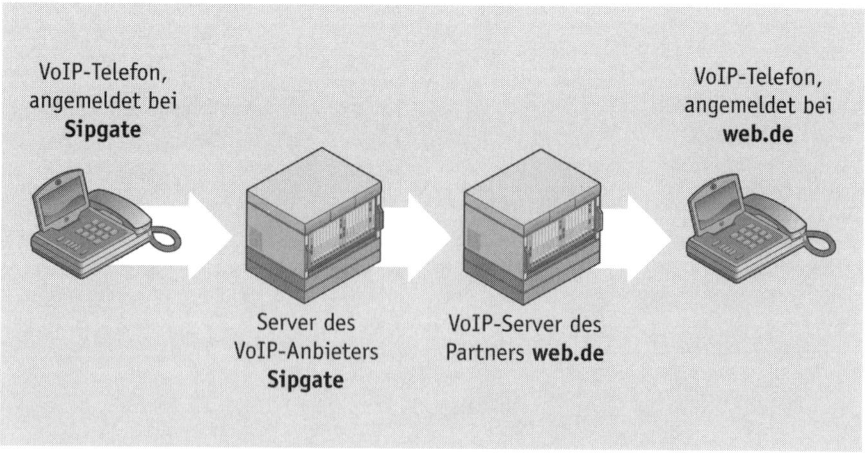

Kostenlose Gespräche per Direktwahl

Eine pfiffige Variante zum Gratis-Telefonieren über VoIP: Die Verwendung der VoIP-Kennung – auch SIP-Adresse – genannt.

SIP-Adresse als Telefonnummer

Bei den meisten Anbietern erhalten Sie neben einer VoIP-Telefonnummer auch eine SIP-Adresse. Die sieht aus wie eine E-Mail-Adresse ist aber eigentlich eine Telefon-Nummer. Beim Anbieter sipgate setzt sich Ihre persönliche SIP-Adresse beispielsweise aus der Rufnummer oder der Kundennummer gefolgt von der Zeichenfolge @sipgate.de zusammen. Sie lautet dann komplett zum Beispiel:

8704720@sipgate.de

Beim Anbieter Sipsnip (www.sipsnip.com) hat die SIP-Adresse beispielsweise die Form:

Benutzername@sipsnip.com

Die SIP-Adresse sieht zwar aus wie eine E-Mail-Adresse, ist aber keine. Es ist Ihre weltweit erreichbare Internet-Telefonnummer – nur in anderer Form.

Der Vorteil der SIP-Adresse: Auch hiermit können Sie bequem kostenlose Telefongespräche führen. Und zwar unabhängig davon, ob Ihr VoIP-Anbieter und der VoIP-Anbieter Ihres Gesprächspartners kooperieren oder nicht. Im Grunde unterhalten Sie sich damit an Ihrem VoIP-Provider vorbei direkt mit dem Ziel-Gesprächspartner. Und das geht folgendermaßen:

1. Bei den meisten VoIP-Telefonen können Sie nicht nur eine Telefonnummer, sondern auch eine SIP-Adresse als «Zielrufnummer» eingeben. Geben Sie einfach die gewünschte SIP-Adresse Ihres Gesprächspartners ein, – z. B. Benutzername@sipsnip.com – und starten Sie den Wählvorgang.
2. Ihr Telefon wählt daraufhin direkt und ohne Umwege das Telefon Ihres Gesprächspartners an. Der Anruf geht an Ihrem eigenen VoIP-Provider vorbei – sie brauchen ihn auch nicht, denn Ihr Telefon kann dank der SIP-Adresse praktisch selbst den Gesprächspartner finden.

Anhand der Kennung hinter dem @-Zeichen – hier: @sipsnip.com – weiß Ihr Telefon selbstständig, dass der Gesprächspartner über den Server sipsnip.com erreichbar ist. Es wählt direkt den sipsnip.com-Server an und sagt ihm gewissermaßen: Bitte stelle mir eine Verbindung zum Benutzer *Benutzername* her.

3. Das Gespräch kann beginnen. Es bleibt kostenlos, da es komplett im Internet abgewickelt wird und kein Übergang zum klassischen Telefonnetz stattfindet.

aufgepasst

Abgeschottet

Leider gibt es bei dieser Variante der kostenlosen Gespräche einen Haken: Einige VoIP-Anbieter schotten ihre Netze gegen die Direktanwahl von SIP-Adressen ab. So ist beispielsweise die SIP-Adresse von Nikotel (etwa meinname@calamaro.nikotel.com) per Direktwahl nicht von außen erreichbar. Auch bei den großen VoIP-Anbietern wie 1&1, AOL, Freenet, GMX, Tiscali, web.de und T-Online ist die direkte Anwahl der SIP-Adressen nicht möglich. Das ist sehr schade und eigentlich unnötig.

Welcher Anbieter Direktanwahlen per SIP-Adresse erlaubt und wer sie blockiert, erfahren Sie ausführlich im Kapitel *Den passenden Anbieter finden.*

Kostenlos telefonieren, Variante 3: Per Direktwahl am eigenen Provider vorbei

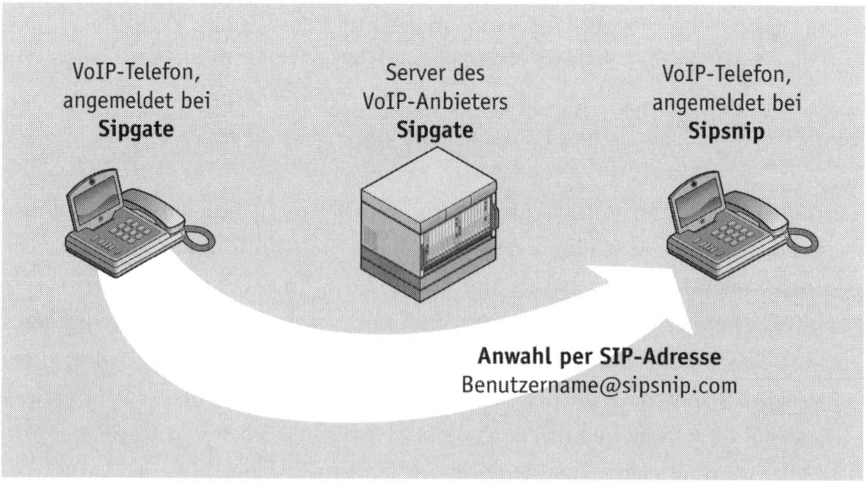

Keine Grundgebühr: Null Euro Fixkosten

Daran hat man sich gewöhnt: Ein Telefonanschluss kostet eine monatliche Grundgebühr. Bei der Deutschen Telekom sind zum Beispiel für einen ISDN-Standardanschluss monatlich knapp 20 Euro fällig. Ob man nun telefoniert oder nicht. Anders bei VoIP: Bei fast allen VoIP-Anbietern zahlen Sie für den eigentlichen Anschluss, sprich: für die VoIP-Telefonnummer keinen Cent. Es gibt keine monatliche Grundgebühr. Sie zahlen lediglich die Gesprächsgebühren – und auch die fallen nur an, wenn Sie ins Festnetz telefonieren.

Ohne Grund, Gebühr

schieb-tipp

Einige Anbieter – z. B. Freenet – fallen aus der Reihe und bieten nur VoIP-Tarife mit monatlicher Grundgebühr an. Darin sind dann meist viele Freiminuten pro Monat enthalten. Aber: Die Grundgebühr ist auch fällig, wenn Sie den Anschluss oder die Freiminuten gar nicht nutzen. Meine Empfehlung: Wenn Sie VoIP zunächst nur ausprobieren möchten, sollten Sie sich erst einmal für einen der zahlreichen Anbieter entscheiden, die keine Grundgebühr berechnen, z. B. sipgate (www.sipgate.de). Welche Anbieter keine Grundgebühr berechnen, erfahren Sie im Kapitel Den passenden Anbieter finden.

Erfreulich: Bei den meisten VoIP-Anbietern zahlen Sie keine Grundgebühr. Ideal zum kostenlosen Ausprobieren.

VoIP könnte noch kostenloser sein: Die Sache mit dem Telefonanschluss

Die Internet-Telefonie funktioniert. Die Kosten liegen weit unter den normalen Gebühren. Viele Gespräche sind kostenlos. Bleibt die Frage: Wozu dann noch einen normalen Telefonanschluss behalten? Könnte man nicht einfach auf den Telefonanschluss und die monatliche Grundgebühr verzichten?

Die Antwort ist genau so einfach wie enttäuschend: Nein, Sie können nicht einfach Ihren Telefonanschluss kündigen. In den meisten Fällen ist der DSL-Anschluss – beispielsweise T-DSL der Deutschen Telekom – an den Telefonanschluss gekoppelt. Würden Sie Ihren Telefonanschluss kündigen, wäre im gleichen Zug auch der Internetzugang futsch.

Zwar gibt es von vielfacher Seite den Wunsch und die Forderung, per Regulierung die Deutsche Telekom zu einer Trennung von DSL-Anschluss und Telefonanschluss zu zwingen. Das ist zurzeit (Stand: März 2006) aber nicht absehbar. Die Bundesnetzagentur (www.bundesnetzagentur.de) hat in einem im September 2005 veröffentlichten Eckpunktepapier noch einmal ausdrücklich betont, dass sie derzeit nicht die Absicht hegt, in den VoIP-Markt einzugreifen und ihn zu regulieren. Auf absehbare Zeit wird es daher bei den meisten Anbietern bei einer Koppelung von DSL-Anschluss und Telefonanschluss bleiben.

Erfreulicherweise gibt es einige wenige Anbieter, die Ihnen einen DSL-Anschluss auch ohne Telefonanschluss – praktisch einen «nackten DSL-Anschluss» – legen. Hierzu gehören QSC (www.qsc.de) oder Broadnet (www.broadnet.de). Damit könnten Sie Ihre gesamte Telefonie auf VoIP umstellen und komplett auf den klassischen Telefonanschluss verzichten. Bevor Sie einen solchen Schritt unternehmen, sollten Sie aber den Abschnitt *Die Tücken der neuen Technik* am Ende dieses Kapitels lesen. Dort erfahren Sie, wo es in Sachen VoIP und Internet-Telefonie noch haken kann und warum ein klas-

aufgepasst

Kosten minimieren

Übrigens: Wegen der Zwangskoppelung müssen Sie zwar in den meisten Fällen in den sauren Apfel beißen und den alten Telefonanschluss behalten. Sie sollten dann aber zumindest die Kosten für den (für VoIP eigentlich nutzlosen) Anschluss minimieren. Wechseln Sie zum Beispiel bei der Deutschen Telekom vom teuren ISDN-Telefonanschluss zum wesentlich günstigeren analogen T-Net-Anschluss. Statt 23,95 Euro für einen T-ISDN-Anschluss zahlen Sie dann nur noch knapp 15,95 Euro für die analoge Variante. Immerhin acht Euro pro Monat gespart. Einziger Nachteil: Während Sie bei ISDN zwei Festnetzgespräche gleichzeitig führen können, ist beim analogen Anschluss nur ein Gespräch möglich. Wenn Sie zwei Leitungen benötigen – etwa eine für private und eine für geschäftliche Festnetztelefonate – ist der ISDN-Anschluss weiterhin die bessere Wahl.

sischer Telefonanschluss als «Rettungsanker» im Falle eines Falles noch sinnvoll ist. Zudem sollten Sie genau prüfen, ob der «nackte» DSL-Anschluss wirklich günstiger ist als der Telefonanschluss Ihres bisherigen Telefonanbieters.

Mehr Kostentransparenz: Alle Kosten im Blick

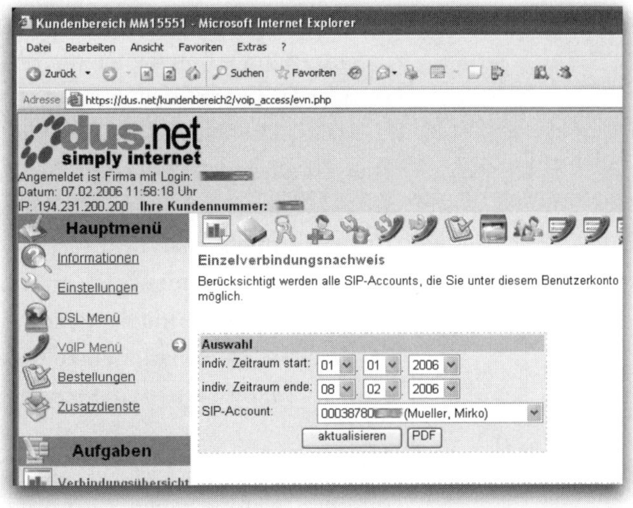

Kostenkontrolle sofort: VoIP-Anbieter zeigen Ihnen direkt nach dem Gespräch, ob und welche Kosten angefallen sind. Komfortabler geht's kaum.

Wenn Sie im klassischen Festnetz günstig telefonieren möchten, kommen Sie an Call-by-Call nicht vorbei. Das Telefonieren mittels Call-by-Call ist beim klassischen Telefonieren zwar günstiger, in Sachen Kostentransparenz bleibt allerdings vieles im Dunkeln.

Denn: Bei anmeldefreien Call-by-Call-Anbietern erfolgt die Abrechnung in der Regel über die monatliche Rechnung der Deutschen Telekom AG. Wenn Sie viele verschiedene Anbieter nutzen, wird die Abrechnung schnell unübersichtlich. Eine Kontrolle, ob die Gebühren auch wirklich korrekt berechnet wurden, ist mit viel Aufwand verbunden. Sie müssten schon die Zeiten der geführten Gespräche von Hand mitprotokollieren und später mit der Rechnung vergleichen. Ein mühsames Unterfangen.

Da sorgt VoIP für wesentlich mehr Klarheit und Kostentransparenz: Bei vielen VoIP-Anbietern können Sie auf der Webseite genau sehen, wann Sie wie lange mit wem telefoniert haben – und was das Gespräch gekostet hat. In der Regel sogar direkt nach dem Gespräch. Die Kostenkontrolle kann praktisch sofort und nicht erst nach Erhalt der Rechnung erfolgen.

Es geht sogar noch weiter: Einige VoIP-Telefone führen ein eigenes Logbuch. Hier können Sie direkt im Telefon ablesen, wann welche Telefonate über welchen Provider stattgefunden haben. Ein Komfort, den nur VoIP-Telefone bieten.

Stabile Tarifstruktur: Nur ein Tarif für alle Gespräche

Wenn Sie regelmäßig per Call-by-Call telefonieren, kennen Sie sicher das Problem: Praktisch täglich tauchen neue Tarife auf, die noch günstigeres Telefonieren versprechen. Den günstigen Tarif von gestern gibt es mitunter schon gar nicht mehr, da er durch den supergünstigen Sondertarif ersetzt wurde.

Erschwerend kommt hinzu, dass einige Tarife extrem schwanken: Das günstige Gespräch zwischen 10 und 12 Uhr kann plötzlich ab 12:01 Uhr doppelt so teuer werden. Wer da Schritt halten und immer günstig telefonieren möchte, muss schon täglich die Tarifvergleich-Webseiten studieren. Am besten vor jedem Gespräch. Eine praktisch unmögliche Aufgabe.

Diese Problematik finden Sie bei VoIP-Anbietern glücklicherweise nicht. Hier ist alles viel einfacher: Die Tarifstruktur der meisten VoIP-Anbieter ist äußerst simpel gehalten. Für deutschlandweite Gespräche gilt rund um die Uhr ein einheitlicher Tarif – egal ob Fern- oder Nahgespräch, egal zu welcher Tageszeit. Zwar können sich auch hier die Preise ändern, allerdings sind VoIP-Tarife zurzeit wesentlich stabiler als Call-by-Call-Tarife.

Weitere Informationen zu den Tarifen der VoIP-Anbieter erhalten Sie im Kapitel *Den passenden Anbieter finden.*

Mehr Komfort: VoIP bietet tolle Komfortfunktionen

Internet-Telefone sehen zwar aus wie normale Telefone; sie haben aber viel mehr zu bieten. Viele Telefone – egal ob «echtes» Telefon oder Software-Phone – warten mit einer Funktionsvielfalt auf, die Sie bei normalen Telefonen vergeblich suchen.

Der Trick: Im Grunde werkelt in jedem VoIP-Telefon ein kleiner PC inklusive Web-Schnittstelle. Im Browser geben Sie einfach die «Adresse» Ihres Telefons ein – das ist zum Beispiel eine IP-Adresse des Telefons – und schon erscheint die Web-Oberfläche des Telefons. Hierüber können Sie alle Funktionen Ihres VoIP-Telefons nutzen. Ganz bequem vom Browser aus.

Die Hitliste der besten Zusatzfunktionen, die nur Internet-Telefone bieten, lautet:

- **Anruf und Rückruf per Mausklick**
  In der Web-Oberfläche Ihres Telefons erkennen Sie genau, welche Nummern Sie gewählt haben, welche Telefonate Sie angenommen haben und welche Anrufe verpasst wurden. Der Clou: Per Mausklick auf eine Nummer – z. B. die zuletzt gewählte Nummer – wählen Sie automatisch die angeklickte Nummer. Sie müssen nur noch den Hörer abnehmen und auf

Ihren Gesprächspartner warten. Telefonieren ganz ohne Tastendruck auf dem Telefon.

- **Kinderleichte Telefonbuchverwaltung**
  Häufig gewählte Rufnummern gehören in das Telefonbuch oder Kurzwahlregister des Telefons. Die Eingabe über die Telefontastatur kann bei mehreren Dutzend Rufnummern schnell in eine wahre Sisyphusarbeit ausarten. Bequemer geht's über die Web-Oberfläche des Telefons. Über den Browser füllen Sie das Kurzwahlregister ganz bequem über die normale PC-Tastatur.

- **Logbuch inklusive**
  Wer hat wann angerufen? Welche Anrufe habe ich verpasst? Und mit wem habe ich gestern wie lange telefoniert? Diese und viele weitere Fragen rund um ein- und ausgehende Gespräche beantwortet das Logbuch des Telefons. Fast jedes Telefon führt intern genau Buch über alle Gespräche. Über die Web-Oberfläche des Telefons können Sie jederzeit einen Blick in das digitale Logbuch werfen und es auswerten. Ein Einzelverbindungsnachweis deluxe.

Ausgesammelt

Keine Sorge um die Privatsphäre: Auf Wunsch können Sie bei fast allen VoIP-Telefonen die Datensammelleidenschaft einschränken. Zum Beispiel lässt sich per Mausklick das Aufzeichnen von Gesprächsdaten unterbinden oder bei den gewählten Nummern die letzten vier Ziffern ausblenden.

schieb-tipp

- **Anrufbeantworter inklusive**
  Viele VoIP-Anbieter stellen Ihnen kostenlos einen digitalen Anrufbeantworter zur Verfügung. Der befindet sich aber nicht im Telefon, sondern virtuell auf den Servern Ihres VoIP-Anbieters. So kommen Sie in den Genuss eines Anrufbeantworters, auch wenn Ihr Internet-Telefon über keine eigene Anrufbeantworter-Funktion verfügt. Inklusive individueller Ansage und Fernabfrage. Sobald Sie nicht erreichbar sind oder Ihr Telefon ausgeschaltet ist, leitet Ihr VoIP-Anbieter das Gespräch automatisch

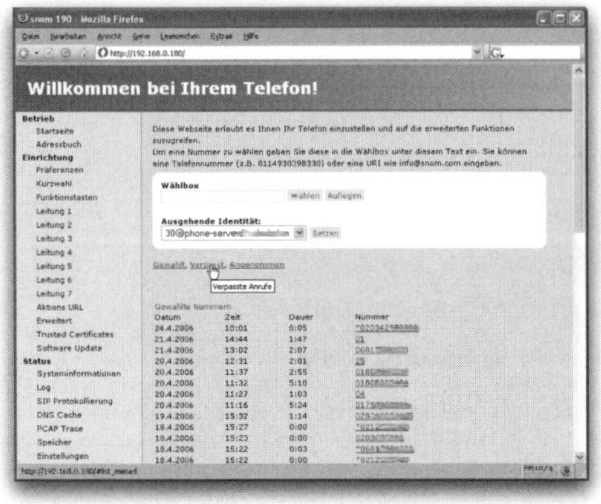

Telefonbücher, Anruflisten, Logbuch und vieles mehr auf einen Blick: Das Telefon lässt sich komplett über den Webbrowser bedienen. Das können nur VoIP-Telefone.

auf den internen Anrufbeantworter um. Auf Wunsch benachrichtigt Ihr VoIP-Provider Sie dann per E-Mail, SMS oder direkt im Display über einen neuen Anruf auf dem Anrufbeantworter. Die meisten VoIP-Anbieter stellen diesen Service kostenlos zur Verfügung.

Überall erreichbar: Weltweit nur eine Rufnummer

Stellen Sie sich folgendes Szenario vor: Ob zu Hause, bei Freunden, in Frankreich, den USA oder Neuseeland – Sie sind immer und überall unter ein und derselben Rufnummer telefonisch erreichbar. Ihre Freunde und Bekannte müssen nur Ihre heimische VoIP-Rufnummer wählen und erreichen Sie dort, wo Sie gerade sind. Und das zu den immer gleich günstigen VoIP-Kosten.

Hört sich utopisch an, ist es aber nicht. Die Internet-Telefonie macht es tatsächlich möglich, dass Sie überall auf der Welt unter derselben Rufnummer erreichbar sind. In der Praxis sieht das folgendermaßen aus: Wenn Sie zum Beispiel in die USA fliegen, nehmen Sie einfach Ihr VoIP-Telefon mit. In den USA angekommen, schließen Sie es ans Internet an und sind ab sofort auch in den USA unter ihrer heimischen Telefonnummer erreichbar. Ihre Freunde und Bekannte wählen wie gewohnt die heimische Telefonnummer und schon haben sie Sie in den USA an der Strippe. Oder wo immer Sie auch gerade sind.

Das Geheimnis dieses Komforts liegt in der Art und Weise, wie Ihr VoIP-Telefon im Internet erreichbar ist. Es funktioniert folgendermaßen:

1. Sobald Sie Ihr VoIP-Telefon anschließen, passiert Folgendes: Das Telefon meldet sich automatisch bei Ihrem VoIP-Provider an, ganz nach dem Motto: Ich bin jetzt hier in den USA unter der IP-Adresse 194.193.231.200 erreichbar, bitte alle eingehenden Gespräche hierhin schicken. Von der internen Unterhaltung bekommen Sie zum Glück nichts mit – die IP-Adresse müssen Sie selbst auch gar nicht wissen, die ist nur für Ihren VoIP-Provider wichtig, um Ihr Telefon genau lokalisieren zu können.
2. Jetzt wird's spannend: Sobald jemand Sie unter Ihrer ganz normalen VoIP-Rufnummer anruft, landet der Anruf zuerst einmal bei Ihrem VoIP-Provider. Denn dort ist die heimische Rufnummer registriert.

3. Der Provider weiß anhand der Anmeldung aus Schritt 1 ganz genau, wo Sie – bzw. Ihr Telefon – sich befinden und lässt es genau dort klingeln. Das kann zu Hause, in einer anderen Stadt oder im Ausland sein. Eben überall dort, wo auch das Internet ist.

Im günstigsten Fall ist der Anruf in die USA für den Anrufer lediglich ein reines Ortsgespräch. Der Anrufer zahlt nur die Gebühren bis zum VoIP-Provider. Ab da geht es kostenlos via Internet um die ganze Welt. Egal, wie weit Sie entfernt sind.

Im Ausland zu Hause

schieb-tipp

Für Ihre Freunde und Bekannte im Ausland kann übrigens auch der umgekehrte Weg interessant sein. Wenn Sie etwa Freunde und Bekannte in den USA haben, melden Sie sich einfach bei einem US-amerikanischen VoIP-Anbieter an, beispielsweise bei Freeworlddialup (www.freeworlddialup.com). Ihre Freunde und Bekannte wählen dann Ihre amerikanische Freeworlddialup-Rufnummer, erreichen Sie aber effektiv zu Hause in Deutschland, der Schweiz oder Österreich.

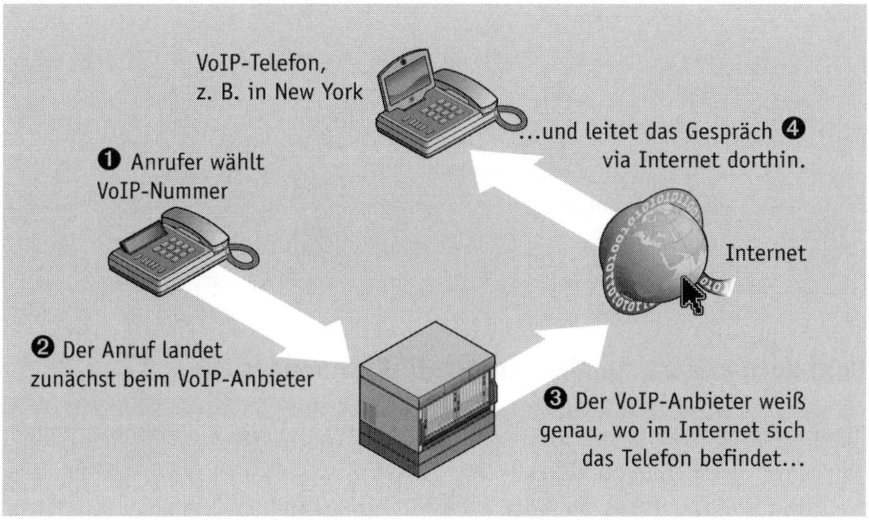

Es spielt keine Rolle, wo auf der Welt Sie sich befinden: Ihr VoIP-Telefon ist überall unter derselben Rufnummer erreichbar.

An mehreren Orten gleichzeitig erreichbar

Physikalisch ist es eigentlich unmöglich, mit VoIP aber kein Problem: Sie können gleichzeitig an verschiedenen Orten sein. Oder besser gesagt: Ihre VoIP-Telefone. Denn bei den meisten VoIP-Anbietern können Sie nicht nur eines, sondern gleich mehrere Telefone mit der gleichen Rufnummer anmelden. Zum Beispiel eines zu Hause und ein zweites im Büro.

Der Vorteil: Sobald jemand Sie unter Ihrer VoIP-Rufnummer anruft, klingelt es sowohl zu Hause als auch im Büro. Und sobald Sie an einem der klingelnden Telefone abheben, beginnt das Telefongespräch mit dem Anrufer. Der merkt davon übrigens nichts – er weiß in diesem Fall erst einmal gar nicht, ob er sie zu Hause oder im Büro erreicht.

Auch hier gilt übrigens: Es spielt dabei keine Rolle, wo sich die Telefone befinden. Ob zu Hause, beim Nachbarn oder in Australien. Wichtig ist lediglich die Verbindung zum Internet.

Auch das geht: Beim Anruf einer Rufnummer klingeln gleich mehrere VoIP-Telefone. Egal, wo diese sich befinden.

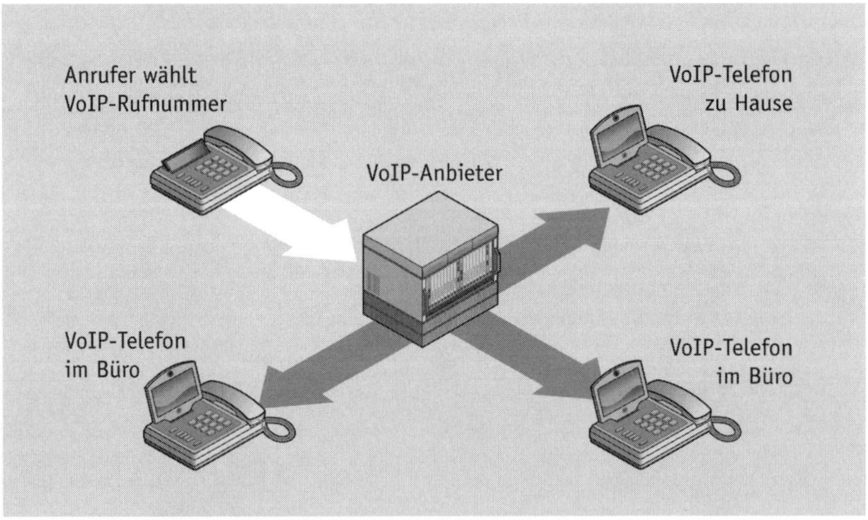

Voip doch mal an: So sieht Ihre VoIP-Rufnummer aus

Telefonieren im Internet funktioniert genau so wie beim klassischen Telefon. Mit Ihrem VoIP-Telefon sind Sie wie gewohnt unter Ihrer persönlichen Telefonnummer erreichbar. Die VoIP-Telefonnummer sieht auch genau so aus wie eine «normale» Rufnummer – inklusive Vorwahl. Und das ist auch gut so. Ein Umlernen würde den Siegeszug der Internet-Telefonie nur bremsen. Die guten alten Telefonnummern haben sich bewährt und behalten auch beim Internet-Telefon ihre Gültigkeit.

Wenn Sie sich für die Internet-Telefonie entscheiden, gibt es zwei Wege zu Ihrer neuen VoIP-Telefonnummer:

- **Alles neu:**
  Sie bekommen eine ganz neue Telefonnummer (VoIP-Nummer).
- **Alles beim Alten:**
  Sie verwenden Ihre «alte» Telefonnummer für Internet-Telefonie weiter.

Eine neue VoIP-Nummer

Bei den meisten VoIP-Anbietern erhalten Sie für Ihr VoIP-Telefon eine komplett neue Festnetznummer, die von jedem Telefonanschluss aus erreichbar ist. Sobald Sie sich bei einem VoIP-Provider anmelden, können Sie während der Anmeldung aus einer Reihe von Vorschlägen Ihre neue persönliche VoIP-Telefonnummer auswählen.

Wichtiges Merkmal der neuen Nummer: Die neue Rufnummer hat stets die gleiche Vorwahl wie Ihr bisheriger Telefonanschluss bzw. Ihr Wohnort. Die neue Rufnummer sieht genau so aus wie ihre bisherige – mitunter ist sie nur ein wenig länger. Bei einigen Anbietern besteht die VoIP-Telefonnummer aus bis zu 15 Ziffern. In der Regel hat sie aber eine «normale» Länge von sechs bis neun Stellen.

Gar nicht so einfach: Die VoIP-Nummer im Telefonbuch

info

"Kein Schwein ruft mich an?» Wenn es Ihnen so geht wie im Schlager-Hit von Max Raabe, kann das einen guten Grund haben: Eine VoIP-Rufnummer wird bislang selten im Telefonbuch der Deutschen Telekom eingetragen. Über die Telefonauskunft ist eine VoIP-Rufnummer nur in den seltensten Fällen in Erfahrung zu bringen. Als Grund geben viele VoIP-Anbieters regulatorische Gründe an. Die VoIP-Anbieter erwarten aber, dass auch bald alle VoIP-Nummern bei der Auskunft eingetragen sind. Im Zweifelsfall fragen Sie einfach Ihren VoIP-Anbieter, ab wann Ihre Rufnummer eingetragen wird.

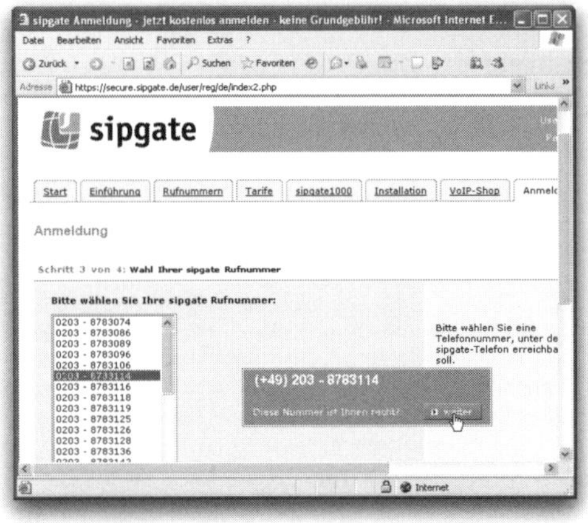

Wem gehört eigentlich die neue VoIP Rufnummer? Diese Frage ist interessant, wenn es später darum geht, die neue VoIP-Rufnummer eventuell auf einen anderen Anschluss zu portieren. Bei den meisten VoIP-Anbietern werden Sie mit der Antwort auf diese Frage aber enttäuscht. Die zugeteilte Rufnummer gehört zumeist auch weiterhin dem VoIP-Anbieter. Sie mieten die Nummer lediglich. Eine Portierung ist aus diesem Grund bei den meisten VoIP-Anbietern nicht möglich.

Ausführliche Informationen zu den VoIP-Anbietern und welche Rufnummer Sie dort erhalten, finden Sie im Kapitel Den passenden Anbieter finden.

Welche Nummer hätten's denn gern? Bei den meisten VoIP-Anbietern können Sie sich Ihre neue Wunschrufnummer selbst aussuchen.

Stadt oder Dorf? Bei der Auswahl der neuen Internet-Telefonnummer kann es passieren, dass der gewünschte VoIP-Anbieter in Ihrem Vorwahlbereich keine neuen Rufnummern anbieten kann. Das ist aber nur selten der Fall. Die meisten großen VoIP-Anbieter decken das gesamte Bundesgebiet ab und können Ihnen für alle Vorwahlbereiche eine Wunschnummer zuteilen.

info

Ortsvorwahlen beim Internet-Telefon – wieso das denn?

Eigentlich unlogisch: Beim Internet-Telefon spielt es keine Rolle, wo das Telefon steht – ob zu Hause, in einer anderen Stadt oder im Ausland – und trotzdem erhalten Sie eine Ortsvorwahl aus Ihrem Wohnort.

Auch wenn Ihr Internet-Telefon stehen kann, wo es will, gilt: Ihre VoIP-Rufnummer darf nur mit der gleichen Vorwahl beginnen, wie ihr bisheriger Telefonanschluss. Auch wenn Sie Ihr Internet-Telefon in einer ganz anderen Stadt ans Internet einschließen.

«Schuld» daran ist die Bundesnetzagentur (ehemals Regulierungsbehörde für Telekommunikation und Post). Sie beharrt auf dem so genannten Grundsatz der Anschlussbezogenheit, der besagt: Ein Telefonanschluss ist die physikalisch beim Kunden installierte Telefonbuchse – egal, ob Internet-Telefon oder klassische Telefondose.

Nur bei kleineren VoIP-Anbietern kann es außerhalb von großen Städten passieren, dass keine Rufnummer aus Ihrem Ortsbereich zur Verfügung steht. In diesem Fall gibt es eine Notlösung: Der VoIP-Anbieter gibt Ihnen dann eine 01801-Rufnummer. Damit sind Sie zwar auch bundesweit zu erreichen, mein Tipp lautet aber: Wählen Sie lieber einen VoIP-Anbieter, der Ihnen eine «echte» Rufnummer aus Ihrem Ortsbereich zur Verfügung stellen kann. Die 01801-Rufnummer sieht für eine private Telefonnummer nicht nur eigenartig aus, sie ist für Anrufer auch nicht ganz billig: Auch wenn der Anrufer nebenan wohnt, sind aus dem Festnetz der Deutschen Telekom bis zu 4,6 Cent pro Minute fällig. Einige VoIP-Provider verwenden sogar 01805-Rufnummer, die mit 12 Cent pro Minute zu Buche schlagen. Zudem sind die 0180-Nummern oft weder per Call-by-Call noch aus dem Ausland erreichbar. Zu viele Nachteile für eine Notlösung.

Die bestehende Nummer verwenden

Eine komplett neue Telefonnummer für die Internet-Telefonie ist schön und gut. Noch schöner wäre es allerdings, die «alte» Rufnummer zu behalten und ab sofort mit der bisherigen Nummer via VoIP zu telefonieren. Das ist grundsätzlich möglich, aber mit mehr Aufwand verbunden.

Um die bestehende Rufnummer auf VoIP umzustellen, kommen zwei Möglichkeiten in Betracht:

- **Umleitung der bisherigen auf die neue VoIP-Nummer**
  Die einfachste Variante: Sie besorgen sich bei einem VoIP-Provider eine neue VoIP-Telefonnummer und leiten ihre bisherige Rufnummer auf die neue Nummer um. Allerdings sind damit in der Regel zusätzlich Kosten bei jedem eingehenden Gespräch verbunden. Ob und wie viel die Rufumleitung pro Gespräch kostet, erfahren Sie direkt bei Ihrer bisherigen Telefongesellschaft.
  Bei ausgehenden Gesprächen von Ihrem VoIP-Telefon aus ist es einfacher – und kostenlos: Bei den meisten VoIP-Anbietern können Sie selbst festlegen, welche Ihrer Rufnummern beim Telefonieren übermittelt wird. Stellen Sie hier beispielsweise Ihre bisherige Festnetznummer ein, erscheint bei einem Anruf mit Ihrem VoIP-Telefon Ihre «alte» Festnetznummer im Display des Angerufenen. Der Rückruf auf die angezeigte

Rufnummer landet dann aber nicht auf dem VoIP-Telefon, sondern auf Ihrem Festnetzanschluss.

- **Portierung der bisherigen Telefonnummer**
  Eleganter ist es, die bisherige Rufnummer gleich auf den neuen VoIP-Anschluss umzustellen; im Fachjargon spricht man dabei von einer Portierung. Ihre bestehende Festnetz-Telefonnummer bei der Deutschen Telekom können Sie beispielsweise zu Ihrem VoIP-Provider «umziehen».

Allerdings: Die Portierung einer bestehenden Rufnummer ist mit viel Aufwand sowie zusätzlichen Kosten verbunden. Außerdem wird das Portieren nicht von allen VoIP-Providern angeboten. Zudem stehen Sie in Deutschland vor einer großen Hürde: Wenn Sie eine Rufnummer eines Anschlusses der Deutschen Telekom portieren möchten, müssen Sie hierzu den kompletten Telefonanschluss kündigen. Die Folge: Durch die Koppelung von Telefon- und DSL-Anschluss sind Sie mit dem Rufnummernumzug neben dem Telefonanschluss auch gleich ihren Internet-Zugang los. Sie müssen sich dann um einen neuen Internet-Zugang (ohne Telefonanschluss) kümmern, zum Beispiel von QSC (www.qsc.de) oder Broadnet (www.broadnet.de) oder auf einen alternativen Internet-Zugang – etwa über das Kabelfernsehnetz – setzen. Möglich, aber sehr aufwendig.

Grundsätzlich sind zum Portieren der bisherigen Rufnummer folgende Schritte notwendig:

1. Zunächst stellen Sie bei Ihrem neuen VoIP-Anbieter (zu dem Sie Ihre bisherige Rufnummer umziehen möchten), einen Portierungsantrag. Bei den meisten Anbietern finden Sie den Antrag im Support-Bereich oder Sie erhalten ihn nach einem Anruf bei der Hotline des VoIP-Providers.

aufgepasst

Nicht kündigen

Kündigen Sie keinesfalls voreilig selbst Ihren bisherigen Telefonanschluss. Dann ist eine Portierung nur noch sehr mühsam oder gar nicht mehr möglich. Wichtig ist, dass die Portierung erst abgeschlossen sein sollte, bevor Sie Ihren Telefonanschluss kündigen. In den meisten Fällen übernimmt sowieso Ihr VoIP-Provider die Kündigung des alten Anschlusses.

Mit dem Portierungsantrag bevollmächtigen Sie den neuen VoIP-Anbieter für Sie den bisherigen Anschluss zu kündigen.

2. Üblicherweise erhalten Sie nach einigen Tagen von Ihrem alten Telefonanbieter ein Schreiben mit dem Termin der Portierung und der Abschaltung Ihres alten Telefonanschlusses. Insgesamt dauert der gesamte Vorgang von der Antragstellung bis zur Portierung ca. 14 Tage.

Umzug nur komplett

Bei ISDN-Anschlüssen der Deutschen Telekom ist es leider nicht möglich, nur einzelne Rufnummern zu portieren. Sie können nur den kompletten Anschluss mitsamt aller zugehörigen Rufnummern mitnehmen.

wichtig

Die Portierung ist leider nicht kostenlos. Sowohl beim alten Telefonanbieter als auch beim neuen VoIP-Anbieter fallen Portierungskosten an. Das Portieren Ihrer ISDN-Rufnummern kostet bei der Deutschen Telekom zum Beispiel knapp 10 Euro. Etwa die gleichen Kosten sind aufseiten des neuen VoIP-Providers fällig. Die meisten VoIP-Provider verzichten aber komplett auf ihre eigenen Portierungskosten – schließlich gewinnen sie mit Ihnen einen neuen Kunden.

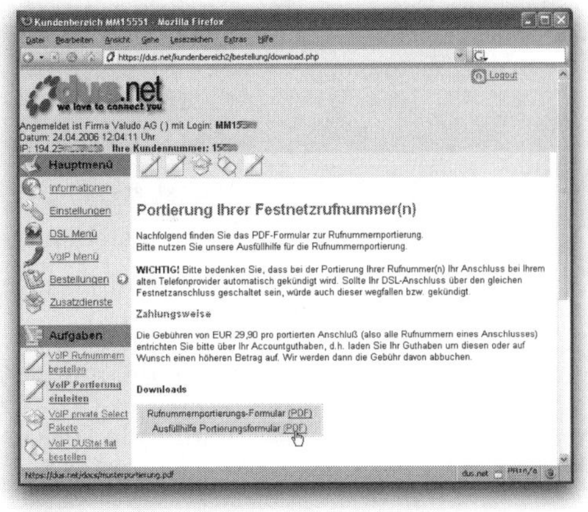

Ein Umzug der bisherigen Rufnummer zum neuen VoIP-Anbieter ist mit Aufwand verbunden. Die meisten VoIP-Anbieter unterstützen Sie dabei aber tatkräftig.

032 – Die Vorwahl exklusiv für VoIP

Gut gemeint, bisher aber kaum genutzt: Wenn es nach der Bundesnetzagentur ginge, würden alle VoIP-Telefonanschlüsse mit der einheitlichen Vorwahl 032 beginnen. Das Problem der Ortsbezogenheit (siehe oben) wäre mit der Standard-Vorwahl erledigt.

In der Praxis haben sich die 032-Vorwahlen bislang aber nicht durchsetzen können. Das ist auch kein Wunder. Zwar vergeben bereits einige VoIP-Anbieter – darunter auch T-Com – die 032-Nummer für neue VoIP-Anschlüsse; die neue Nummer ist aber noch mit vielen Problemen behaftet:

- **Schlechte Erreichbarkeit**
  Obwohl seit der Einführung der 032-Nummern Ende 2004 bereits mehr als ein Jahr vergangen ist, sind die neuen Nummern noch immer nicht von überall erreichbar. Zwar lassen sich die 032-Rufnummern aus dem Festnetz der Deutschen Telekom anwählen, bei alternativen Telefonanbietern oder einigen Call-by-Call-Anbietern scheitert der Verbindungsaufbau zu 032-Anschlüssen. Auch aus dem Ausland sind 032-Rufnummern noch nicht erreichbar. (Stand: August 2006).

- **Hohe Gesprächskosten**
  Die sicherlich größte Hürde: Die hohen Gesprächskosten zu 032-Anschlüssen. In den meisten Tarifen der Deutschen Telekom sind die Kosten zu 032-Rufnummern identisch mit einem Ferngespräch. Und damit deutlich zu hoch.

- **Geringes Interesse**
  Die mangelnde Erreichbarkeit sowie die hohen Gesprächskosten führen zu einem weiteren Problem, das den Erfolg der neuen Rufnummern in Frage stellt: Kaum jemand hat derzeit Interesse an einer 032-Rufnummer. Sie ist zwar schick und neu, aber mit zu vielen Problemen behaftet.
  Zudem stellen die meisten VoIP-Anbieter in fast allen Ortsnetzen «echte» Telefonnummern zur Verfügung. Die lassen sich meist viel leichter merken und ohne zusätzliche Erläuterung zur neuen Vorwahl bequemer an Freunde und Bekannte weitergeben.

- **Laufende Diskussionen**
  Seit der Einführung der neuen 032-Rufnummer sind die Diskussionen um die neue VoIP-Vorwahl noch immer in vollem Gange. Die Bundesnetzagentur steht zum Beispiel noch vor der Frage, wie Notrufe geregelt werden. Bei Notrufen aus dem normalen Telefonnetz können Polizei und Feuerwehr anhand der Vorwahl schnell erkennen, wo der Notruf herkommt und ihn direkt an die nächste Rettungsleitstelle weiterleiten. Bei einer bundeseinheitlichen 032-Vorwahl ist das nicht mehr möglich. Zudem drängen die Ermittlungsbehörden auf die so genannten G10-Abhörmaßnahmen, um im Falle eines Falles auch VoIP-Gespräche abhören zu können. Die laufende und noch nicht abgeschlossene Diskussion (Stand: August 2006) trägt nicht gerade zum Erfolg der neuen Rufnummern bei.

Übrigens: Das Thema Notrufe ist gerade für VoIP noch ein großes Problem. Ein VoIP-Telefon kann schließlich überall in der Welt stehen – auch wenn im Display die Vorwahl 030 für München angezeigt wird. Weiter Informationen zur Notruf-Problematik finden Sie am Ende dieses Kapitels im Abschnitt Die Tücken der neuen Technik.

Vermeiden Sie Aktionismus

schieb-tipp

Mein Fazit: Setzen Sie nicht «mit der Brechstange» auf eine 032-Rufnummer, nur weil diese neu, schick und modern ist. So lange die oben genannten Probleme noch nicht gelöst sind, sollten Sie auf eine «normale» VoIP-Rufnummer mit «normaler» Ortsvorwahl setzen.

Vorsicht: Zuschläge für VoIP-Rufnummern

Die schöne neue VoIP-Welt wird leider durch versteckte Zusatzkosten getrübt. Schuld sind die so genannten Interconnection-Gebühren, die die Deutsche Telekom und andere Netzbetreiber erheben. Und zwar dann, wenn Sie z. B. aus dem Festnetz der Deutschen Telekom das «Fremdnetz» des VoIP-Anbieters anrufen. Für den Anrufenden entstehen also Zusatzkosten, wenn er Sie auf Ihrem VoIP-Telefon anruft. Paradox, aber wahr.

Ob und wann der Zuschlag fällig ist, bleibt leider oft im Dunkeln. Jeder Netzbetreiber handhabt die von der Bundesnetzagentur genehmigten Interconnection-Gebühren anders. Bei der Deutschen Telekom schlägt die Gebühr beispielsweise mit 0,2 Cent pro Minute zu Buche.

Service-Nummer 0800 - 33 09 576

erste hilfe

Licht ins Dunkel bringt ein Anruf unter der kostenlosen Servicenummer 0800 33 09 576. Hier erfahren Sie, ob für Gespräche aus dem Netz der Deutschen Telekom auf die gewünschte Rufnummer ein Zuschlag erhoben wird. Sie müssen nach der Ansage lediglich die Zielrufnummer eingeben und mit der Raute (#) bestätigen und erhalten dann die Informationen, ob für diese Rufnummer ein Zuschlag fällig wird.

Kleiner Trost: Die Interconnection-Gebühren betreffen nicht nur die Internet-Telefonie. Auch bei «normalen» Call-by-Call- und Preselection-Gesprächen kann sie anfallen. Zudem fällt sie mit 0,2 Cent oder 0,002 Euro kaum ins Gewicht. Ärgerlich ist sie trotzdem.

So sehen sie auf der Rechnung aus: Die Interconnection-Gebühren, die Sie mitunter beim Anruf vom Festnetz auf ein VoIP-Telefon zahlen müssen – zirka 0,2 Cent pro Minute

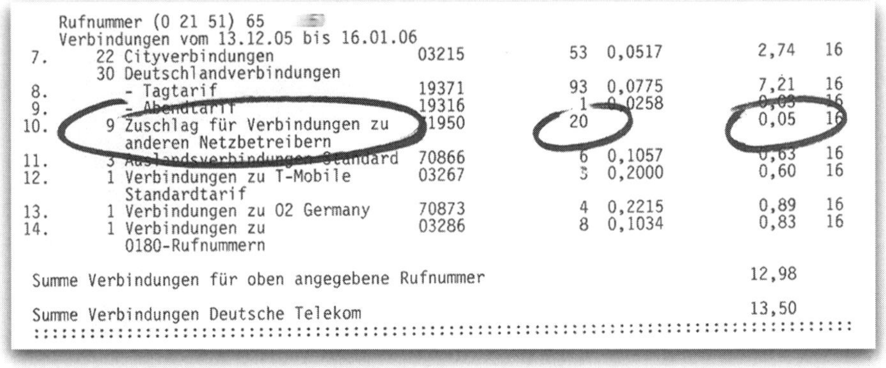

Rufnummer (0 21 51) 65
Verbindungen vom 13.12.05 bis 16.01.06

7.	22 Cityverbindungen	03215	53	0,0517	2,74	16
	30 Deutschlandverbindungen					
8.	- Tagtarif	19371	93	0,0775	7,21	16
9.	- Abendtarif	19316	1	0,0258	0,03	16
10.	9 Zuschlag für Verbindungen zu anderen Netzbetreibern	1950	20		0,05	16
11.	3 Auslandsverbindungen Standard	70866	6	0,1057	0,63	16
12.	1 Verbindungen zu T-Mobile Standardtarif	03267	3	0,2000	0,60	16
13.	1 Verbindungen zu O2 Germany	70873	4	0,2215	0,89	16
14.	1 Verbindungen zu 0180-Rufnummern	03286	8	0,1034	0,83	16

Summe Verbindungen für oben angegebene Rufnummer 12,98

Summe Verbindungen Deutsche Telekom 13,50

Ganz einfach: So funktioniert VoIP

Am Prinzip des Telefons hat sich seit dem Ende des 19. Jahrhunderts nicht viel verändert. Bei einem klassischen Telefonanruf – z. B. von Hamburg nach München – passiert Folgendes: Ihr Telefonanbieter – etwa die Deutsche Telekom – stellt für Sie eine eigene Telefonleitung von Hamburg nach München zur Verfügung. Diese Sprachleitung ist nur für Ihr persönliches Telefongespräch reserviert – und für nichts anderes. Das gesprochene Wort wandert durch die für Sie reservierte Leitung ohne Umwege direkt zu Ihrem Gesprächspartner. Simpel, aber effektiv.

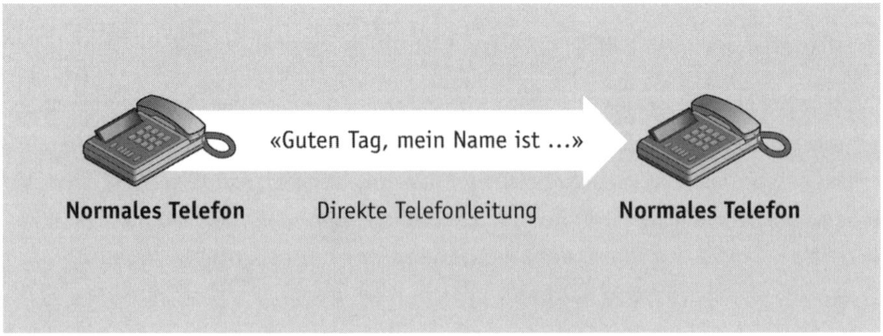

Beim klassischen Telefon wandert das Gespräch direkt und ohne Umwege zwischen den Gesprächspartnern hin und her. Die geschaltete Leitung ist praktisch nur für Sie und Ihr Gespräch da.

Ganz anders bei VoIP. Hier läuft das Gespräch über das Internet. Und das Internet funktioniert vollkommen anders als das klassische Telefonnetz. Die wichtigsten Unterschiede:

- **Keine eigene Leitung:**
  Im Internet steht Ihnen keine eigene «Telefonleitung» zur Verfügung. Sie müssen sich die Leitung mit vielen Anderen – z. B. auch mit Ihrem eigenen Computer – teilen. Daten und Sprache laufen über eine Leitung. Eine für Alles.
- **Das Gespräch wird zerstückelt:**
  Das Telefongespräch wird in kleine Häppchen – praktisch Sprachfetzen – zerschnitten und stückchenweise zum Gesprächspartner übertragen.

Keine eigene Leitung

Bei VoIP läuft das Telefongespräch über das weltweite Internet. Und da ist einiges los. Denn das Internet ist im Grunde für niemanden exklusiv, sondern für alles und jeden da – auch für alle möglichen Inhalte. Texte, Webseiten, Bilder, Filme, Musik und E-Mails wandern durch das Internet. Und eben auch Ihr Telefongespräch. Während das klassische Telefonnetz nur zum Telefonieren da ist, entpuppt sich das Internet zum universellen Netz für alle Dienste – Telefonate inklusive.

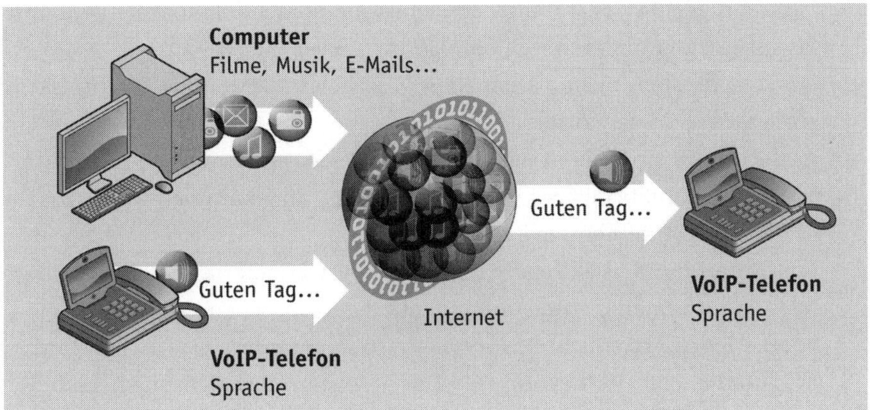

Ein wichtiger Unterschied zum klassischen Telefonieren: Es gibt keine exklusive Leitung – das Gespräch wandert mit vielen anderen Datenpaketen (z. B. E-Mails, Musik und Filmen) durch das Internet.

Die vielfältige Nutzung der Internet-Leitung beginnt bereits bei Ihnen zu Hause. Mit einem VoIP-Telefon teilen sich plötzlich Ihr Computer und das neue Internet-Telefon die gemeinsame Internetleitung. Beide – Computer und VoIP-Telefon – kommunizieren über dieselbe Leitung.

Das Gespräch wird zerstückelt

Hört sich schlimm an, ist es aber nicht: Beim Telefonieren im Internet wird das komplette Gespräch in kleine, handliche Datenpakete zerstückelt und dann via Internet zum Gesprächspartner übertragen. Das sieht im Einzelnen folgendermaßen aus:

1. Sobald das Gespräch beginnt, wandelt das Telefon die gesprochenen Worte zunächst in ein digitales Format um. Das Gespräch wird digitalisiert.
2. Anschließend bereitet das VoIP-Telefon die digitalen Sprachdaten für den Versand via Internet vor. Das Telefon wandelt die Daten in das Internet-Format um und zerschneidet hierzu die Sprachdaten in kleine Datenpakete. Es entstehen praktisch einzelne «Sprachfetzen».
3. Und jetzt geht es auf die Reise: Das Telefon schickt die kleinen Datenpakete nacheinander ins Internet auf die Reise zum Gesprächspartner.
4. Dabei kann es passieren, dass einige Datenpakete schneller sind als andere. So ist das im Internet eben: Um von einem Ziel zum anderen zu gelangen, gibt es unzählige Wege – mal schnellere, mal langsamere. Und jedes Paket, jeder «Sprachfetzen» kann einen anderen Weg nehmen. Häufig landen später losgeschickte Datenpakete früher im Ziel als die zuerst versendeten – und umgekehrt. Fast immer erreichen die Sprachdatenpakete den Empfänger in einer anderen Reihenfolge, als sie verschickt wurden.
5. Das macht aber nichts. Denn das VoIP-Telefon auf der Gegenseite ist schlau. Es weiß genau, dass die empfangenen Sprachpakete sowieso nicht in der richtigen Reihenfolge eintreffen. Es sammelt die «Sprachfetzen» erst einmal und bringt Sie – sobald genügend angekommen sind – wieder in die richtige Reihenfolge.
6. Erst, wenn die Reihenfolge wieder stimmt, wandelt das Telefon die digitalen Sprachdaten in Töne um und gibt das gesprochene Wort im Telefonhörer wieder. Erfreulich: Das geschieht so schnell, dass Sie von den ganzen Schritten nichts mitbekommen. Das Internet-Telefongespräch läuft für beide Gesprächspartner so ab wie jedes normale Telefongespräch auch.

Was passiert, wenn Datenpakete unterwegs verloren gehen? Dann kommt es während des Gesprächs zu kurzen Aussetzern und Rucklern. Worte oder Worteile werden dann einfach verschluckt. Beim Internet-Telefonieren werden Sie hin und wieder kurze Aussetzer erleben. Das passiert aber nur sehr selten und immer dann, wenn die Internet-Leitung überlastet ist.

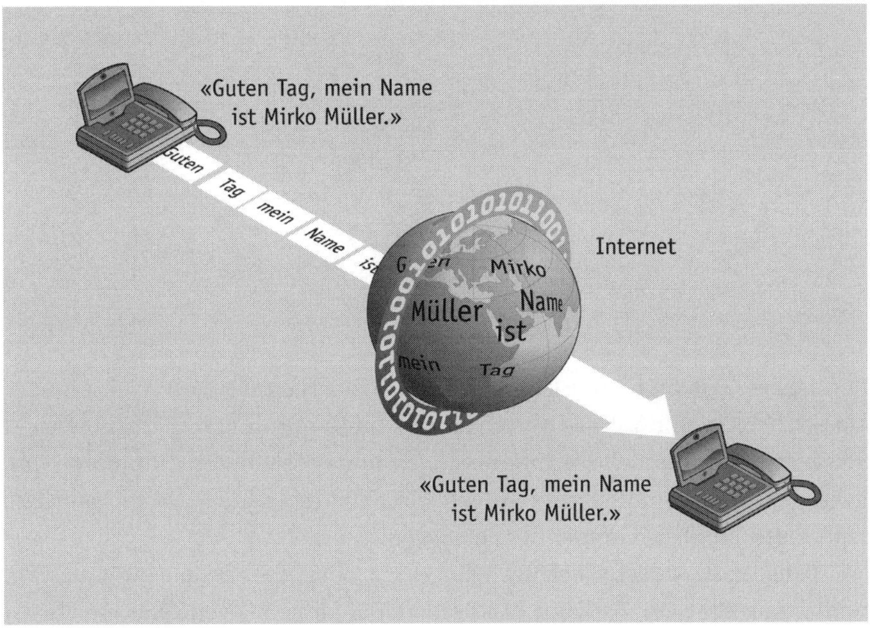

Beim Telefonieren im Internet wird das Gespräch in mehrere «Datenhäppchen» unterteilt und dann via Internet verschickt. Die Gesprächsteilnehmer merken davon aber nichts.

Falls Sie beim Telefonieren im Internet regelmäßig mit Aussetzern und Rucklern zu kämpfen haben, lohnt sich ein Blick in das Kapitel *Wenn es hakt*. Hier erfahren Sie, wie Sie derartige und andere VoIP-Probleme lösen.

Einmal ins Festnetz und zurück: Gateways machen's möglich

Ganz schön schlau so ein Internet-Telefon: Das in Datenpakete aufgeteilte Gespräch setzt das VoIP-Telefon automatisch wieder in verständliche Sprache um. Doch was machen normale Telefone – die haben doch vom Internet keine Ahnung? Richtig, die brauchen sie auch gar nicht.

Damit ein Internet-Telefon sich auch mit klassischen Telefonen «unterhalten» kann, ist noch eine wichtige Komponente notwendig: Das so genann-

Die Gateways sind das Geheimnis des VoIP-Erfolgs. Sie ermöglichen einen Übergang zum klassischen Telefonnetz und machen erst Gespräche zu allen Telefonen der Welt möglich.

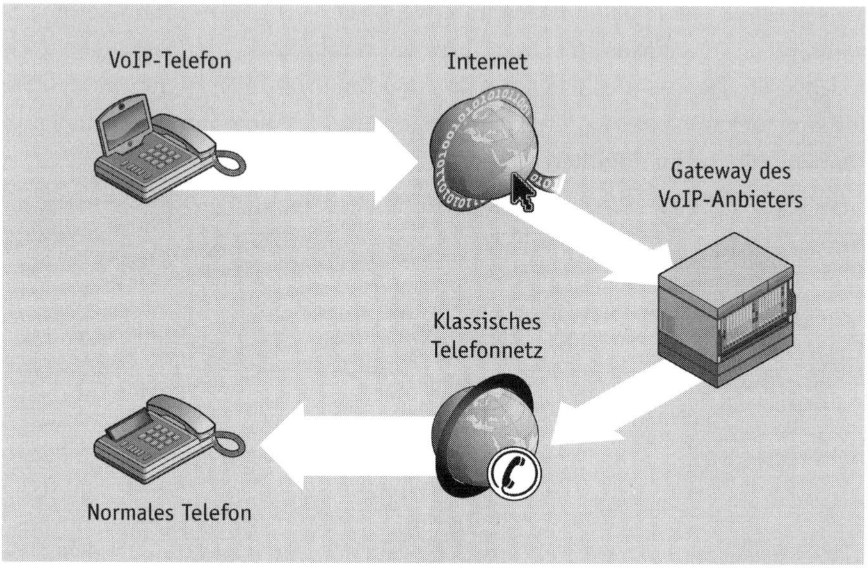

te Gateway. Das Gateway ist das Bindeglied zwischen der VoIP-Welt und der klassischen Telefonwelt. Es verbindet das Internet mit dem herkömmlichen Telefonnetz; es wandelt die Internet-Daten in das Telefonformat um und umgekehrt. Wenn Sie mit Ihrem VoIP-Telefon ein «normales» Telefon anrufen, läuft dieses Gespräch immer über ein Gateway.

Jeder VoIP-Anbieter verfügt über einen oder mehrere eigene Gateways und damit über ein Tor zum klassischen Telefonnetz. Wenn Sie mit Ihrem VoIP-Telefon ein klassisches Telefon anrufen, leitet ihr VoIP-Anbieter das Gespräch über das Gateway in das klassische Telefonnetz. Das funktioniert auch umgekehrt so: Sobald Sie aus dem klassischen Telefonnetz auf Ihr VoIP-Telefon angerufen werden, nimmt ihr VoIP-Anbieter das Gespräch am Gateway entgegen und leitet es ab dort via Internet zu Ihrem Internet-Telefon. So einfach ist das.

Ohne geht's nicht: Codecs und Protokolle

Jetzt wird es technisch, es bleibt aber interessant: Das Wissen über die technischen Details der Internet-Telefonie ist zwar für das tägliche Telefongespräch nicht so wichtig, es kann aber recht praktisch sein, Fachbegriffe wie

SIP-Protokoll oder G.711-Codecs zu kennen. Beispielsweise dann, wenn es bei den VoIP-Gesprächen zu Aussetzern kommt und eventuell ein anderer Codec Abhilfe schafft.

Das Geheimnis der Internet-Telefonie versteckt sich in zwei wichtigen Bausteinen, die auf den nachfolgenden Seiten ausführlich erläutert werden:

- **Protokoll**
  Das Protokoll regelt alle Einzelheiten des Telefongesprächs: Das Klingeln, das Anklopfen, das Besetztzeichen, die Anzeige der Rufnummer und natürlich die Übertragung des Gesprächs selbst – kurz: Alle Funktionen, die Sie beim Telefonieren erwarten und vom klassischen Telefon bereits kennen.

- **Codecs**
  Der so genannte Codec ist das Herzstück der Internet-Telefonie: Er sorgt für die Umwandlung der Sprache in digitale Internet-Daten und bestimmt die Sprachqualität. Aber auch wie viel Bandbreite dabei verbraucht wird. Für jeden Bedarf und jeden Internet-Anschluss – von ISDN bis DSL – gibt es den optimalen Codec.

Protokolle: Die Straßenverkehrsordnung für den Telefonverkehr

Regeln müssen sein. Nicht nur im Straßen-, auch im Telefonverkehr. Und dort ganz besonders. Denn bei Millionen von Telefongesprächen, die tagtäglich im Internet hin- und herflitzen, muss es geregelt vonstatten gehen. Genau diese Regeln werden Protokolle genannt. Das Protokoll ist das Regelwerk, nach dem ein Telefongespräch im Internet abläuft. Vom ersten Klingeln über das eigentliche Gespräch bis zum Auflegen.

Dreikampf der Protokolle

Die Krux an der Sache: Für die Internet-Telefonie existieren gleich mehrere Protokolle, die miteinander konkurrieren. Internet-Telefonie ist also nicht gleich Internet-Telefonie. Zurzeit spalten drei unterschiedliche Protokolle das VoIP-Lager. Doch keine Sorge: Es gibt einen ganz klaren Sieger, der auch in Zukunft bei der Internet-Telefonie bestimmend sein wird. Folgende drei Regelwerke konkurrieren um die Gunst der Internet-Telefonierer:

H.323 – Der Pionier

Die Internet-Telefonie ist nicht neu. Bereits 1996 entstand das erste marktreife Protokoll, das Telefongespräche über das Internet ermöglichte. Der kryptische Name: H.323. Lange Zeit war H.323 in Sachen VoIP das Maß aller Dinge. Alle VoIP-Telefone funktionierten zunächst ausschließlich nach dem H.323-Prinzip.

Das funktionierte zwar einwandfrei, allerdings hat das Protokoll einen entscheidenden Nachteil, der lange Zeit den Durchbruch der Internet-Telefonie blockierte: H.323 bereitet sehr oft Probleme beim Einsatz von Firewalls und so genannten NAT-Netzwerken – das sind Netzwerke hinter einem Router wie sie klassischerweise im Privatbereich bei DSL-Routern anzutreffen sind. Das Konfigurieren der H.323-Telefone und der Firewalls war für Otto-Normal-Verbraucher viel zu kompliziert.

Ein weiterer Nachteil des H.323-Protokolls: Einige Telefonfunktionen sind im H.323-Protokoll nicht genau definiert. Zahlreiche Hersteller haben kurzerhand eigene Erweiterungen «gestrickt», um die Lücke zu füllen. Mit der Folge, dass das Zusammenspiel zwischen den Endgeräten unterschiedlicher Hersteller mitunter scheitert.

Der Traum «Telefon anschließen und einfach lostelefonieren» rückte damit in weite Ferne – einer der Hauptgründe, warum die Internet-Telefonie so lange ein Nischendasein fristete.

Das hat sich grundlegend mit dem moderneren SIP-Protokoll (siehe nächster Abschnitt) geändert. Heute ist H.323 nur noch im Business-Bereich anzutreffen. Im wesentlich größeren Privatbereich spielt H.323 keine Rolle mehr. Es stirbt aus.

Übrigens: Das Windows-Programm NetMeeting nutzt zur Kommunikation noch heute das H.323-Protokoll.

SIP – Der Sieger

Ganz klar: Das SIP-Protokoll (Session Initiation Protocol) ist der Sieger im Dreikampf der Protokolle. Es wurde 1999 entwickelt und ist wesentlich einfacher und flexibler als das H.323. Bereits bei der Entwicklung des SIP-Protokolls wurde darauf geachtet, aus den «Fehlern» des Vorgängers H.323 zu lernen. Für Entwickler besonders erfreulich: Alle Steuerinformationen zwischen den Gesprächspartnern werden beim SIP-Protokoll als leicht lesbare Textinformationen ausgetauscht. Auch hinter Firewalls und DSL-Routern lässt sich dank SIP problemlos telefonieren.

Weniger ist manchmal mehr: Gerade die Einfachheit ist das Erfolgsgeheimnis des SIP-Protokolls. Das SIP-Protokoll kann im Prinzip alles, was H.323 auch kann – nur einfacher. Das erleichterte sowohl die Arbeit der Telefonhersteller als auch der VoIP-Anbieter. Heute arbeiten fast alle Internet-Telefone und Internet-Telefonanlagen nach dem SIP-Protokoll.

SIP kann sogar noch mehr als nur Telefonieren: Das SIP-Protokoll lässt sich leicht erweitern und für den Austausch von Multimedia-Dateien (Filme, Musik u. ä.) für E-Learning oder für Computerspiele verwenden.

Skype – Der erfolgreiche Außenseiter

Beinahe hätte ein dritter Kandidat den Erfolg dem SIP-Protokoll streitig gemacht: Skype. Erst 2003 entwickelt, räumte Skype in der VoIP-Szene zunächst kräftig auf. Der Grund: Skype gilt als «idiotensicher»: Einfach anmelden, ein Stück Software installieren, Headset anschließen und lostelefonieren. Ganz ohne Fummelei an Firewalls und anderen Einstellungen. Eine tolle Sache, zumal Gespräche zwischen Skype-Benutzern untereinander generell kostenlos sind.

Aber: Skype ist zwar kinderleicht zu bedienen – das war's aber auch schon. Trotz des großen Erfolgs (knapp 300 Millionen Downloads) hat Skype mit einem großen Nachteil zu kämpfen. Das verwendete Skype-Protokoll ist ein so genanntes proprietäres Protokoll: Es kommt nur im Skype-internen Netzwerk zum Einsatz. Nur ein VoIP-Anbieter nutzt das Skype-Protokoll: Skype selbst. Alle anderen VoIP-Anbieter setzen dagegen auf das offene SIP-Protokoll. Das Skype-Netzwerk ist damit eine kleine, in sich geschlossene Welt – eine Insellösung im weltweiten VoIP-Meer.

Auch die Verbindung zwischen klassischer Telefonwelt und Skype ist nicht einfach: Zwar gibt es mit den Diensten SkypeOut und SkypeIn die Möglichkeit, auch Festnetzanschlüsse zu erreichen oder von diesen angerufen zu werden – die Kosten liegen aber deutlich höher als bei anderen VoIP-Anbietern.

Last, but not least gibt es kaum Telefone, die das Skype-Protokoll unterstützen. Wer mit Skype telefonieren will, muss sich auf den PC plus Headset oder eine minimale Auswahl verfügbarer Telefone beschränken.

Ausführliche Informationen zu Skype und darüber, wie einfach das Telefonieren mit Skype ist, erhalten Sie im Kapitel: *Außenseiter – Telefonieren mit Skype.*

schieb-tipp

Skype für den Einstieg

Mein Fazit: Skype wird zwar auch in Zukunft noch eine große Rolle spielen – nicht zuletzt durch die einfache Bedienung und die Integration in das Auktionshaus ebay. Allerdings liegt die Zukunft der Internet-Telefonie eindeutig beim SIP-Protokoll. Zum Ausprobieren und Schnuppern ist Skype aufgrund der kinderleichten Installation aber ideal.

Skype, der Newcomer in Sachen VoIP, ist zwar kinderleicht zu bedienen, die Zukunft der Internet-Telefonie liegt allerdings im SIP-Protokoll. Der Grund: Skype ist nur eine Insellösung.

Codecs: Das Geheimnis der guten Sprachqualität

Wie gut ist VoIP wirklich? Hierfür gibt es eigentlich nur ein Kriterium: Die Sprachqualität. Nur, wenn sich ein VoIP-Gespräch genau so anhört, wie ein normales Telefongespräch, wird die neue Technik als gut befunden.

Entscheidend für die Sprachqualität ist der eingesetzte Codec. Das ist der «Code» oder das Verfahren, mit dem das Telefon die gesprochenen Worte blitzschnell in digitale Daten umwandelt. Im Telefon sitzt hierzu ein kleiner Prozessor, der das gesprochene Wort in einem ganz bestimmten Verfahren in digitale Datenpakete umwandelt. Auf der Gegenseite, bei Ihrem Gesprächspartner passiert genau das Gegenteil: Das Telefon nimmt die digitalen Datenpakete entgegen und wandelt sie mit dem gleichen Verfahren in hörbare Worte um. Das Ergebnis: Ein Telefongespräch.

In Sachen Codec hat das Telefon die Qual der Wahl: Denn beim Internet-Telefonieren stehen gleich mehrere Codecs zur Verfügung und damit auch unterschiedliche Qualitäten. Vom scheppernden Klang im Stile der ersten Handys bis zur glasklaren Qualität à la ISDN ist alles drin.

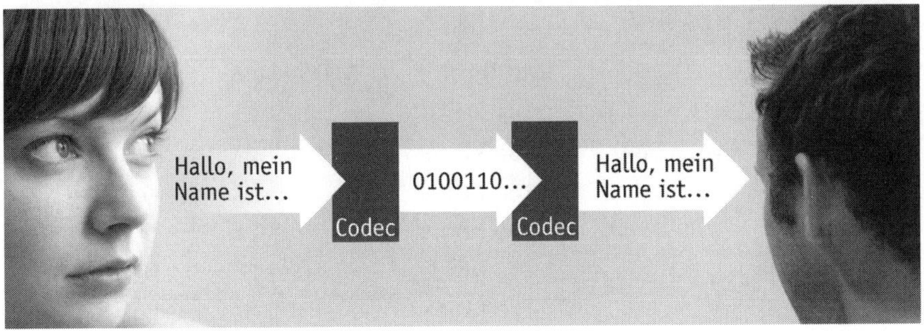

Der Codec im Telefon sorgt für die Umwandlung der Sprache in digitale Datenpakete – diese wandern dann via Internet zum Gesprächspartner. Dort werden aus den Datenpaketen dann wieder gesprochene Worte.

Die Besten Codecs

Warum nicht gleich immer den besten Codec verwenden und immer mit ISDN-Qualität telefonieren? Das liegt an den unterschiedlichen Ansprüchen der einzelnen Codecs. Ein Codec mit guter Sprachqualität ist «hungriger», er verbraucht mehr Bandbreite als ein Codec mit etwas schlechterer Qualität.

Interessant: Es gibt ein Messverfahren, um die Sprachqualität der verschiedenen Codecs objektiv miteinander vergleichen zu können. Die Qualität wird in einem so genannten MOS-Wert (Mean Opinion Score, deutsch: durchschnittlicher Meinungswert) ausgedrückt. Hierbei bestimmt eine repräsentative Gruppe, wie nahe der menschlichen Sprache der eingesetzte Codec im Original kommt. Sie Skala reicht von 1 (schlechteste Qualität) bis 5 (beste Qualität).

ISDN-Qualität schafft kein ISDN-Anschluss

beispiel

Der zurzeit beste Codec namens G.711 mit ISDN-Qualität verbraucht knapp 90 kBit/s pro Richtung – insgesamt also etwa 180 kBit pro Sekunde. Kein Problem für eine DSL-Leitung, aber viel zu viel für einen ISDN-Internet-Anschluss mit maximal 64 kBit pro Sekunde oder gar ein Modem mit 33,6 kBit pro Sekunde. In diesem Fall muss auf einen anderen Codec zurückgegriffen werden, der die Sprachdaten in komprimierter (verkleinerter) Form verschickt. Der verbraucht zwar weniger Bandbreite, ist oftmals aber auch hörbar schlechter.

Die nachfolgende Tabelle zeigt die MOS-Werte der einzelnen Codecs und wie viel Bandbreite sie benötigen. Der Wert für die Bandbreite bezieht sich dabei auf ein komplettes Gespräch in beide Richtungen:

Codec	**Bandbreite**	**MOS-Wert**	**Qualität**
G.711u (PCMU, u-law)	155 kBit/s	4,3	gut
G.711a (PCMA, a-law)	180 kBit/s	4,4	sehr gut
G.722	180 kBit/s	4,5	sehr gut
G.723	60 kBit/s	3,8	befriedigend
G.726-24	100 kBit/s	3,8	befriedigend
G.726-32	120 kBit/s	3,85	befriedigend
G.728	85 kBit/s	3,61	ausreichend
G.729	70 kBit/s	3,92	befriedigend
GSM	60-90 kBit/s	3,8	befriedigend
iLBC	80 kBit/s	4	gut
iSAC	110-170 kBit/s	> 4	sehr gut
Speex	60-120 kBit/s	> 4	sehr gut

Die meisten VoIP-Telefone verwenden automatisch den bewährten G711-Codec, der VoIP-Gespräch in ISDN-Qualität ermöglicht. Den G.711-Codec gibt es in zwei Varianten: G.711u – auch PCMU oder u-law genannt – kommt hauptsächlich in den USA und Japan zum Einsatz, G.711a oder PCMA bzw. a-law findet vor allem in Europa Verwendung.
Besonders interessant für «dünne» oder langsame Internet-Leitungen sind neben Speex der iLBC- oder der iSAC-Audio-Codec. Beide bieten eine gute bis sehr gute Sprachqualität bei wesentlich geringerem Bandbreitenverbrauch.

Welchen Codec nehmen?

Erfreulich: Um die Auswahl der Codecs für ein Internet-Telefongespräch müssen Sie sich in der Regel nicht kümmern. Dafür sorgt Ihr VoIP-Telefon schon selbst. Die Telefone handeln den Codec vor jedem Gespräch nämlich selbst untereinander aus. Und das funktioniert folgendermaßen:

1. Bevor das Telefongespräch beginnt, wird gehandelt, ganz nach dem Motto: Zeige mir deine Codecs, dann zeige ich dir meine.

2. Der Anrufer zeigt zunächst der Gegenstelle, welche Codecs zur Verfügung stehen und welchen er am liebsten verwenden möchte, beispielsweise G.711a.
3. Das Telefon auf der Gegenseite prüft das Angebot. Sollte es ebenfalls die Sprache «G.711a» verstehen, kommt es schnell zu einer Einigung. Das Gespräch wird sofort mit dem Codec G.711a aufgebaut.

Übrigens: Mit «Gegenstelle» sind bei einem reinen Internet-Telefongespräch zwischen zwei VoIP-Telefonen tatsächlich die beiden VoIP-Telefone gemeint. Bei einem Gespräch zu einem Festnetz-Telefon ist der Verhandlungspartner bereits der Server Ihres VoIP-Anbieter. Ab dem Übergang zum Festnetz muss nichts mehr verhandelt werden.

4. Ist die Gegenstelle aber nicht einverstanden, da es zum Beispiel G.711a nicht versteht oder es den Codec nicht einsetzen möchte, unterbreitet sie einen Gegenvorschlag. Nach dem Motto «G.711a mag ich nicht, wie wäre es mit iLBC?».
5. Das geht so lange hin und her, bis sich beide Gegenstellen auf einen Codec geeinigt haben – bis praktisch der kleinste gemeinsame Nenner gefunden ist. Das Gespräch kann beginnen.

Keine Sorge: Die Verhandlung des Codecs geht so schnell vonstatten, dass sie davon nichts mitbekommen. Auch wenn es mehrfach hin- und hergeht, ist eine Einigung innerhalb weniger Millisekunden gefunden. Unhörbar und blitzschnell.

In die Codec-Verhandlungen eingreifen

Keine Bange: Beim Internet-Telefonieren brauchen Sie sich um Codecs keine Gedanken zu machen. Das Aushandeln der Codecs ist Sache der VoIP-Telefone. Die Internet-Telefone sind schlau und suchen sich selbst den besten Codec aus.

Mitunter kann es aber notwendig sein, selbst in die Verhandlungen einzugreifen. So können Sie beispielsweise Ihrem Telefon klipp und klar sagen, mit welchem Codec Sie am liebsten telefonieren möchten – und mit welchem gar nicht.

Bevor das Gespräch beginnt, handeln die Gegenstellen den Codec aus. Das dauert nur wenige Millisekunden.

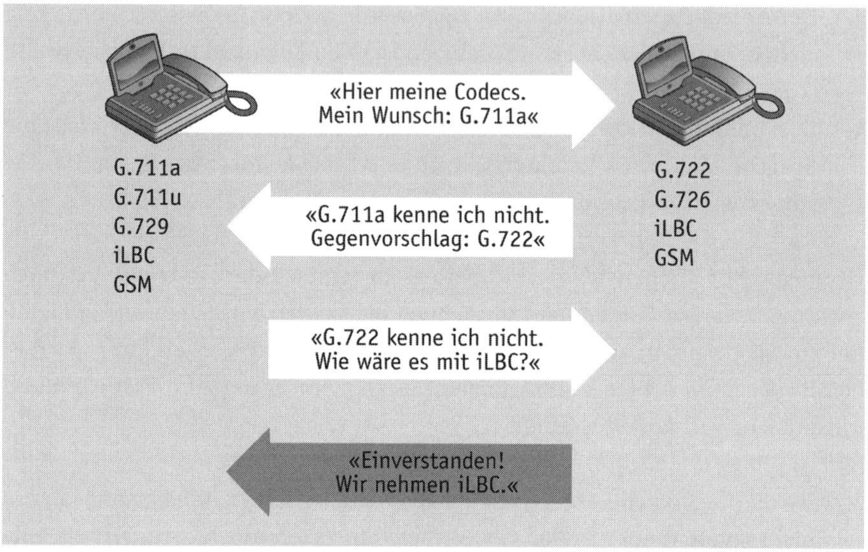

Das kann zum Beispiel sinnvoll sein, wenn Sie mit der Sprachqualität eines Codecs nicht zufrieden sind. Dann platzieren Sie den jeweiligen Codec in der «Hitliste» der Codecs einfach auf einen der unteren Plätze. Ein anderes Szenario: Wenn Sie gänzlich auf einen Codec verzichten oder einmal probehalber einen völlig neuen Codec ausprobieren möchten.

Bei den meisten Telefonen können Sie selbst festlegen, welche Codecs zum Einsatz kommen können und an welcher Position der «Hitliste» sie stehen. Gehen Sie hierzu folgendermaßen vor:

1. Starten Sie Ihre Telefonsoftware oder öffnen Sie die Weboberfläche Ihres VoIP-Telefons. Bei den meisten VoIP-Telefonen geben Sie hierzu im Internet Explorer die IP-Adresse oder den Namen Ihres Telefons ein.
2. Im Internet Explorer wechseln Sie zur Konfigurationsseite, auf der Sie die Codecs einstellen können. Beim VoIP-Telefon snom 190 klicken Sie beispielsweise auf Leitung 1 und dann auf RTP.
3. Es erscheint eine Liste der Codecs. Und die ist besonders wichtig für die Codec-Verhandlungen. Die Liste bestimmt, welche Codecs zum Einsatz kommen und in welcher Reihenfolge.
4. Bestimmen Sie auf der Konfigurationsseite, welche Codecs in welcher Rei-

henfolge zum Einsatz kommen sollen. Falls Sie nicht sicher sind, welche Codecs Sie verwenden sollten, hilft Ihnen ein Blick auf die Tabelle weiter oben im Abschnitt *Codecs: Das Geheimnis der guten Sprachqualität.*

5. Speichern Sie die Einstellungen, und schließen Sie die Konfigurationsseite des Telefons. Ab dem nächsten Telefongespräch werden die Codecs nach Ihren Vorgaben ausgehandelt.

Immer der Reihe nach

Generell gilt: Das Telefon versucht zuerst, den obersten Codec mit der Nummer 1 zu verwenden. Ist das nicht möglich, weil z. B. die Gegenstelle den Codec nicht kennt, wird der Codec 2 versucht usw.

Ein Wechsel des Codecs ist eigentlich nur notwendig, wenn es häufiger zu Aussetzern oder Abbrüchen kommt. Wie Sie diese und andere Probleme beheben oder erst gar nicht auftreten lassen, erfahren Sie im Kapitel *Wenn es hakt.*

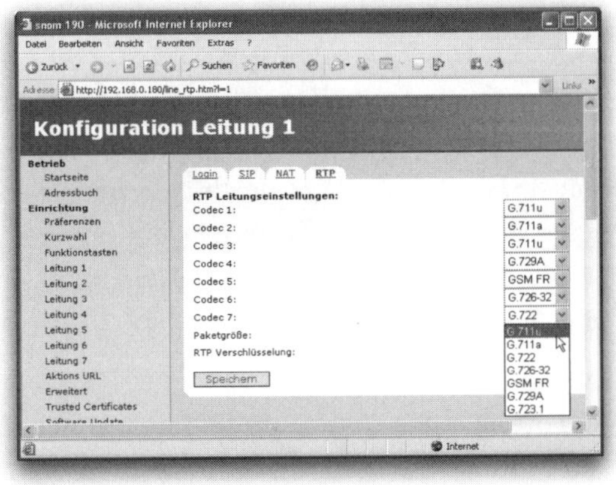

Bei den meisten VoIP-Telefonen – wie hier beim snom 190 – können Sie selbst bestimmen, welche Codecs in welcher Reihenfolge zum Zuge kommen. Der «Lieblings-Codec» steht oben auf Platz 1.

Probleme? Die Tücken der neuen Technik

Macht die Internet-Telefonie den klassischen Telefonanschluss überflüssig? Nein! Mit VoIP ist das Telefonieren zwar viel billiger oder oft sogar kostenlos; zudem bietet VoIP viele tolle Zusatzfunktionen. Ganz ersetzen kann es den klassischen Telefonanschluss allerdings nicht. Oder besser gesagt: Noch nicht.

Denn VoIP ist in vielen Bereichen bereits so ausgereift, dass ein alternativer Telefonanschluss eigentlich überflüssig ist. Es gibt aber noch einige kleine Kinderkrankheiten, die eventuell noch einen zusätzlichen klassischen Telefonanschluss notwendig machen. Und sei es nur als «Notfall»-Leitung; als Rettungsanker, falls der Internetzugang mal ausfällt.

Auf den nachfolgenden Seiten erfahren Sie, mit welchen Kinderkrankheiten, Problemen und Einschränkungen Sie beim Internet-Telefonieren rechnen müssen. Die Einschränkungen sind nicht gravierend, sollten aber auch nicht unerwähnt bleiben.

Zuverlässigkeit

Telefonieren im Internet ist eine junge Technik. Im Vergleich zur klassischen Telefonie, die bereits auf über 100 Jahre Erfahrung zurückblicken kann, sogar blutjung. Die Erfahrung zeigt, dass die Internet-Telefonie in Sachen Zuverlässigkeit insgesamt noch nicht auf dem Niveau der klassischen Telefonie ist. Viele Anbieter probieren neue Funktionen noch aus, beispielsweise die Weiterleitung eines Faxes zum E-Mail-Postfach. Die brandneuen Funktionalitäten sind oftmals noch in der Test- und Erprobungsphase. Aber gerade das macht meistens gerade den Reiz der Internet-Telefonie aus.

beispiel

VoIP in die Wüste?

Mit Einschränkungen müssen Sie mitunter bei Telefonaten ins entferntere Ausland rechnen. Auch wenn in der Preisliste Ihres VoIP-Anbieters zum Beispiel das mexikanische Mobilfunknetz aufgeführt ist, kann es passieren, dass die Verbindung via VoIP dorthin doch nicht zustande kommt. Das kommt allerdings nur bei exotischen Zielen vor – bei «klassischen» Zielen wie Deutschland, das europäische Ausland oder die USA sind mit VoIP keine Probleme zu erwarten.

Ausfallsicherheit

Wenn Sie über das Internet telefonieren, ist eines klar: Fällt der Internet-Anschluss aus, ist auch das Telefonieren nicht mehr möglich.

Und Gründe für den Ausfall des Internet-Zugangs gibt es viele. Vielleicht haben Sie in der Vergangenheit schon selbst Ausfälle erlebt. Das kann am Internet-Provider liegen oder aber an der heimischen Hardware. Zum Beispiel durch den Ausfall des DSL-Modems aber auch durch Virenbefall oder eine falsche Konfiguration des Routers. Wie auch immer: Ohne Internet bleibt auch die VoIP-Leitung tot.

Fazit: Ein stabiler Internet-Zugang ist für die Internet-Telefonie unumgänglich. Worauf Sie beim Internet-Zugang noch achten müssen, erfahren Sie im nächsten Kapitel *Das nötige Rüstzeug.*

Übrigens: Auch bei einem Stromausfall bleiben Sie bei VoIP von der Außenwelt abgeschnitten. Während klassische Telefone nach einem Stromausfall noch funktionieren – z. B. analoge Telefone oder einfache ISDN-Telefone ohne Netzteil -, geht bei VoIP ohne Strom nichts mehr.

Sonderrufnummern nicht erreichbar?

Mitunter sind Sonderrufnummern mit Sondervorwahlen wie 01805 oder 01803 via VoIP nicht erreichbar. Einige VoIP-Anbieter erlauben nur das Telefonieren zu «normalen» Rufnummern, nicht aber zu Sonderrufnummern. Die gängigen Sonderrufnummern wie 01801, 01803, 01805, 01888, 0700 oder 0800 sind bei den meisten VoIP-Anbietern problemlos erreichbar.

Kritisch wird es lediglich bei den teuren Varianten 0137, 0180, 01802, 01804, 0185, 0190 oder 0900. Diese Sonderrufnummern sind bei den meisten VoIP-Anbietern gesperrt und lassen sich mit dem Internet-Telefon nicht anrufen. Welche VoIP-Anbieter welche Sonderrufnummern zulassen und welche nicht, erfahren Sie im Kapitel *Den passenden Anbieter finden.*

Sparen können Sie bei Sonderrufnummern sowieso nicht. Bei fast allen Sondervorwahlen sind die Gesprächsgebühren festgelegt, z. B. 12 Cent pro Minute bei 01805 – egal, ob Sie die Nummer via VoIP oder mit dem klassischen Telefon anrufen.

Notrufnummern 110 und 112

Das hat einen ganz einfachen technischen Grund: Im klassischen Telefonnetz wird ein 110- oder 112-Notruf automatisch zur geographisch nächsten Notrufzentrale weitergeleitet. Das ist bei klassischen Telefonanschlüssen auch kein Problem, da die Telefongesellschaft genau weiß, in welcher Stadt, welcher Straße und in welchem Haus der Anschluss liegt.

Kein Notruf mit VoIP

Achtung: Im Notfall kann das Internet-Telefon zur Falle werden. Bei den meisten VoIP-Anbietern ist es nicht möglich, den Notruf 110 oder 112 zu wählen.

wichtig

Aber genau das ist bei VoIP-Anschlüssen nicht mehr möglich. Ein Internet-Telefon kann sich überall auf der Welt befinden; überall dort, wo ein Internet-Anschluss ist. Wenn Sie mit einem VoIP-Telefon eine Notrufnummer wählen, kann der Anruf nicht mehr automatisch zur geographisch nächsten Notrufzentrale weitergeleitet werden – schließlich kann sich Ihr VoIP-Telefon bei Ihnen zu Hause, in Frankreich oder den USA befinden.

Einige VoIP-Anbieter wie sipgate (www.sipgate.de) umgehen das Problem, indem sie die in der Firmendatenbank hinterlegten Adressdaten für eine Lokalisierung heranziehen. Der VoIP-Anbieter übermittelt dann die Kontaktdaten, um zumindest annähernd eine Lokalisierung zu erreichen.

schieb-tipp

Mobil oder Festnetz

Verwenden Sie für Notrufe besser das Handy oder – falls noch vorhanden – den klassischen Telefonanschluss. Im Falle eines Falles landen Sie dann reibungslos bei der nächsten Rettungsleitstelle.

Faxe verschicken und empfangen

Wenn das Telefonieren via Internet problemlos funktioniert, wieso sollte dann das Faxen nicht auch reibungslos funktionieren? Auf den ersten Blick sollte es keinen Unterschied machen, ob nun Sprache oder Faxdaten über die VoIP-Leitung gehen. Die Praxis sieht allerdings anders aus: Beim Thema Faxen über VoIP – auch FoIP genannt – müssen Sie einige technische Hürden überwinden, damit es klappt. Ganz wichtig ist beispielsweise die Auswahl des richtigen Codecs: Nur Codecs ohne Komprimierung – hierzu gehört G.711 – eigenen sich für den Faxversand und -empfang.

Was Sie alles beim Faxen via Internet beachten müssen und welche Tricks und Kniffe es hierzu gibt, erfahren Sie ausführlich im Kapitel *Telefonieren und Faxen ganz ohne PC.*

Spit – Spam am Telefon

Spam- und Werbebotschaften via E-Mail kennen Sie sicherlich zu Genüge – sie landen praktisch täglich im Posteingang. Mit VoIP geht es noch einen Schritt weiter: Die Spam-Problematik wird sich in den nächsten Jahren auch im Bereich der Internet-Telefonie breit machen. Im Fachjargon gibt es dafür auch schon einen neuen Begriff: Spit – Spam over Internet Telephony.

Spam via Telefon kann folgendermaßen aussehen: Sie erhalten einen Anruf auf Ihr VoIP-Telefon und eine mehr oder weniger freundliche Stimme vom Band preist diesen oder jenen tollen Dienst an. Oder fordert Sie auf diese oder jene Sonderrufnummer zu wählen, um den ersten Preis in einem Gewinnspiel zu sichern. Der Fantasie sind in Sachen Spamming sind keine Grenzen gesetzt.

Noch ist es erfreulich ruhig: Spam-Anrufe sind zurzeit noch selten; sie werden in Zukunft aber voraussichtlich vermehrt auftreten. Technisch ist es für Spammer auch kein Problem, Werbung via Telefon massenhaft zur verteilen: Sie installieren einfach weltweit einen oder mehrere Server, die automatisiert tausende von Spam-Anrufen gleichzeitig abschicken – und das dank Internet-Telefonie sogar ohne Telefonkosten. Auch wenn in Deutschland Werbung per Telefon ohne Einwilligung nicht erlaubt ist, wird das die weltweit tätigen Spam-Versender nicht am Telefon-Spamming – auch in Deutschland – hindern.

Das große Problem beim Spamming via Telefon: Werbung über das Telefon ist wesentlich nerven- und zeitraubender als E-Mail-Werbung. Eine E-Mail ist schnell weggeklickt – ein Anruf bindet Zeit und stört den Arbeitsablauf erheblich.

Wie Spamming via Internet-Telefon funktioniert und wie Sie sich davor schützen können, erfahren Sie ausführlich im Kapitel *Sicherheit und Datenschutz.*

Lassen Sie sich von den hier aufgeführten Problemfeldern nicht abschrecken: Die Internet-Telefonie funktioniert. Tag für Tag und tausendfach weltweit. Wie einfach der Einstieg in die Internet-Telefonie sein kann und was Sie für VoIP-Gespräche benötigen, behandelt das nächste Kapitel *Das nötige Rüstzeug.* Dort erfahren Sie auch, wie Sie mit wenigen Schritten die Internet-Telefonie einmal ausprobieren und Ihr erstes kostenloses VoIP-Gespräch führen können.

edition
jörg schieb

Voice over IP

Telefonieren übers Internet

Das nötige Rüstzeug

Telefon anschließen und lostelefonieren? Ganz so einfach ist das Telefonieren übers Internet leider nicht. Bevor die Plauderei im Web beginnen kann, müssen einige wichtige Grundvoraussetzungen erfüllt sein. Der richtige Internet-Anschluss und der optimale Telefon-Provider sind dabei besonders wichtig. Dieses Kapitel verrät Ihnen, warum ein DSL-Anschluss sinnvoll ist und welche zusätzliche Hardware Sie brauchen. Und falls Sie neugierig geworden sind und einfach einmal in der VoIP-Welt schnuppern möchten, können Sie auch gleich ihr erstes kostenloses Internet-Telefonat führen. Mit wenigen Mausklicks – und kostenlos.

Das brauchen Sie für VoIP

Viel ist zum Telefonieren über das Internet eigentlich gar nicht notwendig. Das Meiste davon haben Sie vielleicht bereits zu Hause. Und was noch fehlt, lässt sich leicht nachträglich beschaffen.

Um in die Welt der Internet-Telefonie einzusteigen und störungsfrei via VoIP zu telefonieren, benötigen Sie lediglich drei wichtige Komponenten:

1. **Einen schnellen Internet-Anschluss**
   Das Wichtigste für glasklare Telefongespräche: Ein schneller Internet-Anschluss. Je schneller, desto besser. Ideal ist ein DSL-Anschluss mit mindestens 1.000 kBit/s – z. B. T-DSL 1000 der Deutschen Telekom. ISDN- oder Modem-Zugänge sind zu langsam und für VoIP nicht geeignet.
2. **Ein Telefon**
   Ganz klar: Wer im Internet telefonieren möchte, braucht ein Telefon. Dabei haben Sie die Wahl zwischen einem brandneuen VoIP-Telefon oder – mittels Adapter – Ihren alten Telefonen. Zur Not geht auch ein so genanntes Softphone: Eine Telefonsoftware, die auf Ihrem Computer ein Telefon simuliert. Nachteil dabei: Zum Telefonieren muss der PC eingeschaltet sein. Bei echten Internet-Telefonen plaudern Sie hingegen auch bei ausgeschaltetem PC.
3. **Einen VoIP-Anbieter**
   Damit Sie auch «normale» Telefone sowie Handys anrufen können und umgekehrt von überall erreichbar sind, brauchen Sie einen so genannten VoIP-Anbieter. Das ist ein Internet-Anbieter, der Ihnen eine Verbindung zum klassischen Festnetz, zu Handys und ins Ausland zur Verfügung stellt. Der VoIP-Anbieter ist praktisch die zentrale Schnittstelle zwischen dem klassischen Telefonnetzen und dem Internet.

Was Sie in Sachen Internet-Anschluss, Internet-Telefon und VoIP-Anbieter beachten müssen, erfahren Sie auf den nachfolgenden Seiten dieses Kapitels.

Ganz wichtig: Ein schneller Internet-Anschluss

Viel hilft viel. Dieses einfache Motto gilt insbesondere für Ihren Internet-Anschluss. Wenn Sie regelmäßig via VoIP telefonieren möchten, sollte Ihr Internet-Zugang besonders schnell sein.

Ganz wichtig: Ein Modem- oder ISDN-Zugang ist für Internet-Telefonie zu langsam. Ein solcher Internet-Anschluss ist einfach nicht schnell genug für die Übertragung der Sprachdaten über das Internet. Hinzu kommt, dass es bei Modem- und ISDN-Internetzugängen meist nur teure Minutentarife gibt, die VoIP unrentabel machen. Zum Ausprobieren und Schnuppern reicht ein Modem- oder ISDN-Zugang zwar aus, wenn Sie jedoch dauerhaft im Internet telefonieren möchten, empfiehlt sich der Umstieg auf einen schnellen DSL-Anschluss.

DSL 1000 oder besser

Als Untergrenze für einen schnellen Internet-Anschluss gilt ein DSL-1000-Anschluss, also ein DSL-Internetzugang mit einer maximalen Geschwindigkeit von 1.024 kBit pro Sekunde. DSL 1000 ist der Einsteiger-DSL-Anschluss und die preisgünstigste DSL Variante.

Mit einem DSL-1000-Anschluss können Sie gleichzeitig im Internet surfen und ein Telefongespräch in glasklarer Qualität führen. Die Betonung liegt aber auf «ein», denn viel mehr ist bei einem DSL-1000-Anschluss nicht drin. Mit einem einzigen Gespräch ist die DSL-1000-Leitung bereits fast ausgeschöpft.

Das liegt an der so genannten Uploadgeschwindigkeit: Auch wenn sich 1.024 kBit pro Sekunde nach viel anhört, die hohe Geschwindigkeit gilt nur für eine Richtung. Für den Download. Alles, was Sie aus dem Internet herunterladen – Webseiten, Fotos, Dateien usw. – wandert mit einer Geschwindigkeit von 1.024 kBit pro Sekunde auf Ihren Rechner. Umgekehrt geht es allerdings viel langsamer: Wenn Sie von Ihrem Computer Daten verschicken – dazu gehört auch das Telefongespräch –, müssen Sie sich mit 128 kBit pro Sekunde begnügen. Und da für ein Telefongespräch in glasklarer Qualität pro Richtung

Audio-Codecs wechseln

schieb-tipp

Mit einigen Tricks können Sie auch bei einem DSL-1000-Anschluss mehr als ein Telefongespräch führen. Zum Beispiel durch die Verwendung eines anderen Audio-Codecs, der weniger Bandbreite benötigt. Dadurch sinkt aber meist auch die Sprachqualität. Weitere Informationen zu Audio-Codecs erhalten Sie im vorangegangenen Kapitel «VoIP – Das müssen Sie wissen».

knapp 100 kBit verbraucht werden, ist bei einem Gespräch die Leitung damit fast schon «dicht».

DSL ist schnell, aber nur in eine Richtung. Fürs Telefonieren sind aber beide Richtungen wichtig. Bei DSL 1000 stehen als Upload z. B. «nur» 128 kBit/s zur Verfügung. Das reicht nur für ein Gespräch.

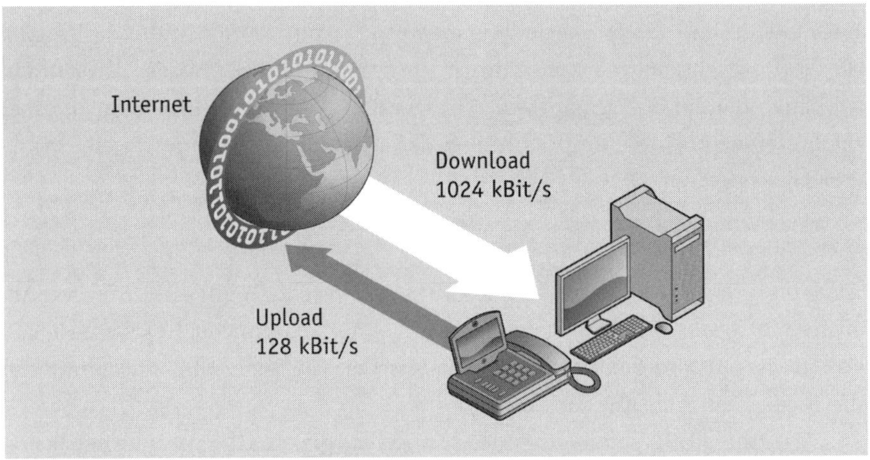

Wenn Sie mehr als ein Gespräch gleichzeitig über die Internet-Leitung führen möchten oder neben dem Telefongespräch umfangreiche Downloads tätigen wollen, empfiehlt sich ein noch schnellerer DSL-Anschluss.

Ab DSL 2000 mit 2.048 kBit/s Download- und 192 kBit/s Upload-Geschwindigkeit macht VoIP richtig Spaß. Und bietet genügend Reserven für mehrere gleichzeitige Gespräche oder umfangreiche Downloads während des Telefonierens.

Was die verschiedenen Anschluss-Geschwindigkeiten leisten und wie viele Gespräche Sie damit gleichzeitig führen können, zeigt Ihnen folgende Tabelle. Die Spalte «Monatliche Kosten» verrät, wie viel Sie in etwa für den Anschluss pro Monat bezahlen müssen.

Anschluss	**Mtl. Kosten**	**Download**	**Upload**	**Gleichzeitige VoIP-Gespräche**
Modem	5 – 15 Euro	56,6 kBit/s	48,6 kBit/s	Nicht geeignet
ISDN	10 – 15 Euro	64 kBit/s	64 kBit/s	Kaum geeignet
DSL 1000	10 – 15 Euro	1.024 kBit/s	128 kBit/s	1 VoIP-Gespräch
DSL 2000	15 – 20 Euro	2.048 kBit/s	192 kBit/s	2 VoIP-Gespräche
DSL 6000	20 – 25 Euro	6.016 kBit/s	576 kBit/s	5 VoIP-Gespräche
DSL 16000	30 – 40 Euro	16.384 kBit/s	800 kBit/s	8 VoIP-Gespräche

Wenn Sie bereits über einen DSL-Anschluss verfügen, sind Sie bereits bestens gerüstet für VoIP. Doch welcher DSL-Anschluss liegt eigentlich im Haus? Auf Anhieb weiß man oft gar nicht mehr, wie schnell der eigene DSL-Anschluss eigentlich ist. DSL 1000, 2000 oder gar 6000? Da hilft ein Blick in die aktuelle Telefonrechnung. Dort erfahren Sie genau, mit welcher Geschwindigkeit Sie ins Internet gehen.

Ihre detaillierte Rechnung für Januar 2006

Die Leistungen im Einzelnen	Artikel-/ Leistungs- Nr.	Menge/ Volumen/ tar. Zeit	Netto- einzel- betrag Euro	Netto- gesamt- betrag Euro	USt. (%)
Monatliche Beträge vom 01.01.06 bis 31.01.06 (Falls nicht anders angegeben)					
Verrechnungsnummer 215 100 5[illegible]					
1. T-ISDN Standardanschluss	04010	1	20,34	20,34	16
Verrechnungsnummer 215 100 5[illegible]					
2. Monatlicher Grundpreis FastPath für T-DSL	63215	1	0,85	0,85	16
3. T-DSL 2000 am T-ISDN	76025	1	17,23	17,23	16
Summe Monatliche Beträge				38,42	
Verbindungen Deutsche Telekom					

Falls Sie sich nicht genau wissen, wie schnell Ihr DSL-Anschluss ist: Ein Blick in die Telefonrechnung verrät es.

Kabel, Satellit und andere Alternativen

In Sachen Internet-Telefonie ist ein schneller DSL-Anschluss erste Wahl. Doch nicht überall ist der schnelle DSL-Anschluss verfügbar. Keine Sorge: Neben dem klassischen DSL-Anschluss gibt es noch einige DSL-Alternativen wie Kabel oder Satellit.

Ein Vorteil der DSL-Alternativen wie Kabel oder WiMAX: Die sonst übliche Koppelung von Telefonanschluss und DSL-Anschluss entfällt. Damit können Sie schnell im Internet surfen und telefonieren und gleichzeitig die Grundgebühr für den Telefonanschluss sparen.

Aber aufgepasst: Nicht jede DSL-Alternative eignet sich für die Internet-Telefonie. Welche DSL-Alternativen interessant sind und welche sich für VoIP eignen – und welche nicht –, zeigt folgende Übersicht:

- **Internet per Kabel**

  Einige Kabelnetzbetreiber bieten Internet über das Fernsehkabel an. Der

Vorteil: Der Kabelanschluss vereint digitales Fernsehen, Internet und damit auch VoIP in einem. Ein separater Telefonanschluss ist überflüssig. Allerdings lohnt sich der Kabelzugang aufgrund der relativ hohen monatlichen Kosten nur, wenn Sie ohnehin Kabelfernsehen wünschen.

Ein Internet-Kabelanschluss ist grundsätzlich auch für VoIP bestens geeignet. Wichtig dabei: Wählen Sie einen Kabeltarif mit einem Upload von mindestens 128 kBit/s, damit in beide Richtungen genügend Bandbreite für glasklare Gespräche zur Verfügung steht.

- **Internet per Satellit**
  Auf den ersten Blick hört sich der Internetzugang via Satellit – z. B. skyDSL von Teles (www.skydsl.de) – auch für VoIP interessant an. Download-Geschwindigkeiten von bis zu 16.000 kBit pro Sekunde versprechen störungsfreie Gespräche.
  Doch der Schein trügt: Die hohe Geschwindigkeit gibt es nur in eine Richtung; vom Satelliten zu Ihnen nach Hause. Für die Internet-Telefonie brauchen Sie aber hohe Geschwindigkeiten in beide Richtungen. Und da sieht es beim Satellitenzugang schlecht aus. Denn die andere Richtung – von Ihnen zu Hause ins Internet – wird per analoger oder ISDN-Telefonleitung realisiert und ist mit gerade einmal 33,6 bzw. 64 kBit pro Sekunde viel zu langsam für VoIP. Internet via Satellit scheidet damit für VoIP aus.

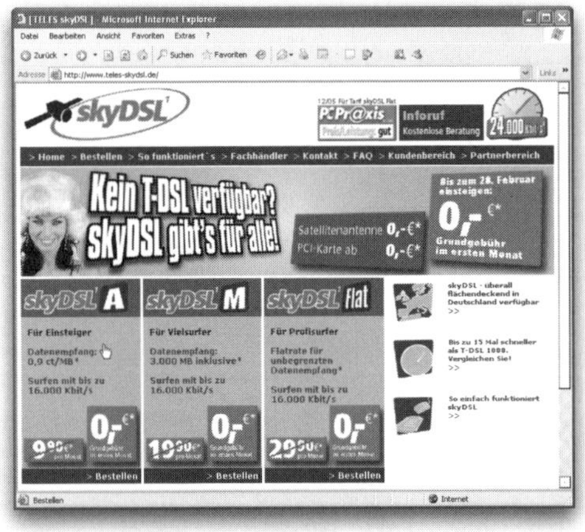

Nicht alle DSL-Alternativen eignen sich für VoIP. Beim Internet via Satellit – z. B. SkyDSL – ist die Upload-Geschwindigkeit für VoIP zu gering.

- **Internet aus der Steckdose**
  Interessant, aber kaum verbreitet ist der Internetzugang aus der Stromsteckdose, kurz Powerline genannt. Mit Bandbreiten von bis zu 1.000 kBit pro Sekunde in beiden Richtungen ist Powerline für VoIP gut geeignet.
  Leider fristet Powerline ein Nischendasein und ist nur in wenigen Städten verfügbar, darunter Dresden (www.powerkom-dd.de), Ellwangen (www.tkg.odr.de), Hameln (www.piper-net.de), Haßfurt (www.schnell-im-netz.de) und Mannheim (www.vype.de).

- **Internet per WiMAX**
  Als interessante Alternative zum klassischen DSL-Anschluss entwickelt sich WiMAX (Worldwide Interoperability für Microwave Access). Bei Wi-

MAX kommt das Internet per Funk ins Haus – WiMAX ist praktisch ein «aufgebohrtes» WLAN für ganze Städte. Auf Kirchtürmen und ähnlich hohen Gebäuden werden hierzu Funksender und -empfänger installiert.

Bei Bandbreiten von 1.500 kBit/s bis 3.500 kBit/s in beide Richtungen ist WiMAX für VoIP bestens gerüstet.

WiMAX steckt allerdings noch in den Kinderschuhen. Nur in wenigen Großstädten wie Bonn, Kaiserslautern (www.wimax-kl.de) oder Berlin (www.dslonair.de) ist die Funklösung bislang nutzbar. Der bundesweite Ausbau geht allerdings rasant vonstatten.

Bald in immer mehr Städten verfügbar: DSL via WiMAX-Funknetz.

- **Internet via UMTS**

  Einige Mobilfunkunternehmen bieten einen vollwertigen Internetzugang via UMTS an. Das Angebot «Surf@Home» von O2 (www.o2online.de) beinhaltet beispielsweise einen UMTS-Router, der das Internet über das schnelle Handynetz ins Haus bringt. Für VoIP sind die meisten UMTS-Anschlüsse allerdings nur bedingt geeignet. Zwar bietet UMTS eine Downloadgeschwindigkeit von 384 kBit pro Sekunde. In die andere Richtung geht es aber nur mit maximal 64 kBit pro Sekunde – für VoIP zu wenig. Nur modernste UMTS-Anschlüsse mit HSDPA-Technolgie schaffen bis zu 1.800 kBit pro Sekunde und sind VoIP-tauglich.

  Mittelfristig planen die Mobilfunkunternehmen, UMTS auf bis zu 14.000 kBit pro Sekunde (14 MBit/s) zu beschleunigen – voraussichtlich ab 2007. Spätestens dann wird UMTS auch für VoIP interessant. Fraglich bleibt dann nur noch, ob die hohen UMTS-Kosten die VoIP-Ersparnisse nicht wieder aufzehren.

UMTS ohne VoIP

Einige ortsgebundene UMTS-Anbieter sperren grundsätzlich alle VoIP-Telefonate. Den Anbietern ist VoIP ein Dorn im Auge, weil Internet-Telefonate nicht zu teuren UMTS-Telefongebühren abgerechnet werden können. Fragen Sie im Zweifelsfall bei Ihrem UMTS-Anbieter nach, ob VoIP-Telefonate möglich sind.

aufgepasst

Flatrate oder Volumentarif?

Neben dem möglichst schnellen Internet-Anschluss spielt der gewählte Internet-Tarif eine wichtige Rolle, sprich: Wie viel Sie für die Nutzung des schnellen Anschlusses bezahlen müssen.

Dabei haben Sie bei den meisten Internet-Anbietern die Wahl zwischen einer Flatrate für unbegrenztes Surfen und Telefonieren, einem Zeittarif oder einem Volumentarif. Die Unterschiede:

- **Volumentarif**
  Bei einem Volumentarif zahlen Sie für das «verbrauchte» Datenvolumen im Monat. Je mehr Sie verbrauchen, umso mehr Kosten entstehen. Bei den meisten Anbietern erhalten Sie interessante Volumentarife, die bereits ein großes Volumen in der Grundgebühr enthalten. Die Kosten liegen zwischen 2 und 10 Euro pro Monat.

- **Zeittarif**
  Beim Zeittarif zahlen Sie für die Zeit, die Sie im Internet oder am Internet-Telefon verbringen. So bekommen Sie bei einigen Anbietern z. B. Tarife für 30, 60, 90 oder 120 Stunden pro Monat. Dabei spielt es keine Rolle, wie viel Datenvolumen Sie in dieser Zeit verbrauchen. Aber: Da das Internet-Telefon praktisch rund um die Uhr im Internet ist und sich automatisch in regelmäßigen Abständen beim VoIP-Anbieter «meldet», ist ein Zeittarif für VoIP wenig geeignet.

- **Flatrate**
  Eine Flatrate ist generell teurer als ein Volumen- oder Zeittarif. Der Grund: Mit einer Flatrate können Sie so viel und so lange im Internet surfen, wie Sie möchten – inklusive Telefonieren via Internet. Sie zahlen dafür einen fixen Betrag monatlich, der alle Kosten deckt.

Welcher Tarif für Sie ideal ist, hängt von Ihrem Telefonverhalten ab. Wichtig für die Entscheidung: Beim Telefonieren über das Internet «verbrauchen» Sie ein gewisses Datenvolumen, das über die Internet-Leitung geschickt bzw. empfangen wird. Je mehr Sie telefonieren, umso mehr Daten verbrauchen Sie – umso mehr «Traffic» nehmen Sie in Anspruch.

Bei einem normalen VoIP-Gespräch in hoher Qualität gehen pro Sekunde knapp 100 kBit pro Sekunde über die Leitung – insgesamt also 200 kBit in der Sekunde. Das sind 25 Kbyte (Acht Bits sind ein Byte, 200 kBit geteilt durch 8 gleich 25 Kbyte) pro Sekunde bzw. 1.500 Kbyte oder 1,5 Mbyte pro Minute.

Wie viel «Traffic» Sie beim Telefonieren über das Internet verbrauchen würden, können Sie leicht anhand Ihrer letzten Telefonrechnung ermitteln: Multiplizieren Sie einfach die Anzahl der Gesprächsminuten mit 1,5. Als Ergebnis erhalten Sie das benötigte Datenvolumen in MByte. Beispielweise 75 Mbyte für 50 Gesprächsminuten. Im Vergleich zum übrigen Datenverkehr im Internet, z. B. E-Mail, Videos und Fotos ist das benötigte Datenvolumen für VoIP relativ gering. Selbst wenn Sie 600 Minuten pro Monat telefonieren, verbrauchen Sie dabei nur knapp 900 MByte Daten. VoIP ist damit in Sachen Datenvolumen sehr sparsam.

Fazit: Wenn Sie bereits über eine DSL-Flatrate verfügen, ist die Entscheidung einfach: Bleiben Sie dabei. Die Flatrate eignet sich ideal für die Internet-Telefonie, alle Internet-Kosten sind damit bereits gedeckt. Die Internet-Telefonie ist dann praktisch nur noch ein «Schmankerl» oben drauf.

Falls Sie bisher per ISDN oder Modem ins Internet gegangen sind und jetzt auf DSL umsteigen, kann der Volumentarif für Sie interessant sein. Wenn Sie nur wenig im Internet surfen und den DSL-Zugang hauptsächlich zum Telefonieren möchten, empfiehlt sich statt einer teuren Flatrate ein günstiger Volumentarif.

Nicht vergessen: Die genannten Beträge beziehen sich nur auf die Kosten für den Internet-Zugang bzw. die Internet-Nutzung. Wenn Sie dann über diesen Internet-Zugang telefonieren, kommen noch die Gesprächskosten für die Telefongespräche hinzu. Dazu mehr im Abschnitt *Der richtige VoIP-Anbieter.*

Volumentarif contra Flatrate

beispiel

Für den Volumentarif «DSL sun» von freenet (www.freenet.de) mit einem Datenvolumen von 2.000 Mbyte sind pro Monat nur 2,90 Euro fällig. Mit 2.000 Mbyte können Sie dann pro Monat über 1.300 Stunden (die der Monat ja gar nicht hat) telefonieren. Für ein normales Telefonierverhalten vollkommen ausreichend. Andere Anbieter wie Tiscali, Lycos, T-Online oder Congster bieten ähnlich attraktive Volumentarife.

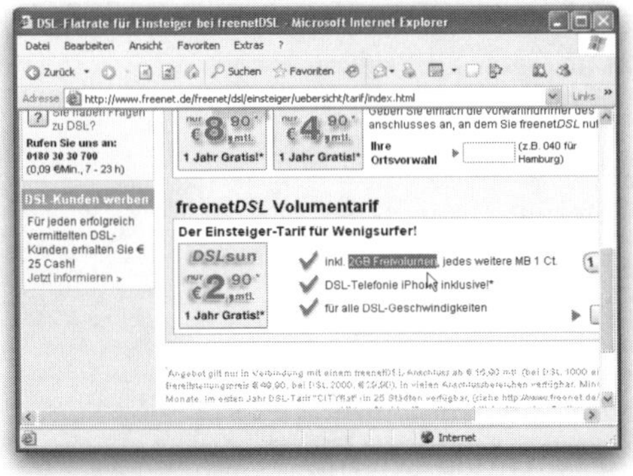

Eine DSL-Flatrate ist zwar ideal – für VoIP reicht aber auch ein günstiger Volumentarif für knapp 3 Euro pro Monat.

Zeittarife sind für die Internet-Telefonie ungeeignet. Der Grund: Das Internet-Telefon ist praktisch rund um die Uhr mit dem Internet verbunden. Es meldet sich in regelmäßigen Abständen – zum Beispiel alle drei Minuten – bei Ihrem Internet-Provider, um ihm sozusagen mitzuteilen «Ich bin noch da und kann hier bei Müller/Meier/Schulze angerufen werden». Da diese Rückmeldung 24 Stunden am Tag geschieht, verbraucht das VoIP-Telefon Onlinezeit. Auch wenn Sie gar nicht telefonieren.

Mit welchen Kosten Sie bei Zeit-, Volumen- oder Flatrate-Tarifen rechnen müssen und wie viel Sie dafür telefonieren können, zeigt Ihnen folgende Tabelle:

Zugangsart	**Kosten**	**VoIP-Gesprächsminuten pro Monat**
Flatrate	5 – 20 Euro	unbegrenzt
Volumentarif 2 GB	2 – 10 Euro	ca. 1.300 Minuten, ca. 21 Stunden
Volumentarif 4 GB	5 – 15 Euro	ca. 2.600 Minuten, ca. 44 Stunden
Zeittarif 30 Stunden	3 – 5 Euro	ca. 1.800 Minuten, ca. 30 Stunden

Kosten, Kosten, Kosten – Lohnt sich VoIP überhaupt?

DSL-Anschluss, Internet-Zugang, Flatrate, Volumentarif ... stets ist von Kosten und zusätzlichen Gebühren die Rede. Da stellt sich die Frage: Lohnt sich bei den ganzen Kosten die Internet-Telefonie überhaupt?

Die Antwort ist einfach: Wenn Sie bereits heute einen DSL-Internetzugang nutzen, lautet die Antwort ganz eindeutig: ja. Denn bei einem bereits bestehenden Internet-Anschluss setzt sich die Internet-Telefonie praktisch ins gemachte Nest. Es ist ja schon alles da. Und die paar MByte, die bei VoIP an Datenvolumen hinzukommen, fallen kaum ins Gewicht. Bei einer Flatrate sowieso nicht.

Anders sieht die Rechnung aus, wenn Sie für VoIP von einem langsamen Modem- oder ISDN-Zugang zum schnellen DSL wechseln «müssen». Oder wenn Sie noch gar keinen Internet-Zugang haben und Sie sich einzig und allein für VoIP einen DSL-Zugang zulegen möchten. Dann fallen tatsächlich zusätzliche Kosten an, die Sie durch die Ersparnis bei den Gesprächskosten erst einmal wieder reinholen müssen.

Fazit: Wer bereits DSL-Nutzer ist, sollte auf jeden Fall VoIP nutzen. Die Anschaffung eines neuen DSL-Anschlusses einzig und allein für VoIP lohnt sich aber nur für Vieltelefonierer, die es auf mehr als 300 Gesprächsminuten pro Monat bringen.

beispiel

Einsparung durch Volumentarif

Angenommen, Sie wählen die günstigste Variante und einen neuen DSL-Anschluss mit Volumentarif. Dann sieht die Rechnung folgendermaßen aus:

Zusatzkosten für einen neuen DSL-Anschluss DSL 1000:
ca. 15 Euro pro Monat

Zusatzkosten für einen DSL-Volumentarif:
ca. 3 Euro pro Monat

Demgegenüber steht eine Ersparnis bei den Gesprächskosten von
50-70 Prozent pro Minute

Bei den reinen Gesprächskosten sparen Sie bei VoIP ca. 50 bis 70 Prozent (Beispielrechnung im Kapitel «VoIP – Das müssen Sie wissen»). Um die DSL-Zusatzkosten von insgesamt knapp 18 Euro pro Monat durch die Ersparnis bei den Gesprächskosten reinzuholen, müssten Sie pro Monat zwischen 300 und 400 Minuten im Internet telefonieren. Erst dann lohnt sich der Umstieg vom bisherigen Modem- oder ISDN-Zugang zum schnellen DSL-Zugang.

Das richtige Telefon für VoIP

Irgendwie logisch: Wenn Sie im Internet telefonieren möchten, brauchen Sie natürlich auch ein Telefon. Doch Telefon ist nicht gleich Telefon; das gilt insbesondere bei VoIP. Denn bei VoIP kann sogar Ihr PC zum Telefon avancieren. Daneben können Sie aber auch «echte» Telefone verwenden.

Insgesamt haben Sie bei der Internet-Telefonie die Wahl zwischen drei verschiedenen Telefonvarianten. Sie können auch mehrere Varianten nebeneinander benutzen:

- **Softphones: Der PC als Telefon**
  Die einfachste Variante: Sie telefonieren mit einem so genannten Soft-

phone, einer Telefon-Software für den PC. Als Telefonhörer dienen Kopfhörer und Mikrofon – noch besser: ein Headset –, die direkt am PC angeschlossen sind. Zum Telefonieren muss allerdings der PC eingeschaltet sein.

- **Ganz neu: Echte VoIP-Telefone**
  Die komfortabelste Variante: Sie telefonieren mit einem reinen VoIP-Telefon. Das sieht aus wie ein normales Telefon, kann aber viel mehr. Außerdem können Sie auch dann via Internet telefonieren, wenn der Computer ausgeschaltet ist.
- **Alt und bewährt: Bestehende Telefone und Faxgeräte für VoIP nutzen**
  Auch das geht: Sie nutzen Ihre «alten» analogen oder ISDN-Telefone oder Faxgeräte weiter und verwenden diese für die Internet-Telefonie. Adapter und Multifunktionsboxen machen aus Ihren klassischen Telefonen waschechte Internet-Telefone. Auch hier kann der PC ausgeschaltet bleiben.

Softphone – Der PC als Telefon

Für gelegentliches Telefonieren via Internet oder um VoIP einfach mal auszuprobieren, eignen sich am besten so genannte Softphones (Software telephones). Ein Softphone ist ein Programm, das auf Ihrem PC installiert wird und ein Telefon simuliert. Besonders erfreulich: Viele Softphones sind kostenlos.

Ein Softphone ist der einfachste, schnellste und kostengünstigste Einstieg in die Internet-Telefonie.

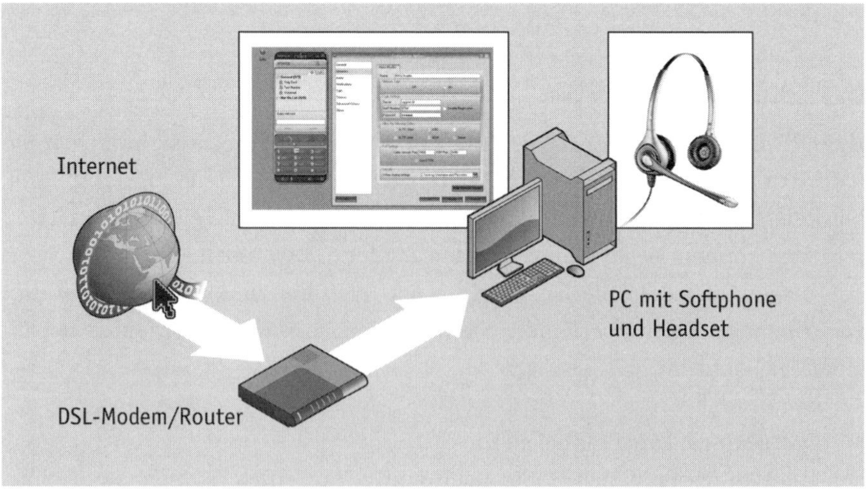

Neben dem Softphone benötigen Sie für Telefongespräche noch einen Kopfhörer und ein Mikrofon. Oder noch besser: Ein so genanntes Headset; ein Kopfhörer mit integriertem Mikrofon.

Mit einem Softphone ist der Einstieg in die VoIP-Welt besonders einfach: Die Installation und Konfiguration gehen leicht von der Hand. Allerdings haben Softphones für den dauerhaften Einsatz einen entscheidenden Nachteil: Zum Telefonieren muss stets der PC eingeschaltet sein. Bei ausgeschaltetem PC können Sie weder telefonieren noch selber angerufen werden.

Ausführliche Informationen über das Telefonieren via Softphone erhalten Sie im Kapitel *Telefonieren am PC*.

Ganz neu – Echte VoIP-Telefone

Am elegantesten und komfortabelsten telefonieren Sie im Internet mit einem echten Internet-Telefon. Das sind Telefone, die ausschließlich für die Internet-Telefonie entwickelt wurden – und nur mit VoIP funktionieren. Im Fachjargon heißen diese Telefone oft IP-Telefone, Internet-Telefone oder VoIP-Telefone.

Der Unterschied zu «normalen» Telefonen ist zunächst gar nicht sichtbar. VoIP-Telefone sehen genau so aus wie Telefone eben aussehen müssen – inklusive Hörer, Ziffernfeld und Spiralschnur. Die Unterschiede stecken unter der Oberfläche: Im Inneren eines VoIP-Telefons werkelt ein kleiner Computer, der nicht nur die Umwandlung der Sprachdaten in das Internet-Format übernimmt, sondern viele praktische Zusatzfunktionen parat hält. So können Sie VoIP-Telefone beispielsweise über Ihren Computer «fernsteuern» und per Mausklick Anrufe tätigen.

Internet-Telefone (hier das Modell snom 360) sehen aus wie ganz normale Telefone, können aber mehr.

Der unschlagbare Vorteil der Internet-Telefone gegenüber der Softphone-Lösung: Sie können auch dann telefonieren, wenn Ihr PC ausgeschaltet ist. Das VoIP-Telefon ist hierzu direkt an Ihrem Internet-Zugang – z. B. Ihrem Router – angeschlossen und wählt sich selbstständig ins Internet ein.

Welche Vorteile VoIP-Telefone bieten, wie Sie VoIP-Telefone anschließen wie sie genau damit telefonieren, erfahren Sie ausführlich im Kapitel Telefonieren und Faxen ganz ohne PC.

Ein «echtes» VoIP-Telefon ist direkt mit dem Internet verbunden. Der Vorteil: Sie können auch dann telefonieren und angerufen werden, wenn der PC ausgeschaltet ist.

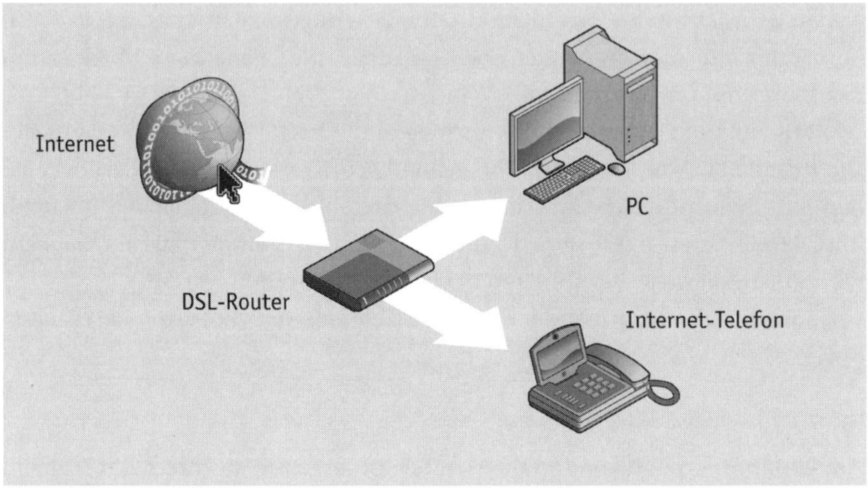

Alt und bewährt – «Alte» Telefone und Faxgeräte für VoIP nutzen

Softphones und neue Internet-Telefone schön und gut. Doch was passiert mit den «alten» Telefonen und Faxgeräten, sind die jetzt überflüssig? Keine Sorge: Ihre «alten» Telefone – ob digital oder analog – sowie Faxgeräte können Sie auch für die Internet-Telefonie nutzen.

Adapter machen's möglich: Sie verbinden «alte» Telefone mit dem Internet und ermöglichen VoIP auch mit klassischen Telefonen.

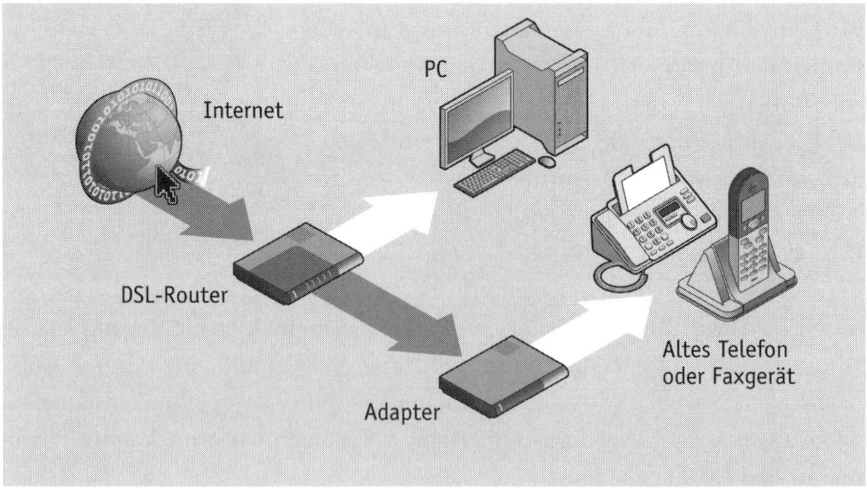

Der Trick: Es gibt Adapter, die Ihre alten Telefone und Faxgeräte fit machen für die Internet-Telefonie. Sie müssen hierzu lediglich den Adapter zwischen DSL-Router und Telefon/Faxgerät anschließen und schön können Sie mit Ihrem alten Telefon via VoIP telefonieren.

Welche Adapter sich für Ihre Telefone und Faxgeräte eignen und wie Sie diese anschließen und konfigurieren, erfahren Sie ausführlich im Kapitel *Telefonieren und Faxen ganz ohne PC.*

Multi-Kulti fürs Telefon

schieb-tipp

Neben den einfachen Adaptern, die lediglich den Anschluss eines Telefons an den bestehenden DSL-Router erlauben, gibt es auf dem VoIP-Markt pfiffige Multifunktions-Lösungen nach dem Motto: Ein Gerät für alles.

Die Multifunktionsgeräte vereinen DSL-Router und Adapter für alte Telefone in einem. Die FRITZ!Box Fon von AVM (www.avm.de) ist beispielsweise ein DSL-Router, an den Sie direkt – ohne zusätzlichen Adapter – alte Telefone anschließen können.

Ausführliche Informationen zur FRITZ!Box Fon und anderen Multifunktionsgeräten zum Anschließen alter Telefone finden Sie im Kapitel Telefonieren und Faxen ganz ohne PC.

Der richtige VoIP-Anbieter

Auch wenn Sie bereits über einen Internetanschluss verfügen, brauchen Sie für die Internet-Telefonie noch einen weiteren Anbieter: Den VoIP-Anbieter.

Der VoIP-Anbieter spielt eine ganz wichtige Rolle in der Internet-Telefonie. Er ermöglicht die Telefonate ins Festnetz, zum Handy und ins Ausland. Der VoIP-Anbieter stellt hierzu so genannte Gateways zur Verfügung, die als Schnittstelle zwischen dem Internet und dem Festnetz und Handynetz fungieren.

Und das in beide Richtungen: Wenn Sie von Ihrem Internet-Telefon aus einen Festnetzanschluss oder ein Handy anrufen, läuft dieses Gespräch über Ihren VoIP-Provider zum gewählten Anschluss. Andersherum nimmt der VoIP-Anbieter Anrufe aus dem Festnetz entgegen und leitet es auf Ihr Internet-Telefon weiter.

Kurzum: Der VoIP-Anbieter ist praktisch Ihre Telefongesellschaft für die Internet-Telefonie. Ohne VoIP-Anbieter können Sie weder ins Festnetz telefonieren, noch sind sie erreichbar.

Übrigens: Einige Firmen sind Internetzugangs- und VoIP-Anbieter in einem. GMX (www.gmx.de) oder Freenet (www.freenet.de) stellen Internet-Zugänge zur Verfügung und bieten als Zusatzfunktion gleichzeitig auch Gateways ins Festnetz für die Internet-Telefonie. Bevor Sie zu einem solchen Anbieter wechseln, lohnt sich allerdings ein Preisvergleich: Oftmals ist die Kombination aus bisherigem Internet-Anbieter plus separatem VoIP-Anbieter günstiger. Zumal gilt bei den meisten dieser Anbieter: Wenn Sie Ihren DSL-Anschluss kündigen, ist damit mitunter auch Ihre VoIP-Telefonnummer weg, da der DSL-Zugang und die VoIP-Nummer gekoppelt sind. Mit separaten Anbietern – einen für den Internet-Zugang und einen für VoIP – sind Sie flexibler.

Welcher VoIP-Anbieter für Sie der Richtige ist und mit welchen Kosten Sie rechnen müssen, erfahren Sie ausführlich im Kapitel *Den passenden Anbieter finden.*

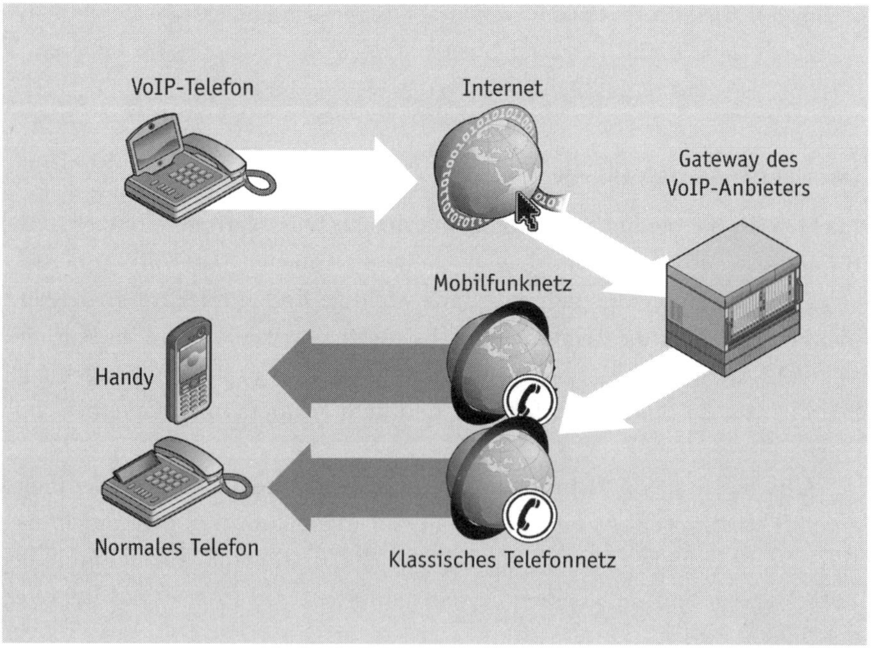

Der VoIP-Anbieter spielt eine zentrale Rolle: Er ist die Schnittstelle zwischen Ihrem Internet-Telefon sowie dem Fest- und Mobilfunknetz.

VoIP-Schnupperkurs: Internet-Telefonie kostenlos testen

Sie sind neugierig auf VoIP? Sie haben einen PC mit Kopfhörer und Mikrofon? Dann probieren Sie die Internet-Telefonie doch einfach mal aus. Das dauert nur drei Minuten und kostet keinen Cent.

Der nachfolgende VoIP-Schnupperkurs führt Sie Schritt für Schritt zu Ihrem ersten Internet-Telefonat. Dabei können Sie auch gleich ausprobieren, ob VoIP mit Ihrem derzeitigen Internet-Anschluss funktioniert und wie gut die Sprachqualität ist.

Für den VoIP-Schnupperkurs benötigen Sie lediglich ein Mikrofon und einen Kopfhörer oder gleich ein Headset. Den VoIP-Telefonanschluss und die Telefonsoftware gibt es kostenlos im Internet. Und so geht's:

1. Zunächst benötigen Sie einen VoIP-Telefonanschluss, sprich: ein Kundenkonto bei einem VoIP-Anbieter. Für den Schnupperkurs eignet sich ideal der Anbieter Sipgate, bei dem Sie kostenlos auch gleich eine VoIP-Telefonnummer erhalten. Rufen Sie die Webseite www.sipgate.de auf und klicken Sie dort auf die Schaltfläche *Jetzt gratis anmelden.*
2. Folgen Sie anschließend den Anweisungen des Installations-Assistenten. Die Anmeldung auf der Webseite erfolgt in vier Schritten. Nachdem Sie Ihre Anschrift und die persönlichen Daten eingegeben haben, können Sie sich Ihre persönliche VoIP-Telefonnummer aussuchen. Den VoIP-Anschluss und die VoIP-Telefonnummer erhalten Sie kostenlos.
3. Herzlichen Glückwunsch: Nachdem Sie die Anmeldung abgeschlossen haben, besitzen Sie Ihren eigenen VoIP-Telefonanschluss inklusive VoIP-Rufnummer. Ganz wichtig: Mit Ihren Zugangsdaten können Sie jederzeit Ihre persönlichen Daten beim VoIP-Provider einsehen und verändern.
4. Als Nächstes benötigen Sie ein VoIP-Telefon. Zum Ausprobieren reicht hierzu ein so genanntes Softphone, das auf Ihrem PC ein Telefon emuliert. Der Anbieter Sipgate bietet kostenlos eines der besten Softphone namens X-Lite an. Besonders erfreulich: Die Sipgate-Version von X-Lite ist bereits mit Ihren persönlichen Daten vorkonfiguriert. Sie müssen es nur noch herunterladen und installieren. Rufen Sie hierzu die Webseite www.sipgate.de/download auf. Nachdem Sie sich mit Ihren persönlichen Zugangsdaten angemeldet haben, können Sie sofort mit dem Download

des Software-Telefons beginnen. Klicken Sie hierzu auf den Link sipgate X-Lite für Name herunterladen.

info

X-Lite für alle

Sipgate bietet das vorkonfigurierte Softphone X-Lite zwar nur als Windows-Version an. X-Lite ist erfreulicherweise aber auch für Mac und Linux erhältlich. Den Download für alle Betriebssystem und weitere Informationen finden Sie auf der Webseite:

www.counterpath.com/index.php?menu=download

Einziger Nachteil gegenüber der Sipgate-Version: Sie müssen Ihre Zugangsdaten noch selbst eintragen. Weitere Informationen zu X-Lite und die Konfiguration des Softphones finden Sie im Kapitel «Telefonieren am PC».

Klicken Sie doppelt auf die heruntergeladene Datei, um mit der Installation der X-Lite-Software zu beginnen. Folgen Sie den Anweisungen des Installationsassistenten, um die Installation abzuschließen.

6. Ganz wichtig: Achten Sie darauf, dass an Ihrem Computer ein Kopfhörer und ein Mikrofon oder noch besser: ein Headset angeschlossen sind. Das Headset, bzw. Mikrofon und Kopfhörer sind praktisch der Telefonhörer Ihres VoIP-Telefons. Ausführliche Informationen über Headsets und die Anschlussmöglichkeiten erhalten Sie im Kapitel *Telefonieren am PC.*
7. Starten Sie das Software-Telefon mit dem Befehl *Start / Alle Programme / sipgate X-Lite / sipgate X-Lite.*
8. Beim ersten Start erscheint ein Konfigurationsassistent, der gemeinsam mit Ihnen die wichtigsten Einstellungen wie Kopfhörer- und Mikrofon-Lautstärke vornimmt. Folgen Sie einfach den Anweisungen des Assistenten.
9. Fertig: Die Sipgate-Version ist bereits mit Ihren persönlichen Zugangsdaten und Ihrer Telefonnummer vorkonfiguriert. Sie brauchen keine weiteren Einstellungen vorzunehmen.

10. Sie können sofort Ihr erstes VoIP-Telefongespräch führen. Tippen Sie hierzu auf der X-Lite-Tastatur die Rufnummer 10000 ein, und drücken Sie auf die grüne Abheben-Taste. Oder drücken Sie nach der Eingabe der Rufnummer einfach Return. Das Softphone wählt daraufhin die gewählte Nummer. Herzlichen Glückwunsch zu Ihrem ersten VoIP-Gespräch: Sie hören die Testansage von sipgate.
    Die 10000 ist die Testrufnummer von Sipgate. Sie können sie so oft anrufen, wie sie möchten. Das Gespräch auf die Sipgate-Nummer 10000 ist stets kostenlos.

Erst wählen ...

info

Die Art und Weise wie Telefonnummern gewählt werden, ist bei VoIP-Telefonen etwas anders als bei herkömmlichen Telefonen. Beim VoIP-Telefon wählen Sie zuerst die Rufnummer und drücken erst dann die Abheben-Taste – genau so wie beim Handy.

11. Sie können auch sofort vom Festnetz aus angerufen werden. Wählen Sie hierzu vom Festnetz aus einfach Ihre VoIP-Telefonnummer, die Sie bei der Sipgate-Anmeldung erhalten haben. Sobald das Softphone klingelt, können Sie mit einem Mausklick auf die grüne Abheben-Schaltfläche das Gespräch entgegen nehmen. Damit können Sie gleich testen, wie gut die Sprachqualität bei einem Anruf vom Festnetz ist. Falls Sie sich Ihre neue VoIP-Nummer nicht notiert haben: Loggen Sie sich auf der Webseite von Sipgate (www.sipgate.de) mit Ihren Zugangsdaten ein, und klicken Sie auf *Meine Daten.* Im Bereich *Daten zum Anschluss* erfahren Sie Ihre VoIP-Telefonnummer.
12. Der umgekehrte Weg, ein Anruf von Ihrem VoIP-Telefon aus zum Festnetz ist ohne weiteres zunächst nicht möglich.
    Da Gespräche ins Festnetz kostenpflichtig sind, müssen Sie zunächst Ihr Sipgate-Konto auffüllen. Erst wenn Sie ein Guthaben auf Ihrem Sipgate-Konto haben, ist der Weg ins Festnetz frei. Zum Aufladen loggen Sie sich auf der Webseite von Sipgate (www.sipgate.de) mit Ihren Zugangsdaten ein, und klicken Sie auf *Konto.* Hier können Sie Ihr Konto z. B. durch eine Banküberweisung aufladen. Sobald Ihr sipgate-Konto ein Guthaben

aufweist, können Sie von Ihrem VoIP-Telefon aus beliebige Gespräche ins Festnetz führen.

Nachdem Sie wissen, was Sie für Internet-Telefonate benötigen, können Sie auch gleich loslegen. Gewappnet mit einem schnellen Internet-Anschluss brauchen Sie zunächst einen VoIP-Anbieter. Der ermöglicht auch Telefongespräche ins Festnetz. Was Sie in Sachen VoIP-Anbieter beachten müssen, wozu Sie in überhaupt brauchen und welcher für Sie der beste Anbieter ist, erfahren Sie im nächsten Kapitel.

Voice over IP
Telefonieren übers Internet

Den passenden Anbieter finden

Klingt logisch, ist es auch: Wer über das Internet telefonieren will, braucht einen VoIP-Anbieter. Der sorgt für den Übergang vom Internet zum Festnetz, damit Sie auch «reguläre» Telefonanschlüsse anrufen können – und Sie selbst umgekehrt auf Ihrem VoIP-Telefon von überall erreichbar sind. Die Auswahl des richtigen Anbieters ist aber gar nicht so einfach. Die Tarifvielfalt ist fast so groß und unübersichtlich wie im Mobilfunkmarkt. Dieses Kapitel bringt Klarheit in den Tarifdschungel und gibt Tipps für die Auswahl des richtigen Anbieters.

Den passenden Anbieter finden

Wozu VoIP-Anbieter? – Die Aufgaben der VoIP-Telefongesellschaften

Dass Sie für das klassische Telefonieren eine Telefongesellschaft benötigen, ist einleuchtend. Einfach nur ein Telefon hinstellen, das reicht nicht. Sie brauchen von Ihrer Telefongesellschaft eine Telefondose mitsamt Telefonleitung und eine Telefonnummer; Ihr Tor zur Telefonwelt.

Warum für die Internet-Telefonie jetzt auch noch eine Telefongesellschaft her muss, leuchtet zunächst nicht ein. Schließlich ist ein Internet-Anschluss ja bereits vorhanden. Das sollte doch reichen! Mitnichten. Auch wenn Sie bereits über einen schnellen Internet-Zugang verfügen, brauchen Sie zum Telefonieren im Internet noch eine Internet-Telefongesellschaft, auch VoIP-Anbieter genannt. Insbesondere, wenn Sie Ihre Freunde und Bekannte anrufen möchten, die noch keine Internet-Telefonie nutzen.

info

Wann Sie keinen VoIP-Anbieter brauchen

Es geht auch ohne: Ein VoIP-Anbieter ist nicht zwingend notwendig. In ganz speziellen Fällen zumindest. Wenn Sie nur von VoIP-Telefon zu VoIP-Telefon telefonieren oder Außenseiter wie Skype (www.skype.com) nutzen möchten, ist ein VoIP-Anbieter nicht notwendig. Allerdings sind das nur Notlösungen und reichen allemal zum Ausprobieren der VoIP-Technologie. Spaß macht VoIP so jedenfalls nicht. Echtes Telefonieren ist es auch nicht. Wenn Sie ernsthaft über das Internet telefonieren möchten, kommen Sie um einen VoIP-Anbieter nicht herum.

Der VoIP-Anbieter spielt bei der Internet-Telefonie eine wichtige Rolle. Er erfüllt hauptsächlich drei wichtige Aufgaben:

- Gesprächspartner finden und Telefon klingeln lassen.
- Gespräche aufbauen.
- Übergang zum Festnetz bereitstellen.

Aufgabe 1: Gesprächspartner finden und Telefon klingen lassen

Ganz wichtig: Ihr VoIP-Anbieter ist Ihr Ansprechpartner, wenn es darum geht, die von Ihnen gewählte Rufnummer zu analysieren und das richtige Telefon klingeln zu lassen. Der Anbieter pflückt hierzu die Rufnummer regelrecht auseinander und entscheidet dann, welches Telefon denn nun klingeln soll.

Wichtig dabei ist, dass es zunächst nur um das Klingeln geht. Wenn der Gesprächspartner abhebt, ist es Zeit für die zweite Aufgabe, den Gesprächsaufbau. Und der ist vollkommen unabhängig vom Klingeln lassen. Weitere Informationen hierzu erhalten Sie weiter unten im Abschnitt *Aufgabe 2: Gespräch aufbauen.*

Der Anruf muss zur Prüfung

Wenn Sie die Rufnummer 0203 42959842 wählen, finden bei Ihrem VoIP-Anbieter zahlreiche Prüfungen statt. Handelt es sich bei der Zielrufnummer beispielsweise ebenfalls um eine VoIP-Rufnummer, lässt der VoIP-Anbieter das Telefon via Internet klingeln. Der VoIP-Anbieter verfügt hierzu über eine riesige Datenbank, in der genau festgehalten ist, welche Rufnummern VoIP-Rufnummern sind und welche nicht. Ganz schön pfiffig.

Erst wenn die Prüfung ergibt, dass es sich bei der gewählten Nummer um eine «echte» Festnetz-Rufnummer handelt, stellt der der VoIP-Anbieter eine Verbindung zum Festnetz her und lässt das Telefon auf herkömmliche Weise über das Festnetz klingeln. Gleiches gilt für Mobil-Rufnummern.

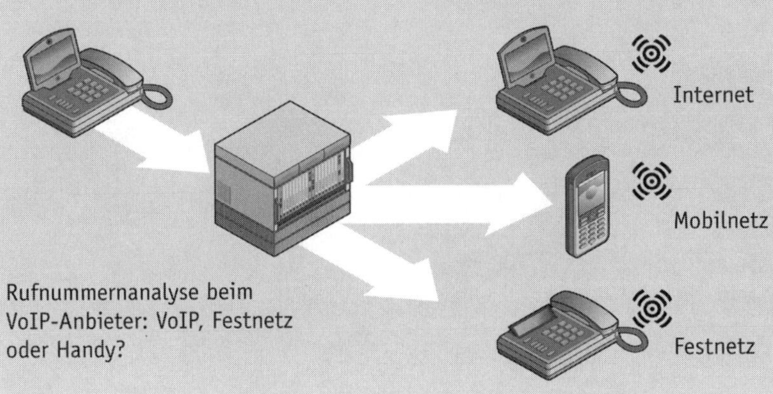

Aufgabe 2: Gespräch aufbauen

Das Klingeln ist eine Sache. Spannend wird es, wenn der Gesprächspartner abhebt. Denn dann beginnt Phase 2 des Telefonats: Das eigentliche Gespräch. Und diese Phase verläuft bei VoIP völlig anders als beim herkömmlichen Telefon.

Beim klassischen Telefon laufen das Klingeln und das nachfolgende Gespräch über ein und dieselbe Leitung. Das war schon immer so und wird auch immer so bleiben. Anders beim Internet-Telefon: Hier sind das Klingeln – Fachleute sprechen von Signalisierung – und das Gespräch zwei Paar Schuhe und vollkommen voneinander getrennt.

Das bedeutet in der Praxis: Wenn Sie mit einem VoIP-Telefon ein anderes VoIP-Telefon anrufen, sorgt der VoIP-Anbieter nur noch für das Klingeln des VoIP-Telefons. Es weiß ja schließlich, wo das gewünschte Telefon steht (siehe Kapitel 1).

Das eigentliche Gespräch läuft dann aber am VoIP-Anbieter vorbei. Die beiden VoIP-Telefone unterhalten sich nach dem Abheben praktisch direkt und ohne Umwege miteinander. Der VoIP-Anbieter ist bei reinen VoIP-Gesprächen nur noch Vermittler zwischen den Telefonen. Es übergibt nach dem Abheben die Verantwortung an die beiden Telefone. Und ist selbst aus dem Schneider.

Bei reinen VoIP-Gesprächen von Internet-Telefon zu Internet-Telefon gilt: Der VoIP-Anbieter sorgt nur für das Klingeln des Telefons. Das eigentliche Gespräch läuft dann am VoIP-Anbieter vorbei.

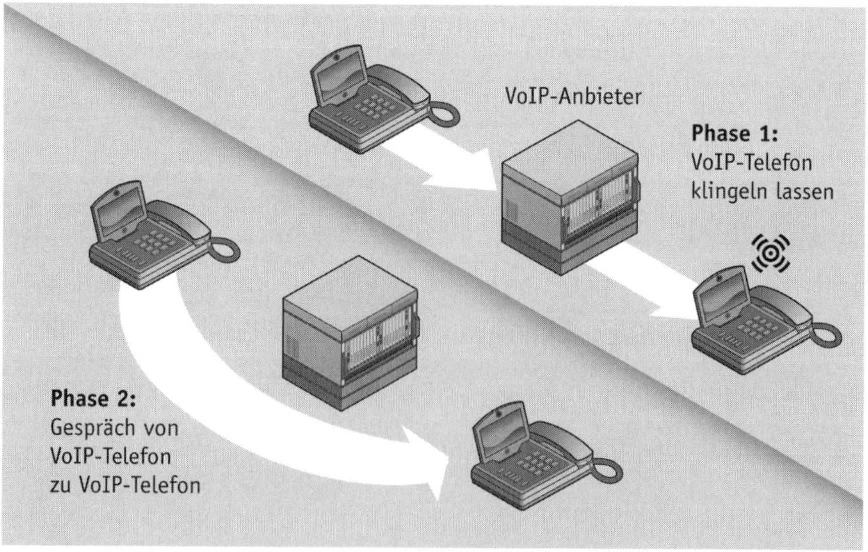

Die Trennung von Signalisierung und Gespräch ist auch sinnvoll. Denn würden auch die Gespräche durch die Server des VoIP-Anbieters müssen, käme es auf den Datenleitungen des VoIP-Anbieters schnell zu Staus. Da das VoIP-Gespräch aber am Anbieter vorbei läuft, kann sich hier erst gar kein Nadelöhr bilden. Eine praktische Sache. Wichtig ist dabei: Das funktioniert nur, wenn es sich um zwei Internet-Telefone handelt.

Aufgabe 3: Übergang zum Festnetz herstellen

Die wichtigste Aufgabe kommt auf den VoIP-Anbieter zu, sobald es ins Festnetz geht. Dann geht es nämlich darum, das Internet-Telefongespräch dorthin zu leiten, und umgekehrt dafür zu sorgen, dass eingehende Gespräche vom Festnetz an Ihr Internet-Telefon weitergeleitet werden.

Ihr VoIP-Anbieter verfügt hierzu über so genannte Gateways. Das sind spezielle Computer, die quasi auf der einen Seite mit dem Internet und auf der anderen Seite mit dem klassischen Telefonnetz – sowohl Festnetz als auch Mobilfunknetz – verbunden sind. Die Gateways dienen damit als Mittler zwischen den verschiedenen Telefonnetzen. Und das geht so: Sobald Sie von Ihrem Internet-Telefon eine Festnetz- oder Handy-Nummer wählen, leitet Ihr VoIP-Anbieter das Gespräch über das Gateway direkt an das Festnetz weiter.

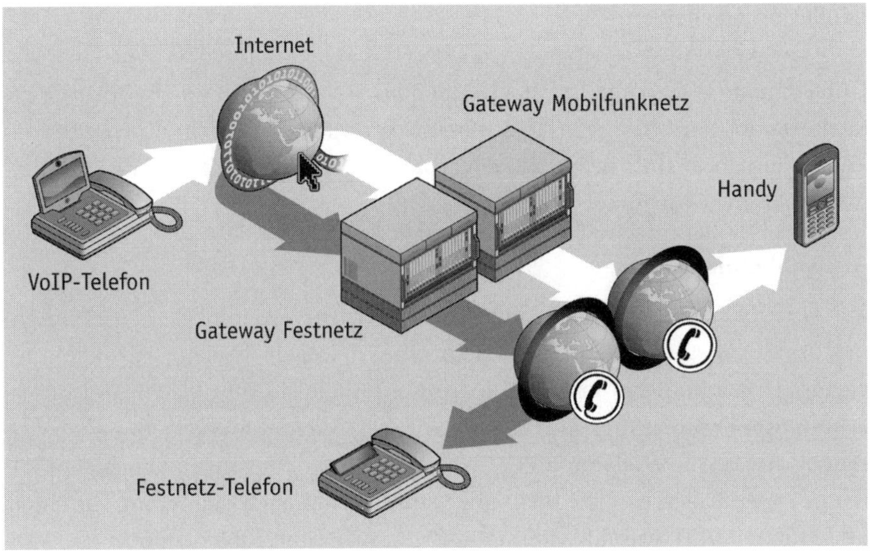

Die wichtigste Aufgabe des VoIP-Anbieters ist die Verbindung zum Festnetz. Damit Sie ins Festnetz anrufen und von dort erreicht werden können. Das Zauberwort heißt Gateways.

Das Gleiche gilt umgekehrt: Sobald jemand aus dem Festnetz Ihre VoIP-Rufnummer wählt, landet das Gespräch zunächst beim Gateway Ihres VoIP-Providers. Von da geht es dann via Internet weiter zu Ihrem Telefon. Das Gateway spielt damit im wahrsten Sinne des Wortes eine zentrale Rolle bei der Internet-Telefonie.

Übrigens: Die weiter oben angesprochene Trennung von Signalisierung (Klingeln lassen) und Gespräch gilt beim Übergang ins Festnetz nicht mehr. Sowohl die Signalisierung als auch das Gespräch selbst müssen bei Festnetz- und Handygesprächen durch das «Nadelöhr Gateway». Bei den meisten VoIP-Anbietern ist das Gateway aber ausreichend dimensioniert, damit es erst gar nicht zu Engpässen kommt.

Wichtiges für die Auswahl des richtigen Anbieters

Keine Frage: Sie brauchen einen VoIP-Anbieter. Aber welchen? Die Zahl der Anbieter ist groß. Auf dem VoIP-Markt buhlen Viele um die Gunst der Internet-Telefonierer. Da verliert man schnell den Überblick.

Kein Grund, den Kopf in den Sand zu stecken. Auch wenn die Vielfalt groß ist, fällt die Entscheidung für einen VoIP-Anbieter im Grunde leicht. Von Vorteil ist dabei, dass sich die einzelnen VoIP-Anbieter nur geringfügig voneinander unterscheiden.

Ganz klar: Alle Anbieter ermöglichen das Telefonieren übers Internet. Die Unterschiede zeigen sich oft nur in kleinen Details: Beim einem bekommen Sie kostenlos einen digitalen Anrufbeantworter hinzu, beim anderen gibt's einen besonders ausführlichen Einzelverbindungsnachweis. Oft ist die Entscheidung da reine Geschmacksache.

Auswahl ohne Risiko

Unsicher? Falls Sie sich nicht für einen Anbieter entscheiden können, macht das gar nichts. Denn das Risiko, einen falschen Anbieter zu wählen ist gering. Der Grund: Bei vielen Anbietern erhalten Sie Ihre VoIP-Rufnummer kostenlos. Sie zahlen nur im Falle eines Falles: Wenn Sie mit dem neuen Anschluss ins Festnetz telefonieren. Grundgebühren oder sonstige Fixkosten fallen in vielen Fällen erst gar nicht an. Somit entfällt auch die Gefahr, für einen ungenutzten VoIP-Anschluss unnötig Grundgebühren zahlen zu müssen.

Nehmen Sie doch mehrere

Melden Sie sich gleich bei mehreren VoIP-Anbietern an, bei denen Sie kostenlos eine VoIP-Rufnummer bekommen. Zwei oder drei Anbieter sind recht praktisch. Dann können Sie mal den einen und mal den anderen Anbieter ausprobieren und erst dann entscheiden, welcher ihr Lieblings-Provider wird. Es kostet ja nichts.

schieb-tipp

Beachten Sie dabei aber, dass Sie Ihre neue VoIP-Rufnummer in den meisten Fällen nicht zu einem anderen Anbieter mitnehmen können. Freunden und Bekannten sollten Sie Ihre neue Nummer erst dann mitteilen, wenn Sie sich endgültig für einen Anbieter entschieden haben.

Im Falle eines Falles

Übrigens: Auch wenn Sie bereits Ihren Lieblingsanbieter gefunden haben, kann ein zweiter oder dritter Anbieter nicht schaden. Es kann immer mal vorkommen, dass der Hauptanbieter ausfällt weil zum Beispiel dessen Server nicht erreichbar sind. Das passiert zwar selten, doch im Falle eines Falles könnten Sie dann noch immer über einen der «Ersatzanbieter» raustelefonieren.

schieb-tipp

Das sollten Sie bei der Auswahl beachten

Bei der Wahl eines VoIP-Providers gibt es eigentlich nur einige wenige Punkte zu beachten. Folgende wichtige Kriterien sollten Sie bei der Entscheidung berücksichtigen:

- **Grundgebühr fällig?**
  Einige Anbieter verlangen für den VoIP-Anschluss eine monatliche Grundgebühr, z. B. 2,95 Euro. Darin sind dann meist etliche Freiminuten enthalten. Wenn Sie VoIP nur ausprobieren möchten, sollten Sie aber einen Anbieter wählen, der keine Grundgebühr verlangt. Bei zahlreichen VoIP-Anbietern bekommen Sie den VoIP-Anschluss kostenlos.

- **Gesprächskosten**
  Ganz wichtig für die Entscheidung: Die Gesprächskosten ins Festnetz. Gerade wenn Sie häufig telefonieren, sollten Sie auf niedrige Gesprächskosten achten. Am interessantesten sind dabei die Kosten pro Minute für bundesweite Gespräche ins Festnetz sowie für Gespräche ins Mobilfunknetz.

aufgepasst

Wie wird abgerechnet?

Vorsicht: Beim Preisvergleich gibt es eine böse Falle. Viele Anbieter rechnen die genannten Preise nur minutengenau ab. Auch wenn das Gespräch nur 5 Sekunden dauert, sind die Gebühren für eine volle Minute fällig. Erfreulicherweise gibt es auch Anbieter, die sekundengenau abrechnen. Sie zahlen dann auch nur das, was Sie tatsächlich «vertelefoniert» haben. Einige Anbieter schweigen sich leider darüber aus, ob sie minuten- oder sekundengenau abrechnen. Da hilft nur hartnäckiges Nachfragen beim Anbieter.

- **Ausland erreichbar?**
  Wenn Sie häufig ins Ausland telefonieren, sollten Sie darauf achten, dass der Anbieter auch Gespräche ins gewünschte Land anbietet. Standard-Länder wie USA oder die EU-Staaten sind bei den meisten Anbietern kein Problem. Bei exotischen Zielen sollten Sie aber genau prüfen, ob das gewünschte Land in der Liste der erreichbaren Ziele aufgeführt ist. Oder einfach beim VoIP-Anbieter nachfragen.

- **Eigene Rufnummer verfügbar?**
  Internet-Telefonie ist nur sinnvoll, wenn Sie auch von außen über eine «echte» Telefonie erreichbar sind. Bei den meisten Anbietern erhalten Sie hierzu kostenlos eine neue Rufnummer aus Ihrem Ortsvorwahl-Bereich.

aufgepasst

Falsche 180er

Bei einigen Anbietern bekommen Sie statt einer «normalen» Telefonnummer eine 0180-Rufnummer. Die ist für den Anrufenden aber unnötig teuer. Anbieter, die Ihnen keine «echte» Rufnummer zur Verfügung stellen können, sollten Sie meiden.

- **Portierung alter Nummern möglich?**
  Praktisch: Bei einigen VoIP-Anbietern können Sie Ihre «alte» Rufnummer für VoIP weiterverwenden. Die Nummer wird einfach zum neuen VoIP-Anbieter «portiert». Falls Sie Ihren Freunden und Bekannten keine neue VoIP-Rufnummer mitteilen möchten, ist ein solcher Anbieter ideal. Allerdings sollten Sie bedenken, dass eine Portierung der Rufnummer relativ aufwendig ist. Bevor Sie sich hierzu entschließen, sollten Sie mit dem VoIP-Anbieter die Modalitäten klären. Dazu gehören auch etwaige Portierungskosten.
  Weitere Informationen zur Rufnummernportierung finden Sie im Kapitel *Das sollten Sie wissen.*

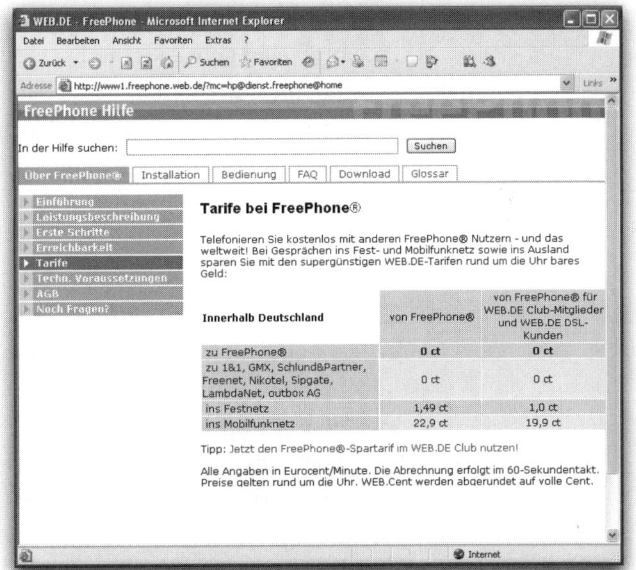

Ein Blick auf die Homepage verrät, ob der Anbieter passt. Ganz wichtig dabei: Die Tariftabelle mit den Gesprächskosten pro Minute.

- **Zusatzfunktionen wie Anrufbeantworter u. ä. inklusive?**
  Bei einigen erhalten Sie pfiffige Zusatzfunktionen gratis dazu. Beispielsweise einen Anrufbeantworter oder eine Tarifansage vor jedem Gespräch. Falls Sie Wert auf solche «Gimmicks» legen, prüfen Sie, ob der Anbieter das gewünschte Zusatzfeature anbietet. Und ob dabei Zusatzkosten anfallen.

- **0180 und andere Servicerufnummern erreichbar?**
  Einige Anbieter unterbinden Gespräche zu Sonderrufnummern wie 01805 oder 0900. Wenn Sie auch solche Rufnummern erreichen möchten, verrät Ihnen ein Blick in die Tarifliste des Anbieters, ob und welche Sonderrufnummern gesperrt sind. Im Zweifelsfall fragen Sie einfach bei der Hotline des Anbieters.

- **Kooperationen mit anderen VoIP-Anbietern?**
  Sehr praktisch: Einige VoIP-Anbieter haben sich zu Kooperationen zusammengeschlossen. Telefongespräche zwischen den Kooperationspartnern

sind dann kostenlos. Wenn Ihre Freunde und Bekannte bereits VoIP nutzen, fragen Sie doch einfach nach, bei welchem Anbieter sie sind. Wenn Sie sich dann für denselben Anbieter oder einen der Kooperationspartner entscheiden, telefonieren Sie kostenlos untereinander.

- **Vorkonfigurierte Hardware verfügbar?**
  Einfacher geht's kaum: Bei einigen Anbietern erhalten Sie im Shopbereich Telefone, die bereits von Haus aus mit Ihren persönlichen Zugangsdaten vorkonfiguriert sind. Sie brauchen das neue Telefon dann nur noch auszupacken und anzuschließen und können sofort lostelefonieren. Ohne auch nur eine Einstellung am Telefon vornehmen zu müssen. Sehr bequem.

Was ist besser: Flatrate oder Minutentarif?

Ganz schön bequem: Viele VoIP-Anbieter machen es Ihnen – aber auch sich selbst – einfach und bieten attraktive Flatrate-Tarife für die Internet-Telefonie an. Da gibt es Superspartarife, die für unter 10 Euro im Monat beliebig viele kostenlose Gespräche ins Festnetz erlauben. Die VoIP-Telefonflatrate deckt alle Gespräche ins Festnetz ab – egal wie oft und wie lange Sie telefonieren.

Das hört sich attraktiv an. Ist es in vielen Fällen aber gar nicht. Auch wenn knapp 10 Euro im Monat äußerst günstig erscheinen: Mit einer Flatrate schmeißen Sie oft bares Geld aus dem Fenster heraus. Denn: Wenn Sie in den Urlaub fahren und das Telefon nicht nutzen, zahlen Sie trotzdem. Obwohl Sie gar nicht telefonieren. Flatrates eignen sich im Grunde nur für echte Vieltelefonierer und wahre Quasselstrippen.

Fazit: Genaues Hinschauen und Nachrechnen lohnt sich. Die Flatrate ist nicht immer die beste Wahl. Wenn Sie nicht gerade eine ausgemachte Quasselstrippe sind, ist ein günstiger Minutentarif oft die bessere Wahl. Zumal es auch Anbieter gibt, bei denen Sie 1 Cent pro Minute ins Festnetz telefonieren. Dann fällt die obige Beispielrechnung noch deutlicher gegen die Telefonflatrate aus.

beispiel

Nachrechnen lohnt sich

Gespräche ins deutsche Festnetz kosten via VoIP zwischen 1,0 und 1,8 Cent. Bei einem durchschnittlichen Preis von 1,5 Cent müssten Sie pro Monat schon über 666 Minuten (10 Euro oder 1000 Cent geteilt durch 1,5 Cent) telefonieren, bis sich die Flatrate lohnt. Und das im Durchschnitt über das Jahr gerechnet.

Ob sich eine VoIP-Flatrate für Sie lohnt, können Sie leicht selbst ausrechnen: Nehmen Sie Ihre letzten Telefonrechnungen zur Hand, und ermitteln Sie, wie viele Minuten Sie im Schnitt ins Festnetz telefonieren. Rechnen Sie den ermittelten Wert hoch, wobei Sie bedenken sollten, dass Sie in der Urlaubszeit das Telefon nicht benutzen. Die Beispielrechnung könnte dann folgendermaßen aussehen:

Monat	***Minuten***	***Kosten Flatrate***	***Kosten Minutentarif****
Januar	*530*	*10 Euro*	*7,95 Euro*
Februar	*625*	*10 Euro*	*9,73 Euro*
März	*730*	*10 Euro*	*10,95 Euro*
April	*690*	*10 Euro*	*10,35 Euro*
Mai	*580*	*10 Euro*	*8, 70 Euro*
Juni	*633*	*10 Euro*	*9,50 Euro*
Juli	*280*	*10 Euro*	*4,20 Euro*
August	*0 (Urlaub)*	*10 Euro*	*0 Euro*
September	*780*	*10 Euro*	*11,70 Euro*
Oktober	*532*	*10 Euro*	*7,98 Euro*
November	*632*	*10 Euro*	*9,48 Euro*
Dezember	*950*	*10 Euro*	*14,25 Euro*
Summe	***6.962***	***120 Euro***	***104,79 Euro***

**) bei 1,5 Cent pro Minute*

Die besten und wichtigsten Anbieter im Überblick

Los geht's: Damit die Suche nach einem VoIP-Anbieter besonders leicht fällt, erhalten Sie auf den nachfolgenden Seiten eine Übersicht der wichtigsten und besten VoIP-Anbieter. Folgende Anbieter stellen wir Ihnen vor (in alphabetischer Reihenfolge):

1&1	**AOL**	**blueSIP**
dus.net	**Freenet**	**GMX**
Nikotel	**PURtel**	**QSC**
Sipgate	**sipsnip**	**Web.de**

Für fast alle Anbieter gilt: Sie können Ihren VoIP-Anschluss mit jedem beliebigen DSL-Anschluss nutzen. Sie gehen beispielsweise mit AOL ins Internet, telefonieren aber über den VoIP-Anbieter Nikotel. Nur bei wenigen Anbietern wie 1&1 sind DSL und VoIP gekoppelt – Sie müssen dann z. B. mit einem 1&1-DSL-Anschluss ins Internet gehen, um das 1&1-VoIP-Angebot nutzen zu können. Ob eine Einschränkung existiert, erfahren Sie in der Übersichtstabelle in der Zeile Mit allen DSL-Anschlüssen nutzbar.

Unser Service für Sie: Zu jedem Anbieter erhalten Sie eine ausführliche Tabelle mit den wichtigsten Informationen. Die Werte in Bereich Parameter für Telefone benötigen Sie später beim Einrichten des VoIP-Telefons. Wie Sie die Daten richtig eingeben, erfahren Sie weiter unten in den Kapiteln *Telefonieren am PC* und *Telefonieren und Faxen ohne PC*.

Last, but not least finden Sie zu jedem Anbieter eine persönliche Beurteilung, und ein Fazit, was den einen oder anderen Anbieter auszeichnet. Aber auch, was uns nicht gefällt.

Tarife vergleichen

Der VoIP-Markt ist sehr lebhaft. Es kann gut sein, dass sich die genannten Daten und Konditionen der Anbieter seit der Drucklegung des Buchs wieder geändert haben. Ob sich etwas geändert hat, erfahren Sie am besten durch einen raschen Blick auf die Homepage des Anbieters.

Noch besser: Nutzen Sie einen der VoIP-Tarifvergleiche im Internet. Dort können Sie stets die aktuellen Tarife und Konditionen der wichtigsten VoIP-Anbieter miteinander vergleichen. Die besten VoIP-Tarifvergleiche finden Sie hier:

www.voiceoverip-vergleich.de

www.teltarif.de/voip/tarifrechner.html

www.billig-tarife.de/telefontarife/voip-vergleich.php

www.billiger-telefonieren.de/voip

Um die aktuellen Konditionen der VoIP-Anbieter zu vergleichen, lohnen sich Online-Tarifrechner, z. B. von billiger-telefonieren.de.

1&1 DSL Telefonie

Bei 1&1 sind der Internet-Zugang und das VoIP-Angebot gekoppelt. Das heißt in der Praxis: Das VoIP-Angebot von 1&1 ist nur nutzbar, wenn Sie auch mit einem 1&1-DSL-Anschluss ins Internet gehen. Bestehende 1&1-Kunden können VoIP mit der kostenlos zur Verfügung gestellten Softphone-Lösung nutzen. Auf Wunsch bietet 1&1 auch verschiedene Hardware-Varianten. Der Flatrate-Tarif bietet Gespräche ins deutsche Festnetz zum Pauschalpreis.

Das VoIP-Angebot von 1&1 gilt leider nur für bestehende 1&1-Kunden.

Unser Fazit: Mit 1 Cent pro Minute ins deutsche Festnetz bietet 1&1 äußerst attraktive VoIP-Preise. Leider gelten die günstigen Konditionen nur für bestehende Kunden, die auch mit 1&1 ins Internet gehen. Für diese Einschränkung gibt es trotz der attraktiven Preise von uns nur drei Sterne. Wenn Sie bereits Kunde bei 1&1 sind, sind es volle fünf Sterne.

Unsere Wertung: 3 von 5 Sternen.

1&1 DSL-Telefonie
www.1und1.de

3/5 ★★★☆☆

info

Rufnummern

Neue Rufnummer aus dem eigenen Ortsbereich:	ja
Portierung alter Rufnummer möglich:	ja
Servicerufnummern erreichbar:	k.a.
Gesperrte Nummern:	k.a.

Funktionen

Von allen DSL-Anschlüssen nutzbar:	nein, nur 1&1-DSL
Anrufweiterleitung:	ja
Anrufbeantworter:	ja
Einzelverbindungsnachweis:	ja
Anruflisten:	ja
SIP-Adresse von außen erreichbar:	nein

Parameter für Telefone

SIP Domain:	sip.1und1.de
User Domain:	1und1.de
SIP Proxy:	1und1.de
Stun:	stun.1und1.de
Outbound Proxy:	sip.1und1.de
Inbound Proxy:	(leer)
Ports:	5060, 3478
Benutzername/autorisation name:	+49 Vorwahl Telefonnummer
Kennwort:	1und1-Phone-Kennwort

Kosten/Tarife

Tarif:	1&1 DSL-Telefonie
Grundgebühr:	0 Euro
Festnetz deutschlandweit:	1,00 Cent/Minute
Ausland, z. B. USA:	ab 1,9 Cent/Minute
Mobilfunk:	ab 22,9 Cent/Minute
Taktung:	minutengenau
Weitere Tarife:	1&1 Phone-FLAT: Monatlich 9,99 Euro. Kostenlose VoIP-Gespräche ins deutsche Festnetz.
Kooperationspartner / Kostenlose Gespräche zu:	1&1-Kunden, GMX-Kunden, web.de-Kunden

Stand: März 2006. Alle Angaben ohne Gewähr.

AOL Phone

Bei AOL erhalten Sie nicht nur Internet-Zugänge, auch VoIP-Anschlüsse sind im Angebot. AOL vertreibt den «AOL Phone» genannten Internet-Telefonanschluss natürlich am liebsten zusammen mit einem AOL-Internetzugang. Aber auch Nicht-AOL-Kunden erhalten bei AOL einen VoIP-Anschluss. Wenig erfreulich: Leider sind dann zusätzlich 2,- Euro Monatspauschale fällig.

AOL bietet nicht nur Internet-Zugänge an. Auch attraktive VoIP-Angebote gehören zum Programm.

Unser Fazit: AOL Phone bietet günstige Gesprächskosten und pfiffige Zusatzfunktionen wie Anrufweiterleitung im Störfall oder auf Wunsch eine Begrenzung des Rechnungshöchstbetrags. Aufgrund der «Strafgebühr» von 2 Euro pro Monat ist AOL Phone allerdings nur für bestehende AOL-Kunden interessant.

Unsere Wertung: 4 von 5 Sternen.

AOL Phone
www.aol.de/phone

4/5 ★★★★☆

info

Rufnummern	
Neue Rufnummer aus dem eigenen Ortsbereich:	ja
Portierung alter Rufnummer möglich:	nein
Servicerufnummern erreichbar:	0800, 01801, 01802, 01803, 01804, 01805, 0700, 111833, 11834
Gesperrte Nummern:	0190, 0900
Funktionen	
Von allen DSL-Anschlüssen nutzbar:	Ja, Nicht-AOL-Kunden zahlen jedoch 2,- Euro pro Monat.
Anrufweiterleitung:	ja
Anrufbeantworter:	ja
Einzelverbindungsnachweis:	ja
Anruflisten:	ja
SIP-Adresse von außen erreichbar:	nein
Parameter für Telefone	
SIP Domain:	aolphonereg.aol.de
User Domain:	aolphone.de
SIP Proxy:	aolphonereg.aol.de
Stun:	(leer)
Outbound Proxy:	(leer)
Inbound Proxy:	(leer)
Ports:	5060,3478
Benutzername/autorisation name:	18-stellige AOL Phone Kennung
Kennwort:	10-stelliges AOL-Phone-Passwort
Kosten/Tarife	
Tarif:	AOL Phone Fun
Grundgebühr:	0 Euro für AOL-Kunden, sonst 2,- Euro pro Monat.
Mindestumsatz:	0,99 Euro/Monat
Festnetz deutschlandweit:	1,5 Cent/Minute
Ausland, z. B. USA:	4,5 Cent/Minute
Mobilfunk:	20 Cent/Minute
Taktung:	Minutengenau, je angefangene Minute
Weitere Tarife:	AOL Phone FreeWeekend: 4,99 Euro/Monat – Kostenlose Festnetzgespräche am Wochenende AOL Phone Flat: 8,99 Euro/Monat – Kostenlose Festnetzgespräche
Kooperationspartner / Kostenlose Gespräche zu:	AOL-Phone

Stand: März 2006. Alle Angaben ohne Gewähr.

blueSIP

Das Münchner Unternehmen ccn corporate communication networks GmbH ist eigentlich nur im Geschäftskundenbetrieb anzusiedeln. Im Sommer 2004 startete das Unternehmen das VoIP-Produkt blueSIP, das ursprünglich ebenfalls nur für Geschäftskunden gedacht war. Mittlerweile ist blueSIP mit dem Tarif «blueSIP Basic» aber auch für Privatkunden interessant.

blueSIP: Zuverlässige Internet-Telefonie, aber relativ teuer.

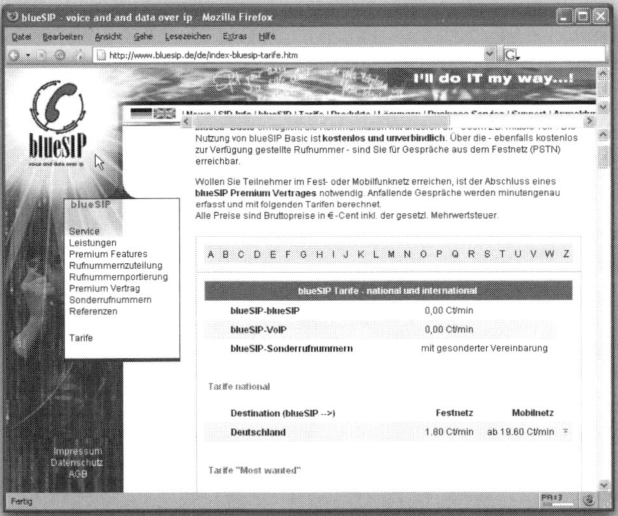

Unser Fazit: blueSIP bietet zuverlässige Internet-Telefonie, ist mit 1,8 Cent pro Minute für bundesweite Gespräche allerdings relativ teuer. Zudem macht die Webseite des Anbieters oftmals einen unaufgeräumten Eindruck und wirkt in vielen Bereichen unübersichtlich. Für Einsteiger eher ungeeignet.

Unsere Wertung: 3 von 5 Sternen.

blueSIP
www.bluesip.de

3/5 ★★★☆☆

info

Rufnummern	
Neue Rufnummer aus dem eigenen Ortsbereich:	ja
Portierung alter Rufnummer möglich:	ja
Servicerufnummern erreichbar:	nur mit gesonderter Vereinbarung
Gesperrte Nummern:	je nach gesonderter Vereinbarung
Funktionen	
Von allen DSL-Anschlüssen nutzbar:	ja
Anrufweiterleitung:	nein
Anrufbeantworter:	ja
Einzelverbindungsnachweis:	ja
Anruflisten:	ja
SIP-Adresse von außen erreichbar:	ja, Format benutzer@bluesip.net
Parameter für Telefon	
SIP Domain:	bluesip.net:5060
User Domain:	bluesip.net
SIP Proxy:	bluesip.net:5060
Stun:	stun.bluesip.net:3478
Outbound Proxy:	(leer)
Inbound Proxy:	(leer)
Ports:	5060,5000-5004,8000,3478-3479
Benutzername/autorisation name:	bluesip-Benutzerkennung
Kennwort:	bluesip-Kennwort
Testrufnummern	
Echo Test:	+49 89 721010 99701
Signalton:	+49 89 721010 99702
blueSIP Song:	+49 89 721010 99703
Kosten/Tarife	
Tarif:	blueSIP Basic
Grundgebühr:	0 Euro
Festnetz deutschlandweit:	1,8 Cent/Minute
Ausland, z. B. USA:	ab 2,4 Cent/Minute
Mobilfunk:	ab 19,6 Cent/Minute
Taktung:	Minutengenau, je angefangene Minute
Weitere Tarife:	blueSIP Premium: 9,86 Euro Mindestumsatz pro Monat
Kooperationspartner / Kostenlose Gespräche zu:	blueSIP-Kunden

Stand: März 2006. Alle Angaben ohne Gewähr.

dus.net

Das Düsseldorfer Unternehmen dus.net bietet neben DSL-Zugängen auch attraktive VoIP-Anschlüsse. Zur Auswahl stehen ein Privat- und ein Geschäftskundenmodell. Zusätzlich können Sie bei dus.net eine Flatrate für Telefonate ins deutsche Festnetz sowie günstigere Minutenkontingente für einzelne Ziele kaufen, beispielsweise 1.000 Minuten. Leider sind die «private Select»-Pakete mit 500, 1000 oder 2000 Minuten nur einen Monat gültig.

Dus.net bietet attraktive Minutenpreise und einen übersichtlichen Kundenbereich.

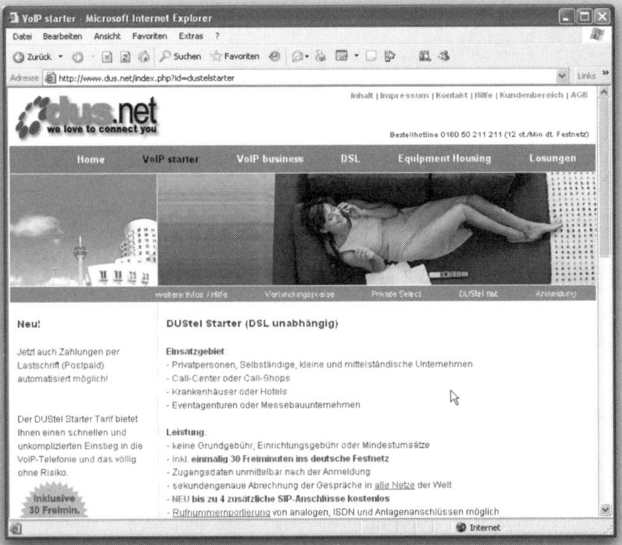

Unser Fazit: Im Praxistest hat sich dus.net als zuverlässiger und attraktiver VoIP-Anbieter erwiesen. Die Minutenpreise sind mit 1,29 bzw. 1,49 Cent pro Minute sehr attraktiv. Wenn Sie bei dus.net Ihren DSL-Anschluss haben, telefonieren Sie sogar für 0,99 Cent pro Minute. Besonders erfreulich: dus.net rechnet sekundengenau ab. Ein 10-Sekunden-Gespräch kostet dann z. B. bei einem Minutenpreis von 1,49 Cent tatsächlich nur 0,24 Cent. Überzeugen können auch der übersichtliche Online-Kundenbereich sowie der gute und schnelle Kundensupport.

Unsere Wertung: 5 von 5 Sternen.

dus.net
www.dus.net

5/5 ★★★★★

info

Rufnummern

Neue Rufnummer aus dem eigenen Ortsbereich:	ja
Portierung alter Rufnummer möglich:	ja
Servicerufnummern erreichbar:	0137, 0164, 0169, 01801-01805
Gesperrte Nummern:	0900, 0190

Funktionen

Von allen DSL-Anschlüssen nutzbar:	ja
Anrufweiterleitung:	ja
Anrufbeantworter:	ja
Einzelverbindungsnachweis:	ja
Anruflisten:	ja
SIP-Adresse von außen erreichbar:	ja, Format 000387xxxxxx@voip.dus.net (xxxxxx=dus.net-Kunden-ID)

Parameter für Telefon

SIP Domain:	voip.dus.net
User Domain:	dus.net
SIP Proxy:	voip.dus.net
Stun:	stun.dus.net
Outbound Proxy:	voip.dus.net
Inbound Proxy:	(leer)
Ports:	5060, 3478
Benutzername/autorisation name:	dus.net-Username
Kennwort:	dus.net-Kennwort

Kosten/Tarife

Tarif:	VoIP Starter
Grundgebühr:	0 Euro
Besonderheit:	Einmalig 30 Freiminuten ins deutsche Festnetz
Festnetz deutschlandweit:	1,49 Cent/Minute
Ausland, z. B. USA:	ab 1,81 Cent/Minute
Mobilfunk:	ab 16,9 Cent/Minute
Taktung:	sekundengenau
Weitere Tarife:	dus.net Business: Monatlich 9,90 Euro, dafür günstigere Minutenpreise (z. B. 1,29 Cent/Minute) Private Select: 9,90 Euro für 1.000 Minuten ins deutsche Festnetz (= 0,99 Cent / Minute)
Kooperationspartner / Kostenlose Gespräche zu:	dus.net-Kunden

Stand: März 2006. Alle Angaben ohne Gewähr.

Freenet iPhone

Die Internet-Telefonie ist noch recht jung – in Sachen VoIP gehört freenet aber schon zu den «alten Hasen». Das Hamburger Unternehmen mischt bereits seit mehreren Jahren im VoIP-Markt mit. Zur Auswahl stehen bei freenet gleich mehrere Tarife. Während iPhone Basic und iPhone Plus/Easy über jeden beliebigen Breitbandanschluss nutzbar sind, können die Varianten iPhone Flat und iPhone Fun nur in Zusammenhang mit freenetDSL – dem DSL-Zugang von Freenet – genutzt werden.

Freenet gehört in Deutschland zu den Pionieren der Internet-Telefonie.

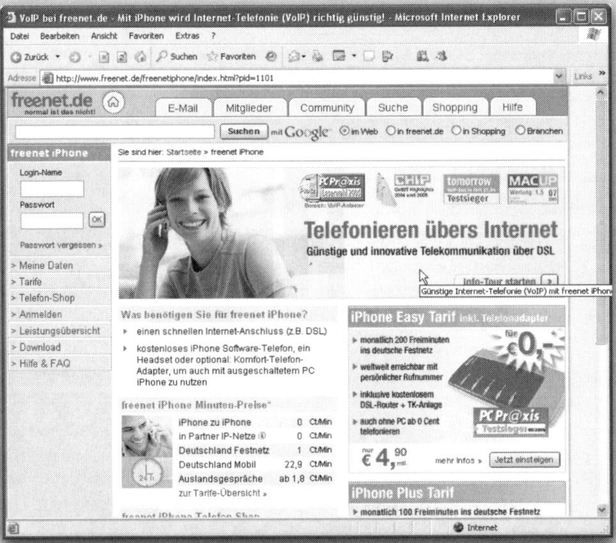

Unser Fazit: Mit dem Tarif iPhone Plus/Easy bietet freenet einen sehr attraktiven VoIP-Anschluss. Zwar kostet er eine Grundgebühr von knapp 3 Euro, dafür sind die Verbindungspreise mit 1 Cent pro Minute für bundesweite Festnetzgespräche äußerst günstig. Zudem lässt sich der Tarif mit allen DSL-Anschlüssen nutzen. Für bestehende freenet-DSL-Kunden entfällt die Grundgebühr sogar. Einen Punktabzug gibt es für die lange Mindestvertragslaufzeit von 12 Monaten für den Einsteiger-Anschluss.

Unsere Wertung: 4 von 5 Sternen.

freenet iPhone
www.freenet.de/freenetiphone

4/5 ★★★★☆

info

Rufnummern

Neue Rufnummer aus dem eigenen Ortsbereich:	ja
Portierung alter Rufnummer möglich:	nein
Servicerufnummern erreichbar:	0138, 01801-01805, 0700, 0800
Gesperrte Nummern:	0190, 0900

Funktionen

Von allen DSL-Anschlüssen nutzbar:	ja, in den Tarifen iPhone Easy und iPhone Plus
Anrufweiterleitung:	k.a.
Anrufbeantworter:	nein
Einzelverbindungsnachweis:	ja
Anruflisten:	ja
SIP-Adresse von außen erreichbar:	nein

Parameter für Telefon

SIP Domain:	iphone.freenet.de:5060
User Domain:	freenet.de
SIP Proxy:	iphone.freenet.de
Stun:	iphone-stun.freenet.de:3478
Outbound Proxy:	iphone.freenet.de
Inbound Proxy:	(leer)
Ports:	5000-5004,5060,8000-8016,3478-3479
Benutzername/autorisation name:	freenet.de Mitgliedername
Kennwort:	freenet.de-Kennwort

Kosten/Tarife

Tarif:	iPhone Plus/Easy
Grundgebühr:	2,90 Euro pro Monat (0,00 Euro für freenet-DSL-Kunden)
Festnetz deutschlandweit:	1,00 Cent/Minute
Ausland, z. B. USA:	ab 1,8 Cent/Minute
Mobilfunk:	ab 22,9 Cent/Minute
Taktung:	minutengenau
Weitere Tarife:	iPhone flat: Monatlich 9,90 Euro. Kostenlose VoIP-Gespräche ins deutsche Festnetz.
Kooperationspartner / Kostenlose Gespräche zu Kunden von:	Freenet iPhone, Sipgate, Sipphone, Strato, Web.de

Stand: März 2006. Alle Angaben ohne Gewähr.

GMX DSL-Telefonie

Das VoIP-Angebot von GMX ist simpel: Es gibt nur die Telefonie-Flatrate, die für eine monatliche Pauschale von knapp 10 Euro rund um die Uhr kostenlose Telefongespräche ins deutsche Festnetz erlaubt. Die Flatrate lässt sich dabei mit jedem beliebigen Internet-Anschluss nutzen – er muss nicht von GMX sein. Zusätzliche erhalten Sie vier Ortsnetzrufnummern, die mit einem digitalen Anrufbeantworter gekoppelt sind. Damit lassen sich Nachrichten weltweit per Telefon oder Internet abfragen.

Für Vieltelefonierer interessant: Die Telefon-Flatrate von GMX

Unser Fazit: Das Flatrate-Angebot von GMX ist nur für Vieltelefonierer interessant. Erst wenn Sie im Schnitt mehr als 660 Minuten oder umgerechnet knapp 11 Stunden pro Monat ins deutsche Festnetz telefonieren, rentiert sich die Flatrate. Praktisch sind die vier Festnetznummern, die Sie bei GMX erhalten.

Unsere Wertung: 3 von 5 Sternen.

GMX Phone_Flat
www.gmx.de

3/5 ★★★☆☆

info

Rufnummern

Neue Rufnummer aus dem eigenen Ortsbereich:	ja
Portierung alter Rufnummer möglich:	ja
Servicerufnummern erreichbar:	k.A.
Gesperrte Nummern:	k.A.

Funktionen

Von allen DSL-Anschlüssen nutzbar:	ja
Anrufweiterleitung:	ja
Anrufbeantworter:	ja
Einzelverbindungsnachweis:	ja
Anruflisten:	ja
SIP-Adresse von außen erreichbar:	nein

Parameter für Telefon

SIP Domain:	sip-gmx.net
User Domain:	sip-gmx.net
SIP Proxy:	sip-gmx.net:5060
Stun:	stun.gmx.de:3478
Outbound Proxy:	(leer)
Inbound Proxy:	(leer)
Ports:	5060, 3478
Benutzername/autorisation name:	registrierte Festnetznummer im internationalen Format, z. B. +49211xxxxxxxx
Kennwort:	GMX-DSL-Telefonie-Kennwort

Kosten/Tarife

Tarif:	GMX Phone_Flat
Grundgebühr:	9,99 Euro pro Monat
Festnetz deutschlandweit:	0,00 Cent/Minute (Flatrate)
Ausland, z. B. USA:	ab 1,9 Cent/Minute
Mobilfunk:	ab 22,9 Cent/Minute
Taktung:	minutengenau
Kooperationspartner / Kostenlose Gespräche zu Kunden von:	GMX, Web.de, Schlund + Partner, 1&1

Stand: März 2006. Alle Angaben ohne Gewähr.

Nikotel

Das in San Diego, USA angesiedelte Unternehmen Nikotel bietet auch in Deutschland attraktive Internet-Telefonanschlüsse an. Nikotel ist ein reiner VoIP-Anbieter, der sich voll und ganz auf die Internet-Telefonie konzentriert. Und das bereits seit Anfang 2000. Nikotel gehört somit zu den Pionieren und zum «alten Eisen» der Internet-Telefonie-Anbieter. Die Stärke von Nikotel liegt in äußerst günstigen Auslandstarifen.

Nikotel: Interessant für Auslandsgespräche z. B. in die USA

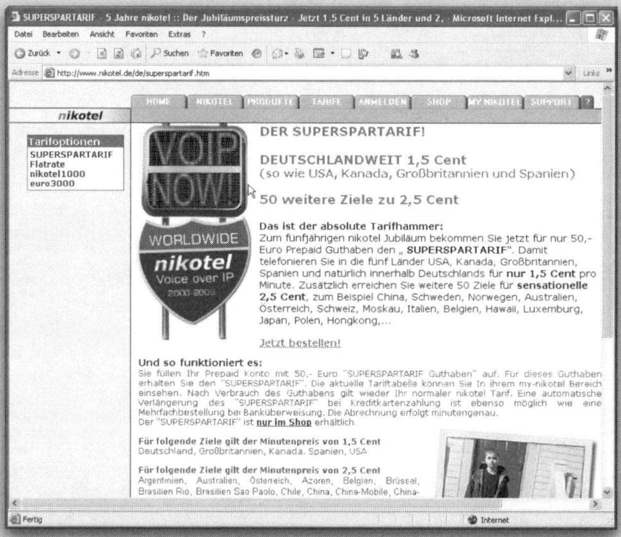

Unser Fazit: Wer häufig nach Großbritannien, Kanada, Spanien oder die USA telefoniert, bekommt bei Nikotel äußerst günstige Konditionen: Die Gesprächsminute kostet hier nur 1,5 Cent – im Vergleich zu vielen anderen Anbietern äußerst günstig. Nikotel kann die genannten Ziele so günstig anbieten, da es in den Ländern eigene Niederlassungen mit eigenen Gateways ins hiesige Festnetz besitzt. Für deutschlandweite Gespräche und andere Ziele liegt Nikotel im preislichen Mittelfeld.

Unsere Wertung: 4 von 5 Sternen.

Nikotel
www.nikotel.de/de/

4/5 ★★★★☆

info

Rufnummern

Neue Rufnummer aus dem eigenen Ortsbereich:	ja, aber nur ausgewählte Vorwahlgebiete
Portierung alter Rufnummer möglich:	nein
Servicerufnummern erreichbar:	0800
Gesperrte Nummern:	Außer 0800-Nummern sind alle weiteren Sonderrufnummern, z. B. 01805 nicht erreichbar.

Funktionen

Von allen DSL-Anschlüssen nutzbar:	ja
Anrufweiterleitung:	ja
Anrufbeantworter:	ja
Einzelverbindungsnachweis:	ja
Anruflisten:	ja
SIP-Adresse von außen erreichbar:	nein

Parameter für Telefon

SIP Domain:	calamaro.nikotel.com:5060
User Domain:	nikotel.com
SIP Proxy:	calamaro.nikotel.com:5060
Stun:	(leer)
Outbound Proxy:	(leer)
Inbound Proxy:	(leer)
Ports:	5060,5000-5004,8000, 5062, 30000-30021, 3478, 3479
Benutzername/autorisation name:	Nikotel-Benutzername
Kennwort:	Nikotel-Kennwort

Kosten/Tarife

Tarif:	Nikotel Superspartarif
Grundgebühr:	0,00 Euro (aber mindestens 50 Euro Prepaid-Kontoaufladung)
Festnetz deutschlandweit:	1,50 Cent/Minute
Ausland, z. B. USA:	ab 1,5 Cent/Minute
Mobilfunk: ab	22,7 Cent/Minute
Taktung:	minutengenau
Kooperationspartner/ Kostenlose Gespräche zu Kunden von:	Nikotel
Weitere Tarife:	Nikotel Flatrate: 19,90 Euro pro Monat für kostenlose Gespräche nach Deutschland, Österreich, Schweiz oder wahlweise USA und Kanada.

Stand: März 2006. Alle Angaben ohne Gewähr.

PURtel

Der VoIP-Anbieter Purtel.com gehört zu den Kleinen der Branche, bietet aber zuverlässige und günstige providerunabhängige Internettelefonie. Besonders attraktiv: Auf Wunsch erhalten Sie eine neue Rufnummer, die gegen eine geringe Gebühr (49 Cent pro Monat) sogar in Ihren Besitz übergeht. Das ist nützlich, wenn Sie einmal den VoIP-Anbieter wechseln möchten; dann nehmen Ihre VoIP-Rufnummer einfach mit. Bei den meisten anderen Anbietern ist das nicht möglich.

Bei PURtel geht die VoIP-Rufnummer in Ihren Besitz über.

Unser Fazit: Preislich liegt PURtel mit knapp 1,7 Cent pro Minute für deutschlandweite Gespräche zwar im oberen Mittelfeld, dafür bietet es aber – bei Verwendung spezieller Vorwahlen – kostenlose Gespräche zu fast allen wichtigen VoIP-Anbietern. Besonders interessant ist die Möglichkeit, die zugeteilte VoIP-Rufnummer bei einem Anbieterwechsel einfach mitzunehmen. Die Nummer geht im Gegensatz zu vielen anderen VoIP-Anbietern in Ihren Besitz über. Bei einem Wechsel zu einem anderen Anbieter nehmen Sie Ihre Rufnummer dann einfach mit.

Unsere Wertung: 4 von 5 Sternen.

PURtel
www.purtel.de 4/5 ★★★★☆

info

Rufnummern	
Neue Rufnummer aus dem eigenen Ortsbereich:	ja, die Nummer geht sogar in Ihren Besitz über.
Portierung alter Rufnummer möglich:	ja
Servicerufnummern erreichbar:	k.A.
Gesperrte Nummern:	k.A.
Funktionen	
Von allen DSL-Anschlüssen nutzbar:	ja
Anrufweiterleitung:	ja
Anrufbeantworter:	ja
Einzelverbindungsnachweis:	ja
Anruflisten:	ja
SIP-Adresse von außen erreichbar:	ja, Format benutzername@purtel.com
Parameter für Telefon	
SIP Domain:	deu1.purtel.com
User Domain:	purtel.com
SIP Proxy:	deu1.purtel.com:5060
Stun:	(leer)
Outbound Proxy:	deu1.purtel.com:5060
Inbound Proxy:	(leer)
Ports:	5060
Benutzername/autorisation name:	6-stellige, netzinterne Rufnummer
Kennwort:	PURtel-Passwort
Kosten/Tarife	
Tarif:	Purtel Free
Grundgebühr:	0,00 Euro
Festnetz deutschlandweit:	1,78 Cent/Minute
Ausland, z. B. USA:	ab 2,9 Cent/Minute
Mobilfunk:	ab 25 Cent/Minute
Taktung:	minutengenau
Kooperationspartner/ Kostenlose Gespräche zu Kunden von:	Bei Verwendung spezieller Vorwahlen: PURtel, Simply-Phone, IPpower, Advance-Cal, dus.net, Westend, Myphone.hu, Pepphone, Iptel24.net, Web.de, Sipsnip, IPtel, IAXtel, Free World Dialup, Bluesip, Nikotel, Sipgate
Weitere Tarife:	PURtel Premium: 5,99 Euro Grundgebühr pro Monat. Dafür günstigere Minutenpreise (z. B. 1 Cent pro Minute) und sekundengenaue Abrechnung.

Stand: März 2006. Alle Angaben ohne Gewähr.

QSC IPfonie

DSL ohne Telefonanschluss: QSC gehört zu den wenigen deutschen Unternehmen, bei dem Sie einen DSL-Internetzugang auch ohne bestehenden Telefonanschluss erhalten können. Die sonst übliche Koppelung von Telefonanschluss und DSL entfällt. Das macht QSC interessant für die Internet-Telefonie pur – ganz ohne klassischen Telefonanschluss. Aber auch mit Telefonanschluss oder mit einem Internet-Zugang bei einem anderen Anbieter können Sie mit QSC im Internet telefonieren. Hierzu bietet QSC Internet-Telefontarife, die mit jedem beliebigen Internet-Anschluss funktionieren.

DSL pur: QSC bietet als einer der wenigen Anbieter DSL-Zugänge ohne Telefonanschluss an.

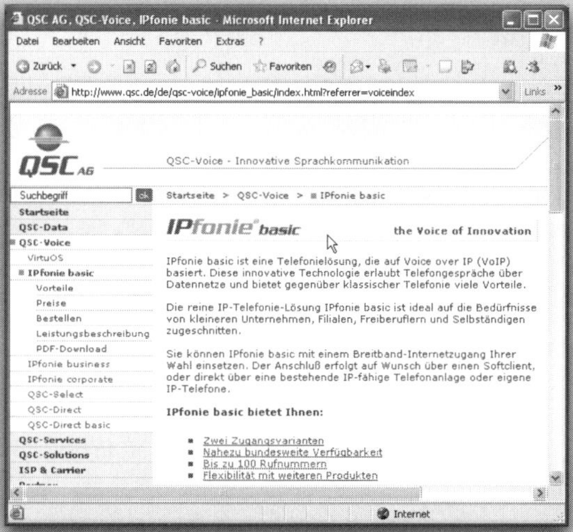

Unser Fazit: Die meisten QSC-Tarife gelten leider nur in Kombination mit dem QSC-eigenen Internetanschluss Q-DSL. Lediglich der Tarif IPfonie privat free kann mit jedem beliebigen DSL-Anschluss genutzt werden. Preislich liegt QSC im Mittelfeld, dafür bietet QSC eine sekundengenaue Abrechnung. Gespräche ins Ausland sind aber wesentlich teurer als bei der Konkurrenz. Ein Vorteil von QSC: Wer einen QSC-DSL-Anschluss nutzt, kann seinen klassischen Telefonanschluss kündigen und nur noch übers Internet telefonieren. Dann sollten Sie aber beachten: Per Internet-Telefonie sind bei QSC keine Notrufnummern (110 oder 112) erreichbar.

Unsere Wertung: 3 von 5 Sternen.

QSC IPfonie
www.qsc.de/de/qsc-voice/

3/5 ★★★☆☆

info

Rufnummern

Neue Rufnummer aus dem eigenen Ortsbereich:	ja
Portierung alter Rufnummer möglich:	ja
Servicerufnummern erreichbar:	k.A.
Gesperrte Nummern:	k.A.

Funktionen

Von allen DSL-Anschlüssen nutzbar:	ja, aber nicht bei allen Tarifen
Anrufweiterleitung:	ja
Anrufbeantworter:	ja
Einzelverbindungsnachweis:	ja
Anruflisten:	ja
SIP-Adresse von außen erreichbar:	k.A.

Parameter für Telefon

SIP Domain:	sip.qsc.de
User Domain:	qsc.de
SIP Proxy:	sip.qsc.de
Stun:	(leer)
Outbound Proxy:	sip.qsc.de
Inbound Proxy:	(leer)
Ports:	5060
Benutzername/autorisation name:	QSC-IPfonie-Benutzername
Kennwort:	QSC-IPfonie-Kennwort

Kosten/Tarife

Tarif:	IPfonie basic
Grundgebühr:	5,00 Euro
Festnetz deutschlandweit:	1,4 Cent/Minute
Ausland, z. B. USA:	ab 3,4 Cent/Minute
Mobilfunk:	ab 15,9 Cent/Minute
Taktung:	sekundengenau
Kooperationspartner/ Kostenlose Gespräche zu Kunden von:	QSC IPfonie

Stand: März 2006. Alle Angaben ohne Gewähr.

Sipgate

VoIP-Pioniere aus Deutschland: Das Düsseldorfer Unternehmen Indigo Networks gehört mit dem VoIP-Angebot Sipgate zu den Pionieren auf dem VoIP-Markt. Das Markenzeichen von Sipgate: Übersichtliche Webseite, kinderleichte Bedienung und attraktive Tarife. Wer möglichst schnell und unkompliziert zu einem VoIP-Anschluss kommen möchte, liegt bei Sipgate genau richtig.

Mit Sipgate in wenigen Mausklicks zum eigenen VoIP-Anschluss.

Unser Fazit: Sipgate eignet sich vor allem für VoIP-Einsteiger. Dank der übersichtlichen Webseite ist der neue Internet-Telefonanschluss mit wenigen Mausklicks angelegt. Die bereits vorkonfigurierten Telefone – ob Software-basiert oder «echtes» Internet-Telefon – sind mit wenigen Handgriffen sofort einsatzbereit. Preislich liegt Sipgate zwar im oberen Mittelfeld, dafür sind aber auch Notrufe sowie kostenlose Gespräche zu vielen Partner-Netzen inklusive. Für Vieltelefonierer gibt es interessante Flatrates für kostenloses Telefonieren in zahlreiche Länder. Einziger Wermutstropfen: Einige Sonderrufnummern wie 0137 oder 0900 sind via Sipgate nicht erreichbar.

Unsere Wertung: 5 von 5 Sternen.

Sipgate
www.sipgate.de

5/5 ★★★★★

info

Rufnummern

Neue Rufnummer aus dem eigenen Ortsbereich:	ja
Portierung alter Rufnummer möglich:	nein
Servicerufnummern erreichbar:	01801, 01803, 01805, 01888, 0700, 0800
Gesperrte Nummern:	0137, 0180, 01802, 01804, 0185, 0190, 0900

Funktionen

Von allen DSL-Anschlüssen nutzbar:	ja
Anrufweiterleitung:	ja
Anrufbeantworter:	ja
Einzelverbindungsnachweis:	ja
Anruflisten:	ja
SIP-Adresse von außen erreichbar:	ja, Format benutzerkennung@sipgate.de

Parameter für Telefon

SIP Domain:	sipgate.de:5060
User Domain:	sipgate.de
SIP Proxy:	sipgate.de:5060
Stun:	stun.sipgate.net:10000
Outbound Proxy:	sipgate.de
Inbound Proxy:	(leer)
Ports:	5060,5000-5004,8000,10000-10019
Benutzername/autorisation name:	Sipgate-Benutzername
Kennwort:	Sipgate-Kennwort

Kosten/Tarife

Tarif:	Sipgate Standardtarif
Grundgebühr:	0,00 Euro
Festnetz deutschlandweit:	1,79 Cent/Minute
Ausland, z. B. USA:	ab 2,3 Cent/Minute
Mobilfunk:	ab 16,9 Cent/Minute
Taktung:	minutengenau

Kooperationspartner/ Kostenlose Gespräche zu Kunden von: Sipgate, web.de, Freenet. Bei Verwendung spezieller Vorwahlen auch zu: FreeWorldDialup, IAXtel, Iptel, Sipphone.com, Telio.no, call!UK.com, Gossiptel, Gradwell

Weitere Tarife: sipgate 1000: 1.000 Minuten ins deutsche Festnetz für 8,90 Euro, gültig für jeweils einen Monat. Sipgate plus: 3,90 pro Monat, dafür günstigere Minutenpreise, z. B. 1 Cent pro Minute für Gespräche ins deutsche Festnetz. Flatrates: Für 8,90 Euro pro Monat kostenlose Gespräche in Festnetze von Deutschland, Belgien, Dänemark, Finnland, Frankreich, Großbritannien, Irland, Italien, Luxemburg, Niederlande, Österreich, Portugal, Schweden, Schweiz und Spanien.

Stand: März 2006. Alle Angaben ohne Gewähr.

sipsnip

Das VoIP-Angebot des Hamburger Unternehmens Bellshare GmbH wartet mit innovativen Zusatzfunktionen auf. Mit Hilfe von sipsnip Callback können Sie beispielsweise auch unterwegs von den sipsnip Tarifen profitieren, beispielsweise im Urlaub oder im Hotel. Ganz ohne Internettelefon. Die Funktionsweise ist simpel: Sie rufen auf einer vorgegebenen Rufnummer an, so wird dieser Ruf vom sipsnip System für Sie absolut kostenlos abgewiesen. Es erfolgt stattdessen sofort ein Rückruf von sipsnip an eine von Ihnen vorher festgelegte Rufnummer. Sie können sich dann durch Eingabe einer Rufnummer über die Tastatur Ihres Telefons weiterverbinden lassen.

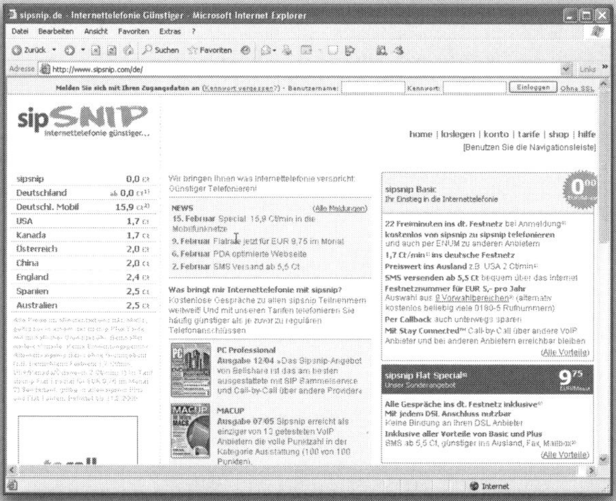

Bei sipsnip erhalten Sie nach der Anmeldung einige Freiminuten ins deutsche Festnetz. Ideal zum Schnuppern und Ausprobieren.

Unser Fazit: Sipsnip eignet sich hervorragend für einen raschen Einstieg in die Internet-Telefonie. Für erste Testanrufe erhalten Sie nach der Anmeldung einmalig 22 Freiminuten ins deutsche Festnetz. Ideal, um die neue Technik erst einmal auszuprobieren. Leider bietet sipsnip nicht aus allen Vorwahlbereichen Telefonnummern an; nur die großen Metropolen sind abgedeckt. Hier sollten Sie vorher prüfen, ob Ihr Vorwahlbereich mit dabei ist. Sollte Ihr Ort nicht mit an Bord sein, gibt's kostenlos beliebig viele 01805-Rufnummern. Die sind für einen dauerhaften Einsatz aber wenig attraktiv und für den Anrufer zu teuer.

Unsere Wertung: 4 von 5 Sternen.

sipsnip
www.sipsnip.de

4/5 ★★★★☆

info

Rufnummern

Neue Rufnummer aus dem eigenen Ortsbereich:	ja, für 5,00 Euro pro Jahr
Portierung alter Rufnummer möglich:	nein
Servicerufnummern erreichbar:	01801-5, 0700, 0800
Gesperrte Nummern:	0137, 0190, 0900

Funktionen

Von allen DSL-Anschlüssen nutzbar:	ja
Anrufweiterleitung:	ja
Anrufbeantworter:	ja
Einzelverbindungsnachweis:	ja
Anruflisten:	ja
SIP-Adresse von außen erreichbar:	ja, Format Benutzername@sipsnip.com

Parameter für Telefon

SIP Domain:	sipsnip.com:5060
User Domain:	sipsnip.com
SIP Proxy:	sipsnip.com
Stun:	stun. stun.sipsnip.com:10000
Outbound Proxy:	(leer)
Inbound Proxy:	(leer)
Ports:	5000-5004,5060,8000,10000-10019
Benutzername/autorisation name:	sipsnip-Benutzername
Kennwort:	sipsnip-Kennwort

Kosten/Tarife

Tarif:	sipsnip Basic
Grundgebühr:	0,00 Euro (Eigene, neue Rufnummer 5,00 Euro pro Jahr)
Festnetz deutschlandweit:	1,7 Cent/Minute
Ausland, z. B. USA:	ab 1,7 Cent/Minute
Mobilfunk:	ab 15,9 Cent/Minute
Taktung:	minutengenau
Kooperationspartner/ Kostenlose Gespräche zu Kunden von:	Sipsnip

Weitere Tarife:
Sipsnip Flat: 9,75 Euro pro Monat für kostenlose Gespräche ins deutsche Festnetz.
Sipsnip 250: 2,95 Euro für 250 Freiminuten
Sipsnip 500: 4,75 Euro für 500 Freiminuten
Sipsnip 1000: 8,50 Euro für Monat 1.000 Freiminuten
Sipsnip 2500: 27,50 Euro für Monat 2.500 Freiminuten
Sipsnip 5000: 49,50 Euro für Monat 5.000 Freiminuten

Stand: März 2006. Alle Angaben ohne Gewähr.

Web.de Freephone

Internet-Telefonie mit Startschwierigkeiten. Web.de gehört eigentlich bereits seit vielen Jahren zu den ersten Anbietern von Internet-Telefonie. Das erste Produkt namens Wincom war allerdings nie sonderlich erfolgreich. Erst mit dem VoIP-Boom und der Umbenennung des eigenen VoiP-Angebots in Freephone kommt auch bei Web.de die Internet-Telefonie in Fahrt. Mit attraktiven Konditionen und kinderleichter Einrichtung.

Web.de bietet einen leichten Einstieg in die Internet-Telefonie. Leider gibt's die VoIP-Rufnummer nur aus einem einzigen Vorwahlbereich.

Unser Fazit: Die Einrichtung des neuen VoIP-Anschlusses geht bei Web.de leicht von der Hand. Die Konditionen liegen im preislichen Mittelfeld. Die Qualität kann bei Web.de zwar überzeugen, leider gibt es aber nur Rufnummern aus einem einzigen Vorwahlbereich. Jede Web.de-Rufnummer beginnt mit der Vorwahl 02222 für Bornheim im Rheinland. Freunde und Bekannte müssten dann stets ein Ferngespräch nach Bornheim führen, um Sie auf Ihrem VoIP-Telefon zu erreichen.

Unsere Wertung: 2 von 5 Sternen.

Web.de Freephone
www.freephone.web.de

2/5 ★★☆☆☆

info

Rufnummern

Neue Rufnummer aus dem eigenen Ortsbereich:	nein, nur aus dem Ortsbereich 02222 (Bornheim/Rheinland)
Portierung alter Rufnummer möglich:	nein
Servicerufnummern erreichbar:	k.A.
Gesperrte Nummern:	k.A.

Funktionen

Von allen DSL-Anschlüssen nutzbar:	ja
Anrufweiterleitung:	ja
Anrufbeantworter:	ja
Einzelverbindungsnachweis:	ja
Anruflisten:	ja
SIP-Adresse von außen erreichbar:	nein

Parameter für Telefon

SIP Domain:	sip.web.de:5060
User Domain:	web.de
SIP Proxy:	sip.web.de:5060
Stun:	stun.web.de:3478
Outbound Proxy:	(leer)
Inbound Proxy:	(leer)
Ports:	5060,5000-5004,8000,3478-3479
Benutzername/autorisation name:	web.de-Benutzername
Kennwort:	web.de-Kennwort

Kosten/Tarife

Tarif:	Freephone Standard
Grundgebühr:	0,00 Euro
Festnetz deutschlandweit:	1,49 Cent/Minute
Ausland, z. B. USA:	ab 3,9 Cent/Minute
Mobilfunk:	ab 22,9 Cent/Minute
Taktung:	minutengenau
Kooperationspartner/ Kostenlose Gespräche zu Kunden von:	Web.de, 1&1, GMX, Schlund&Partner, Freenet, Nikotel, Sipgate, LambdaNet, outbox AG
Weitere Tarife:	Für Web.de-Clubmitglieder (5 Euro pro Monat): Günstiger Minutenpreise von 1,0 Cent für Festnetzgespräche und 19,9 Cent pro Minute ins Mobilfunknetz.

Stand: März 2006. Alle Angaben ohne Gewähr.

Kapitel 4

Voice over IP

Telefonieren übers Internet

Außenseiter: Telefonieren mit Skype

Extrawurst in Sachen Internet-Telefonie: Eine besondere Rolle im VoIP-Markt spielt der Anbieter Skype, mittlerweile ein Tochterunternehmen von ebay. Skype gehört zu den Pionieren in Sachen Internet-Telefonie. Und in einem ist Skype unschlagbar: Die Installation ist kinderleicht, die notwendige Software im Handumdrehen installiert. Erste Telefonate führen Sie innerhalb weniger Minuten. Man kann fast sagen, Skype hat das Plug-and-Play-Telefonieren erfunden. Allerdings ist Skype damit nicht automatisch der ideale VoIP-Anbieter für alle Fälle. Es gibt auch gravierende Nachteile: Gespräche ins oder vom Festnetz zum Skype-Anschluss sind kompliziert – und auch nicht mehr kostenlos. Dieses Kapitel zeigt Ihnen die Vor- und Nachteile gegenüber klassischen, «echten» VoIP-Lösungen, aber auch, wie mittels SkypeIn und SkypeOut aus Skype doch noch ein «echter» Telefonanschluss wird.

Außenseiter: Telefonieren mit Skype

Das ist Skype

Skype hat das geschafft, was im Internet nur Wenigen gelang: Aus einer fixen Idee, gepaart mit einer gehörigen Portion Idealismus, ist aus einem kleinen Stück Software eine Erfolgsstory mit mehreren Millionen Nutzern weltweit geworden.

Skype gilt als Pionier der Internet-Telefonie. Als Revolutionär ebenfalls. Das Motto «Internettelefonie, die funktioniert» ist Programm: Die Skype-Software ist kostenlos, schnell installiert und kinderleicht zu bedienen. Selbst Computerneulinge führen nach wenigen Mausklicks ihre ersten Telefonate. Das hat Skype groß und bekannt gemacht.

2003 mit einer Hand voll Nutzern gestartet, machte Skype ab 2004 eine enorme Entwicklung durch. Im Geschäftsjahr 2004/2005 zählte Skype zu den Internetunternehmen mit den höchsten Wachstumsraten. Heute gehört Skype zum Auktionshaus ebay und zählt weit über 300 Millionen Downloads der kostenlosen Skype-Software. Die Zahl der aktiven Nutzer liegt bei etwa 6 Millionen weltweit.

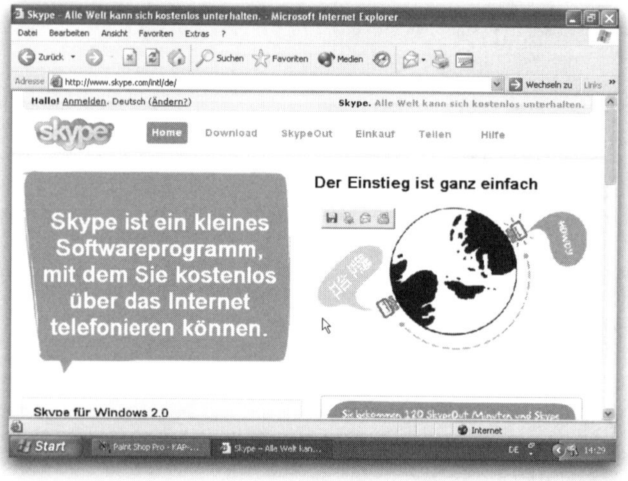

Schnelle Erfolgserlebnisse garantiert: Skype verspricht einen einfachen Einstieg in die Welt der Internet-Telefonie – und hält das Versprechen auch.

Entwickelt und programmiert wurde Skype von Niklas Zennström und Janus Friis, den Erfindern der Musiktauschbörse KaZaA. Skype nutzt dabei zur Übertragung der Sprachdaten übrigens die gleiche Technologie wie bei Musik- und Dateitauschbörsen.

Die Vorteile von Skype

Der Erfolg von Skype kommt nicht von ungefähr. Die kleine Telefoniersoftware ist so erfolgreich, weil es schnelle Erfolgserlebnisse garantiert und pfiffige Funktionen parat hält. Die Erfolggeheimnisse von Skype im Einzelnen:

- **Einfache Installation**
  Skype ist schnell installiert. Einfach die kostenlose Skype-Software herunterladen, installieren, Headset anschließen und direkt loslegen. Wie einfach es ist, erfahren Sie weiter unten in diesem Kapitel im Abschnitt *So telefonieren Sie mit Skype.*
- **Simple Bedienung**
  Ein Markenzeichen von Skype: Die einfache Bedienung. Auch Computerneulinge, Einsteiger oder Senioren kommen mit Skype schnell zurecht. Die Schaltflächen und Knöpfe sind klar beschriftet. Auf Anhieb ist klar, wie das Telefonieren funktioniert. Nach der Einrichtung eines Skype-Kontos führen Sie nach wenigen Mausklicks erste Telefongespräche.
- **Hohe Zuverlässigkeit**
  Die Praxis hat gezeigt: Das Telefonieren via Skype funktioniert zuverlässig und problemlos. Ausfälle, Gesprächsabbrüche oder ruckelnde Gespräche gibt es kaum. Zumindest bei netzinternen Gesprächen zwischen zwei Skype-Nutzern.

Feuchte Aussprache

schieb-tipp

Falls bei Skype-Telefonaten die Sprachqualität doch mal schlecht sein sollte, liegt das meist an minderwertigen Headsets und Mikrofonen. Oft ist auch der Abstand zwischen Mund und Mikrofon zu gering, sodass beim Gesprächspartner der Eindruck entsteht, Sie würden das Mikrofon regelrecht aufessen.

- **Exzellente Sprachqualität**
  Glasklare Gespräche in exzellenter Qualität sind das Markenzeichen von Skype. Skype verwendet hierzu einen eigenen Audio-Codec, der die Gesprächsdaten intelligent komprimiert, ohne die Qualität zu beeinträchtigen. Oft ist die Qualität sogar besser als bei herkömmlichen Telefongesprächen im Festnetz.
- **Auch für langsame Internetzugänge geeignet**
  Die von Skype eingesetzte Technik zum Komprimieren der Sprachdaten ist sehr raffiniert. Ein Skype-Gespräch verbraucht nur zwischen 35 und 45 kBit/s pro Sekunde – bei anderen VoIP-Anbietern kommt gerne das Doppelte zusammen. Dank der hohen Komprimierung reicht für Skype sogar ein langsamer ISDN-Internetzugang aus.

- **Funktioniert auch durch Firewalls**
  Viele Computer sind mit einer Firewall vor Hackern und Angriffen geschützt. Das ist sinnvoll, bereitet bei der Internet-Telefonie allerdings oft Probleme. Bevor die Plauderei losgehen kann, muss die Firewall oft entsprechend angepasst werden (weitere Infos hierzu im Kapitel *Wenn es hakt*). Skype umschifft das Problem elegant und funktioniert ohne weitere Konfiguration auch mit den meisten Firewalls. Der Trick: Skype verwendet den Port 80, der auch für das normale Surfen im Web genutzt wird. Zusätzliche Einstellungen an der Firewall entfallen damit.

- **Abhörsicher dank Verschlüsselung**
  Laut Aussage des Herstellers ist das Telefonieren mit Skype abhörsicher. Bei Verbindungen von PC zu PC sorgt laut Skype die hauseigene Verschlüsselung für die nötige Privatsphäre. Ein Belauschen der Gespräche ist nicht möglich. Aber: Bei der Verschlüsselungstechnik handelt es sich um eine Eigenentwicklung von Skype. Die genauen Algorithmen und Verfahren sind geheim. Sie sind jedoch durch eine von Skype beauftragte «Security Evaluation» vom renommierten und unabhängigen Kryptologieexperten Tom Berson bestätigt worden. Berson hält das Telefonieren via Skype für vertrauenswürdiger als das normale Telefon.

Die Skype-Software ist einfach zu bedienen und enthält pfiffige Zusatzfunktionen, z. B. eine Übersicht, welche Ihrer Freunde und Bekannte gerade online sind.

- **Pfiffige Zusatzfunktionen**
  Die Skype-Software wartet mit tollen Zusatzfunktionen auf: In der Kontaktliste sehen Sie beispielsweise, ob Freunde und Bekannte gerade online sind und vielleicht gerade auf Ihren Anruf warten. Für die schnelle Kommunikation zwischendurch, können Sie mit Ihren Kontakten chatten: Der integrierte Instant Messenger erlaubt das Verschicken von kurzen Textnachrichten. Und wenn Sie und Ihr Gegenüber eine Webcam besitzen, können Sie sich per Videotelefonie beim Telefonieren sogar gegenseitig sehen.

Die Nachteile von Skype

Keine Frage: Skype bietet tolle Funktionen und eine hervorragende Sprachqualität. Trotzdem ist Skype in Sachen Internet-Telefonie nicht die erste Wahl. Um eine echte Alternative zum klassischen Telefon zu werden, hat Skype mit zu vielen und gravierenden Nachteilen zu kämpfen. Im Einzelnen trüben folgende Nachteile den guten Eindruck:

- **Teurer als viele andere VoIP-Anbieter**
  Gespräche von Skype-Nutzer zu Skype-Nutzer sind immer kostenlos. So weit, so gut. Für echte Telefongespräche ins Festnetz sind Gebühren fällig, und die liegen bei Skype oft höher als bei anderen VoIP-Anbietern. Für deutschlandweite Gespräche ins Festnetz zahlen Sie bei Skype beispielsweise 1,7 Cent pro Minute. Das geht bei vielen anderen VoIP-Anbietern meist günstiger; hier zahlen Sie oft nur 1 Cent pro Minute. Aber: Auch wenn Skype teurer ist als die meisten andere VoIP-Anbieter – im Vergleich zum klassischen Festnetztelefon ist Skype noch immer um Klassen preisgünstiger. Erfreulich: Die Kosten von 1,7 Cent pro Minute gelten auch bei vielen Zielen im Ausland. Die so genannte SkypeOut-Globalgebühr von 1,7 Cent gilt für Festnetzanrufe nach Australien, Belgien, Chile, Dänemark, Deutschland, Frankreich, Großbritannien, Irland, Italien, Kanada, Neuseeland, Niederlande, Norwegen, Österreich, Portugal, Schweden, Spanien und USA. Weitere Informationen zu den Tarifen und Kosten anderer VoIP-Anbieter erhalten Sie im Kapitel *Den passenden Anbieter finden.*
- **Teure eigene Rufnummer**
  Wichtig für einen echten Telefonanschluss: Eine eigene Rufnummer, über die Sie für Andere erreichbar sind. Bei Skype bekommen Sie die eigene VoIP-Nummer allerdings nicht kostenlos, sondern müssen hierfür knapp 3 Euro pro Monat bezahlen. Sie können die Rufnummer auch nicht selbst aussuchen, sondern bekommen sie von Skype zugewiesen.
- **Keine Portierung alter Rufnummern möglich**
  Bei vielen VoIP-Anbietern können Sie Ihre alte Rufnummer mitnehmen und auf den neuen VoIP-Anschluss portieren. Skype bietet diesen Service leider nicht an. Sie können nur neue VoIP-Rufnummern beantragen.
- **Schwankende Sprachqualität im Festnetz**
  Bei Gesprächen zwischen zwei Skype-Nutzern ist die Sprachqualität

Mit den Zusatzdiensten SkypeIn und SkypeOut können Sie auch ins Festnetz telefonieren und sind vom Festnetz aus erreichbar. Allerdings oft zu höheren Kosten als bei anderen VoIP-Anbietern.

durchgehend exzellent. Zu Schwankungen kann es aber bei Gesprächen ins oder vom Festnetz kommen. Zumeist sind die Festnetzgespräche ebenfalls von guter Qualität, mitunter kommt es aber zu Aussetzern und Tonstörungen. Die Ursache: Skype unterhält weltweit bei den verschiedensten Telefongesellschaften Gateways ins Festnetz. Die Vielfalt an Gateways führt auch zu unterschiedlichen Sprachqualitäten.

- **Insellösung**

  Skype kocht in Sachen Internet-Telefonie sein eigenes Süppchen. Es hält sich nicht an den sonst bei VoIP üblichen SIP-Standard, sondern verwendet eine eigene Technologie. Die ist zwar sehr gut, robust und von hoher Qualität, hat aber einen Haken: Kein anderer VoIP-Anbieter unterstützt die Skype-Technologie. Die Folge: Gespräche von «echten» VoIP-Anbietern zu Skype sind immer kostenpflichtig, anders als bei diesen selbst. Hier haben sich vielfach VoIP-Anbieter zusammengeschlossen und bieten kostenlose Gespräche untereinander. Skype bleibt damit aus technischer Sicht eine Insellösung.

- **Kaum echte Telefone verfügbar**

  Dass Skype sich nicht an den weltweiten Standard für Internet-Telefonie hält, spüren Sie auch bei den Telefonen. Es gibt kaum Telefone, die das Skype-Protokoll unterstützen. Wer mit Skype telefonieren will, muss sich auf den PC plus Headset oder eine minimale Auswahl verfügbarer Telefone beschränken.

Fazit: Skype ist eine tolle Software – aber nur, wenn Sie von PC zu PC telefonieren möchten. Für das «echte» Telefonieren ins und vom Festnetz ist Skype zwar auch geeignet. Hier sind die Lösungen der meisten VoIP-Anbieter (siehe Kapitel *Den passenden Anbieter finden*) aber wesentlich komfortabler und vor allem günstiger. Insbesondere die hohen Kosten für eine eigene Rufnummer stoßen unangenehm auf.

Skypes Marktanteil sinkt

Skype war im VoIP-Markt lange Zeit unangefochten Nummer Eins. Diese Zeiten sind vorbei. Die «echten» VoIP-Anbieter haben Skype längst überholt. Der Netzwerkspezialist Sandvine hat ermittelt: Im Jahr 2004 gingen noch 90 Prozent der in Europa vermittelten VoIP-Gesprächsminuten auf das Konto von Skype. Der Anteil ist Anfang 2006 auf unter 45 Prozent gesunken. Der Grund: Skype kämpft vornehmlich gegen Internet-Provider wie AOL, Freenet oder GMX, die Internet-Telefonie gemeinsam mit Internetanschlüssen vermarkten. Inzwischen stammen in Europa über 50 Prozent der VoIP-Gesprächsminuten von Angeboten der klassischen VoIP-Anbieter. Tendenz weiter steigend. Zwar steigen auch die Nutzerzahlen von Skype stetig – mittlerweile auf weltweit über 75 Millionen Nutzer (Stand: April 2006) –, der Zulauf bei den «echten» VoIP-Anbietern ist aber weitaus größer. Skype hat damit zwar seine Dominanz im VoIP-Markt verloren, wird aber auch in Zukunft eine große Rolle spielen, vor allem im Bereich der «reinen» Internet-Telefonate von PC zu PC.

Ausführliche Informationen zu den «echten» VoIP-Anbietern erhalten Sie im Kapitel «Den passenden Anbieter finden».

Das brauchen Sie für Skype

Mit Skype zu telefonieren ist kinderleicht. Sie brauchen hierzu lediglich folgende fünf Komponenten:

- **Internetzugang**
  Wer im Internet telefonieren möchte, braucht natürlich einen Internetzugang. Für Skype reicht theoretisch sogar ein ISDN-Zugang. Die von Skype eingesetzte Technik komprimiert die Sprachdaten so raffiniert, dass ISDN für Skype-Gespräche ausreicht. Ein schnellerer Anschluss – z. B. DSL – kann natürlich nicht schaden.
- **PC mit Soundkarte**
  Zum Anschluss eines Headsets oder Mikrofons braucht Ihr PC eine Soundkarte mit Buchsen für den Anschluss von Kopfhörer und Mikrofon bzw.

Passende Headsets können Sie auch gleich im Skype-Shop kaufen. Es geht aber auch jedes andere Headset.

Headset. Bei den meisten PCs finden Sie die Anschlussbuchsen hinten am PC-Gehäuse. Zur besseren Unterscheidung sind sie meist farblich markiert: Grün für den Anschluss von Lautsprechern und rosa für das Mikrofon.

- **Headset oder Mikrofon plus Lautsprecher/Kopfhörer**

Für die eigentlichen Telefongespräche brauchen Sie noch einen «Telefonhörer». Die Funktion des Hörers übernimmt dabei ein Kopfhörer oder Lautsprecher. Beide sind an die Soundkarte des PC angeschlossen.

Noch besser und für VoIP ideal ist ein Headset. Das ist ein spezieller Kopfhörer, in den auch gleich ein Mikrofon integriert ist. Gute Headsets finden Sie bei Plantronics (www.plantronics.de), Logitech (www.logitech.de) oder Sennheiser (www.sennheiser.de). Ausführliche Informationen über Headsets, die Qualitätsunterschiede sowie die Kaufkriterien erhalten Sie im Kapitel *Telefonieren am PC* im Abschnitt *Das richtige Headset finden.*

schieb-tipp

Beim Telefonieren spielt die Musik

Wenn Sie sich für die Headset-Variante entscheiden, sollten Sie ein Modell mit USB-Anschluss wählen. Denn dann bleiben die Anschlüsse der Soundkarte frei. So können Sie dann via USB-Headset telefonieren und weiterhin über die Lautsprecher der Soundkarte Radio hören oder Spiele spielen.

So telefonieren Sie mit Skype

Eines muss man Skype lassen: Die Entwickler haben sich wirklich Mühe gegeben, um die Software und die Bedienung so einfach wie möglich zu gestalten. Und tatsächlich: Sowohl die Installation der Software als auch das Einrichten eines neuen Skype-Kontos geht flott von der Hand.

Skype installieren

Im ersten Schritt müssen Sie die Skype-Software herunterladen und installieren. Das geht ganz schnell:

1. Zunächst sollten Sie sicherstellen, dass an Ihrem Computer ein Headset oder alternativ ein Mikrofon und Lautsprecher angeschlossen und funktionsbereit sind.

Skype ist schnell heruntergeladen und installiert.

2. Öffnen Sie anschließend die Webseite www.skype.com/intl/de

3. Klicken Sie auf der Skype-Webseite auf die Schaltfläche *Jetzt herunterladen.*

4. Windows startet daraufhin den Download der Software. Klicken Sie auf die Schaltfläche *Speichern,* und wählen Sie als Speicherort den Desktop. Mit einem Mausklick auf *Speichern* beginnt der Download.

   Übrigens: Skype fühlt sich nicht nur in der Windows-Welt wohl. Auch für Mac OS X und Linux gibt es die komfortable Skype-Software. Sogar mit PocketPCs können Sie «skypen». Die Versionen für alle Betriebssysteme und PocketPCs finden Sie auf der Webseite www.skype.com/intl/de/download

5. Nachdem der Download abgeschlossen ist, klicken Sie doppelt auf die heruntergeladene Datei SkypeSetup.exe. Sie finden die Datei auf dem Windows-Desktop.

6. Bestätigen Sie die Sicherheitsabfrage von Windows mit einem Mausklick auf Ausführen.

7. Folgen Sie den Anweisungen des Installations-Assistenten, um die Installation abzuschließen.

Ein Skype-Konto einrichten

Jetzt brauchen Sie nur noch ein Skype-Konto, damit Sie über Skype telefonieren können. Gehen Sie folgendermaßen vor, um einen so genannten Skype-Namen anzumelden:

1. Starten Sie die Skype-Software mit dem Befehl *Start | Alle Programme | Skype | Skype.*
2. Klicken Sie im Willkommens-Bildschirm auf den Link *Sie haben noch keinen Skype-Namen?*
3. Es erscheint der Assistent zum Einrichten eines neuen Skype-Kontos und zur Auswahl Ihre Skype-Names. Der Skype-Name ist Ihr Rufname, mit dem Sie im Skype-Netzwerk auftreten möchten. Folgen Sie den Anweisungen des Assistenten, um die Einrichtung abzuschließen.

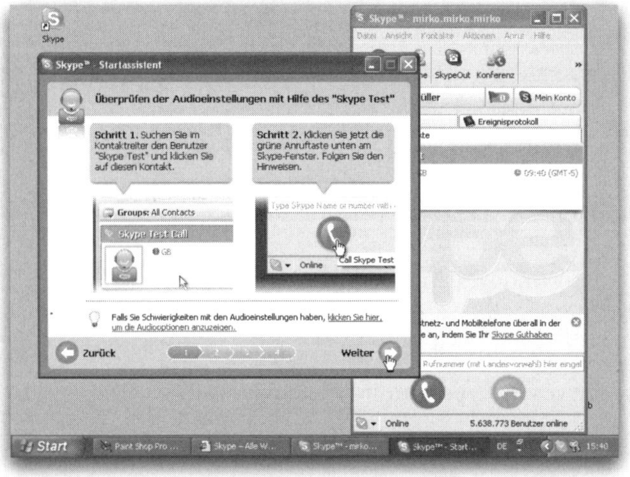

4. Nach Abschluss der Anmeldung erscheint der Startassistent von Skype. Er führt Sie Schritt für Schritt durch die wichtigsten Bereiche und Einstellungen von Skype. Hier können Sie auch gleich den ersten Anruf zur Testrufnummer von Skype durchführen.
5. Fertig: Nach Abschluss der Erstinstallation können Sie sofort loslegen und mit anderen Skype-Nutzern telefonieren.

Dank des Startassistenten dauert die Einrichtung der Software nur wenige Minuten.

Falls Sie noch keinen Skype-Nutzer kennen: Den in der Kontaktliste aufgeführten Kontakt *Skype Test* können Sie jederzeit und so oft Sie möchten, anrufen. Dahinter verbirgt sich die Testrufnummer von Skype mit einem kurzen Ansagetext.

Wenn Sie möchten, können Sie hier auch zirka zehn Sekunden lang selbst aufs Band sprechen und sich den aufgesprochenen Text wieder vorspielen lassen. Ideal zum Testen der Verbindung und Sprachqualität.

Mit Skype-Nutzern plaudern

Sobald Ihr Skype-Name eingerichtet ist, kann es auch gleich losgehen mit der Plauderei. Das Telefonieren mit Skype ist besonders einfach:

1. Gespräche von Skype-Nutzer zu Skype-Nutzer sind immer kostenlos. Mit anderen Skype-Nutzern plaudern Sie so soft und lange wie Sie möchten, ohne einen Cent dafür zu bezahlen.
   Bevor Sie das erste Gespräch führen, sollten Sie den gewünschten Skype-Nutzer – z. B. Ihre Freunde und Bekannten – in Ihre Kontaktliste aufnehmen. Klicken Sie hierzu auf die Schaltfläche *Suche* und geben Sie im nachfolgenden Fenster zum Beispiel den Skype-Namen, den vollen Name oder die E-Mail-Adresse des/der Gesuchten ein. Sobald Sie auf die Schaltfläche *Suche* klicken, zeigt Skype alle Treffer. Jetzt müssen Sie nur den gewünschten Namen anklicken und auf *Hinzufügen* klicken, um ihn in die Kontaktliste aufzunehmen.

2. Sobald alle Freunde und Bekannte, die ebenfalls ein Skype-Konto haben, in Ihrer Kontaktliste sind, kann die Plauderei beginnen. Klicken Sie im Skype-Fenster auf den gewünschten Kontakt und anschließend unten links auf das grüne Abheben-Symbol. Beim Gegenüber klingelt das Skype-Telefon. Das Gespräch kann beginnen.
   Wenn Sie den Skype-Namen bereits kennen, geht's auch schneller: Geben Sie in das Eingabefeld unten im Skype-Fenster einfach den Skype-Namen ein und klicken Sie auf Abheben.

Computer bitte einschalten

wichtig

Damit das Skype-Telefon Ihres Gesprächspartners klingeln kann, muss dieser den Computer eingeschaltet und die Skype-Software gestartet haben. Nur dann ist er erreichbar. Bei ausgeschaltetem Computer oder nicht gestarteter Software ist kein Skype-Anruf möglich.

3. Zum Beenden des Gesprächs genügt ein Mausklick auf das rote Auflegen-Symbol.

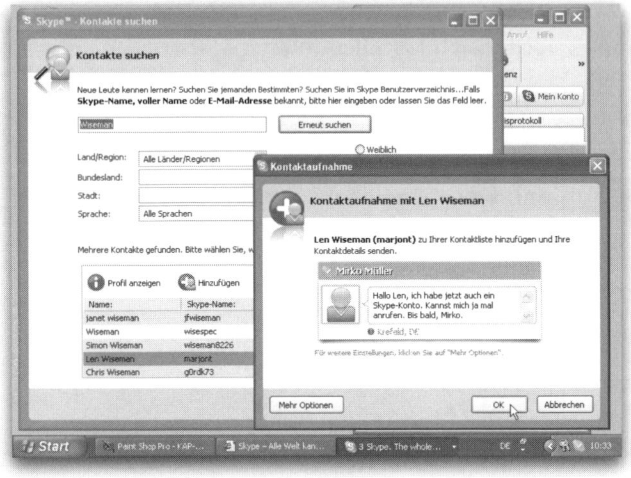

Das ist praktisch: Freunde und Bekannte, mit denen Sie häufig plaudern, speichern Sie in der Kontaktliste von Skype. Ein Mausklick genügt, und schon stellt Skype die Verbindung her. Besonders pfiffig: Skype kann Ihre Adressbücher durchsuchen und prüfen, ob einige der Kontakte nicht bereits mit einem eigenen Skype-Namen bei Skype registriert sind. Auf Wunsch importiert Skype die Skype-Namen Ihrer Freunde und Bekannte dann auch gleich ins *Meine Kontakte*-Register. So geht's:

Freunde und Bekannte, die schon ein Skype-Konto besitzen, sind schnell hinzugefügt.

1. Rufen Sie den Menübefehl *Kontakte | Kontakte importieren* auf.
2. Skype startet den Assistenten zum Importieren bestehender Adressbücher. Klicken Sie auf *Start*, um mit dem Import zu beginnen.
3. Im nächsten Fenster zeigt Ihnen Skype, welche Telefonbücher es auf Ihrem Computer gefunden hat. Beispielsweise Microsoft Office Outlook oder Outlook Express. Kreuzen Sie das Adressbuch an, dessen Kontakte Sie importieren möchten. Klicken Sie anschließend auf *Weiter*.
4. Klicken Sie auf *Suche*, um den Importvorgang zu starten. Wenn Sie Outlook als Adressbuch ausgewählt haben, müssen Sie eventuell im nachfolgenden Dialogfenster den Zugriff auf das Outlook-Adressbuch gestatten.
5. Nach dem Suchvorgang zeigt Skype alle Kontakte, die eventuell bereits Skype-Benutzer sind und über einen eigenen Skype-Namen verfügen. Markieren Sie die Kontakte, die Sie importieren möchten, und klicken Sie auf *Weiter*.
6. Geben Sie anschließend kurz eine Mitteilung ein, um den Kontakt über die Aufnahme in Ihr Kontaktregister zu informieren. Bestätigen Sie die Eingabe mit *OK*.
7. Im nächsten Fenster haben Sie die Möglichkeit, allen anderen gefundenen Kontakten eine Skype-Einladung zu schicken. Sie können diesen Schritt aber auch mit einem Mausklick auf *Fertig stellen* überspringen.

Der Import ist damit abgeschlossen. Zum Gesprächsaufbau müssen Sie jetzt nur noch den gewünschten Kontakt auswählen und auf die grüne Abheben-Schaltfläche klicken. Einfacher geht's kaum.

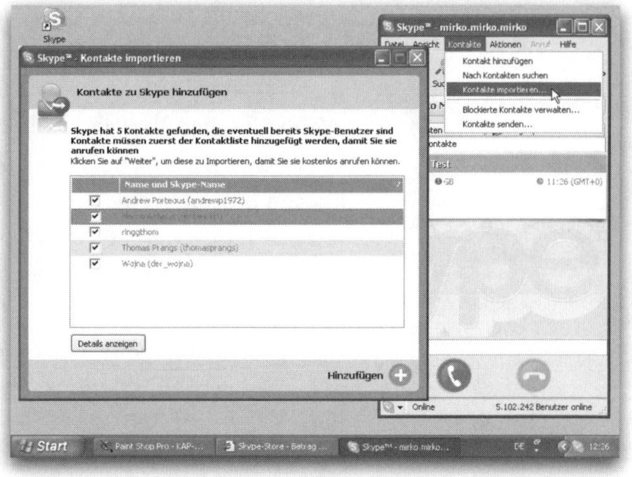

Das spart jede Menge Arbeit: Auf Wunsch importiert Skype Ihre Kontakte aus anderen Adressbüchern, zum Beispiel aus Outlook.

Ins Festnetz telefonieren mit SkypeOut

Kostenlose Gespräche zu anderen Skype-Nutzern sind ungemein praktisch. Zum «richtigen» Internet-Telefon wird Skype aber erst, wenn Sie damit auch Festnetzanschlüsse oder Handys erreichen. Skype stellt hierzu mit dem so genannten SkypeOut-Dienst ein Gateway ins klassische Telefonnetz zur Verfügung.

Bevor Sie mit SkypeOut auch das Festnetz erreichen können, müssen Sie Ihr Skype-Konto mit einem Guthaben aufladen. Alle Gespräche ins Festnetz sind kostenpflichtig. Pro Minute fallen knapp 1,7 Cent an.

Um Ihr Skype-Konto mit einem Guthaben aufzuladen, gehen Sie folgendermaßen vor:

1. Klicken Sie auf die Schaltlfläche *SkypeOut.*
2. Anschließend klicken Sie auf *Guthaben erwerben.*
3. Skype öffnet daraufhin ein Browserfenster. Hier müssen Sie sich zunächst noch einmal mit Ihrem Skype-Namen und Kennwort anmelden. Anschließend befinden Sie sich in der Kontoverwaltung.
   Klicken Sie hier auf den Link *Mehr Skype-Guthaben kaufen.*
4. Mindestens 10 Euro sind beim ersten Guthabenkauf fällig. Klicken Sie auf *Kaufen,* um den Kauf zu bestätigen.
5. Skype muss zunächst Ihre E-Mail-Adresse überprüfen und schickt Ihnen hierzu eine E-Mail-Nachricht mit Bestätigungscode. Öffnen Sie die Mail in Ihrem E-Mail-Client, und geben Sie den in der Mail enthaltenen Bestätigungscode in das Eingabefeld des Browserfensters ein. Klicken Sie nach der Eingabe auf die Schaltfläche *Bestätigungscode einreichen.*

6. Im nächsten Fenster tragen Sie Ihre Rechnungsadresse ein, und bestätigen Sie die Eingabe per Mausklick auf *Jetzt speichern und benutzen.*
7. Im nächsten Fenster wählen Sie die Bezahlmethode aus. Sie haben die Wahl zwischen PayPal, Kreditkarte (Visa oder Eurocard/Mastercard) oder Click&Buy (Firstgate). Markieren Sie die gewünschte Zahlungsweise und klicken Sie auf *Weiter.*
8. Je nach ausgewählter Zahlungsweise müssen Sie im nachfolgenden Fenster die entsprechenden Daten eingeben, beispielsweise die Kreditkartennummern.
9. Fertig: Ihr Skype-Konto weist jetzt ein Guthaben von mindestens 10 Euro auf. Das reicht für knapp 10 Stunden weltweite Telefongespräche ins Festnetz.

Erst zahlen, dann telefonieren: Bevor Sie mit Skype ins Festnetz telefonieren können, müssen Sie Ihr Skype-Konto mit einem Guthaben aufladen.

Das Skype-Konto ist gefüllt? Dann können Sie sofort loslegen und Gespräche ins Festnetz oder zu Handys führen. Für Festnetzgespräche innerhalb Deutschlands oder nach Australien, Belgien, Chile, Dänemark, Frankreich, Großbritannien, Irland, Italien, Kanada, Neuseeland, Niederlande, Norwegen, Österreich, Portugal, Schweden, Spanien und USA sind 1,7 Cent pro Minute fällig. Ins Mobilfunknetz geht es ab 20 Cent pro Minute. Die exakten Kosten erfahren Sie auf den SkypeOut-Informationsseiten im Internet.

Um mit SkypeOut «normale» Telefongespräche ins Festnetz oder zum Handy zu führen, gehen Sie folgendermaßen vor:

1. Das Wählen der Rufnummer ist einfach: Tippen Sie im Skype-Fenster einfach die gewünschte Rufnummer ein.
   Wichtig dabei: Sie müssen hierzu das internationale Format verwenden, selbst wenn Sie jemanden aus der gleichen Stadt anrufen. Sogar die Vorwahl für Deutschland müssen Sie mit eingeben. Die Münchener Rufnum-

mer 089-123456 geben Sie zum Beispiel folgendermaßen ein:

```
+4989123456
```

Mit SkypeOut erreichen Sie jedes Festnetztelefon oder Handy. Wichtig dabei: Die Eingabe der Telefonnummer muss im internationalen Format inklusive Landesvorwahl erfolgen.

Im Einzelnen: +49 für Deutschland, dann 89 für die Vorwahl von München – aber ohne führende Null – und erst danach die Rufnummer in München. Etwas kompliziert, aber man gewöhnt sich daran.
Der Grund für die etwas umständliche Eingabe: Skype weiß beim Wählen nicht, wo Sie sich gerade befinden. Skype ist weltweit verfügbar. Sie könnten sich ja auch in Neuseeland befinden und Ihre Freunde zu Hause anrufen. Daher ist bei jedem Wahlvorgang – auch von zu Hause aus – das internationale Format wichtig.

2. Alternativ hierzu können Sie auch per Maus wählen. Wechseln Sie hierzu in das Register Wähltasten. Klicken Sie anschließend per Maus auf die gewünschten Ziffern. Auch hierbei müssen Sie die Rufnummer im internationalen Format eingeben. Um per Wähltasten das Pluszeichen einzugeben, klicken Sie auf die Ziffer Null und halten die Maus einige Sekunden gedrückt.

Angerufen werden mit SkypeIn

Ruf doch mal an: Der Zusatzservice SkypeIn macht auch eingehende Gespräche möglich. Sie erhalten von Skype eine eigene Rufnummer, über die Sie

Computer bitte einschalten

aufgepasst

Übrigens: Damit Sie über Ihre SkypeIn-Nummer erreichbar sind, muss Ihr Computer eingeschaltet und die Skype-Software aktiviert sein. Nur dann können Sie aus dem Fest- oder Handynetz angerufen werden. Bei ausgeschaltetem Computer laufen Anrufe auf Ihre SkypeIn-Telefonnummer ins Leere.

weltweit von jedem Festnetztelefon oder Handy erreichbar sind. Die eigene Rufnummer für eingehende Gespräche ist allerdings nicht kostenlos: Pro Monat sind knapp 3 Euro fällig.

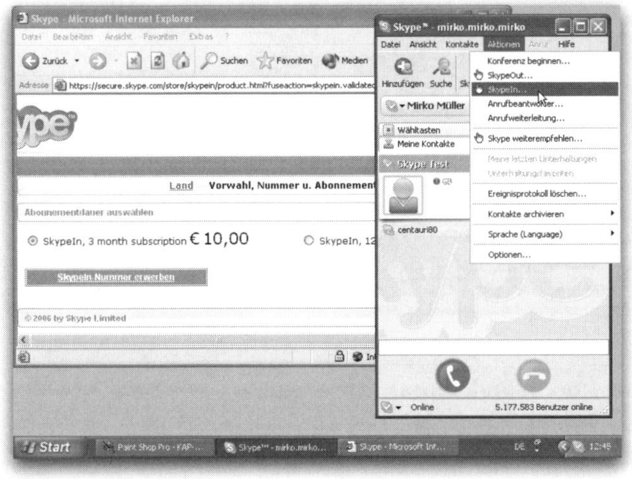

Nicht ganz billig: Damit Sie vom Festnetz aus erreichbar sind, müssen Sie eine eigene Skype-Rufnummer mieten. Knapp 3 Euro sind dafür pro Monat fällig.

Bevor Ihre Freunde und Bekannte Sie aus dem Festnetz erreichen können, müssen Sie den SkypeIn-Dienst abonnieren und eine eigene Skype-Rufnummer kaufen. Das geht folgendermaßen:

1. Rufen Sie die Webseite www.skype.com/intl/de/products/skypein auf. Alternativ hierzu können Sie auch in der Skype-Software den Menübefehl *Aktionen | SkypeIn* aufrufen.
2. Klicken Sie am unteren Ende der Webseite auf den Link *SkypeIn-Nummer kaufen.*
3. Geben Sie im nächsten Fenster Ihren Skype-Namen sowie das Kennwort ein, und klicken Sie auf *Anmelden.*
4. Klicken Sie im unteren Bereich der nachfolgenden Webseite auf den Link *SkypeIn-Nummer erwerben.*
5. Im nächsten Fenster haben Sie die Auswahl, aus welchem Land Sie eine SkypeIn-Nummer möchten. Wählen Sie das gewünschte Land aus, beispielsweise *Germany.*
6. Klicken Sie auf *Weiter,* um mit der Bestellung fortzufahren.
7. Im nachfolgenden Fenster tragen Sie Ihren Adressdaten ein. Sie können auch auf *Benutzen Sie* klicken, um eine bereits zuvor eingetragene Adresse zu verwenden. Kreuzen Sie anschließend die Einverständniserklärungen an, und klicken Sie auf *Weiter.*
8. Im nächsten Fenster haben Sie die Wahl zwischen zwei Abonnement-Laufzeiten. Wählen Sie, ob Sie die neue Skype-Rufnummer für ein Jahr (30 Euro) oder nur 3 Monate (10 Euro) mieten möchten. Bestätigen Sie die Auswahl per Mausklick auf die Schaltfläche *SkypeIn-Nummer erwerben.*
9. Im nächsten Fenster geben Sie Ihre Rechnungsadresse ein bzw. passen die

bereits eingetragenen Daten an. Bestätigen Sie die Eingabe per Mausklick auf *Jetzt speichern und benutzen.*

10. Jetzt müssen Sie nur noch die Bezahlmethode auswählen. Sie haben die Wahl zwischen PayPal, Kreditkarte (Visa oder Eurocard/Mastercard) oder Click&Buy (Firstgate). Wählen Sie die gewünschte Zahlungsweise per Mausklick aus, und klicken Sie auf *Weiter*.
11. Je nach gewählter Zahlungsweise müssen Sie im nachfolgenden Fenster die entsprechenden Daten eingeben, beispielsweise die Kreditkartennummern.
12. Das war's: Der Bestellvorgang ist abgeschlossen. Die Rufnummer erhalten Sie aber nicht sofort. Erst nach einer Bearbeitungszeit von bis zu sechs Stunden sind Sie stolzer Besitzer einer eigenen Rufnummer für eingehende Gespräche aus dem Festnetz. In der Regel dauert die Zuteilung knapp eine halbe Stunde.

So lautet Ihre neue Rufnummer: In der Kontoübersicht erfahren Sie, welche SkypeIn-Nummer Sie erhalten haben.

Leider können Sie die Rufnummer nicht selbst aussuchen, sondern bekommen sie von Skype zugeteilt. Welche Nummer Sie jetzt besitzen, erfahren Sie in Ihrem Kundenbereich. Sie erreichen den Kundenbereich per Mausklick auf *Anmelden* bzw. *Sign In* ganz oben links auf der Skype-Webseite. Nachdem Sie sich angemeldet haben, finden Sie auf der Übersichtsseite im Bereich SkypeIn Ihre zugeteilte Telefonnummer. Ab sofort ist Ihr Skype-Anschluss von außen über das Festnetz erreichbar – vorausgesetzt, Ihr Computer ist eingeschaltet.

Kapitel 5

Voice over IP

Telefonieren übers Internet

Telefonieren am PC

Den einfachsten und bequemsten Einstieg in die VoIP-Welt bieten Softphones. Das Praktische daran: Der eigene PC wird damit zum Telefon, Lautsprecher und Mikrofon zum Hörer. Viele Softphones bieten pfiffige Zusatzfunktionen, die kein normales Telefon vorweisen kann. Aber: Softphones funktionieren nur, solange der PC eingeschaltet ist. In diesem Kapitel erfahren Sie, wie einfach sich Softphones einrichten lassen, aber auch, mit welchen Nachteilen Sie bei den Softwarelösungen leben müssen. Für den schnellen Einstieg zeigen wir Ihnen die wichtigsten und besten Softphones – inklusive Schritt-für-Schritt-Anleitungen zum Einrichten und Lostelefonieren.

Telefonieren am PC

Das brauchen Sie zum Telefonieren am PC

Hoppla, so einfach ist das? Das ist oft die erste Reaktion, wenn man zum ersten Mal mit dem eigenen PC über das Internet ein Telefongespräch geführt hat. In der Tat ist das Telefonieren am PC ganz simpel. Mit wenigen Mausklicks und wenig Installationsaufwand haben Sie ruckzuck einen Gesprächspartner an der Strippe. Mit dem PC als Telefon.

Mehr brauchen Sie nicht: Ein Softphone und Headset (oder alternativ Kopfhörer/Mikrofon) genügen für VoIP-Gespräche.

Das Prinzip eines Softphones ist einfach: Das Softphone ist ein Stück Software, das auf Ihrem PC ein vollwertiges Telefon simuliert. Inklusive Zahlenfeld, Adressbuch und allem Drum und Dran. Sie bedienen es wie ein herkömmliches Telefon – allerdings per Maus und Mausklick. Für Gespräche verwenden Sie ein Headset mit integriertem Kopfhörer und Mikrofon, das Sie direkt an den PC anschließen.

Ganz klar: Ein Softphone ist die einfachste und kostengünstigste Variante zum Telefonieren über das Internet. Sie brauchen hierzu lediglich folgende fünf Komponenten:

- **Schneller Internetzugang**
  Logisch, zum Telefonieren im Internet brauchen Sie einen Internetzugang. Und zwar einen möglichst schnellen. Was Sie in Sachen Internetzugang noch beachten müssen, erfahren Sie im Kapitel *Das nötige Rüstzeug.*
- **VoIP-Anbieter**
  Theoretisch geht es auch ohne, wenn Sie aber «richtig» telefonieren möchten – z. B. ins Festnetz oder zu einem Handy – brauchen Sie einen VoIP-Anbieter. Wie Sie den richtigen VoIP-Anbieter finden, beschreibt das Kapitel *Den passenden Anbieter finden.*
- **Softphone**
  Der wichtigste Part: Das Internet-Telefon in Form eines so genannten Softphones. Alle wichtigen Informationen zu Softphones, wo Sie die Software bekommen und wie Sie sie konfigurieren, erfahren Sie im Laufe dieses Kapitels.
- **PC mit Soundkarte**
  Für das eigentliche Telefongespräch braucht Ihr PC eine Soundkarte mit Buchsen für den Anschluss von Kopfhörer und Mikrofon bzw. Headset. Bei den meisten PCs finden Sie die Anschlussbuchsen hinten am PC-Gehäuse. Zur besseren Unterscheidung sind sie meist farblich markiert: Grün für den Anschluss von Lautsprechern und rosa für das Mikrofon.

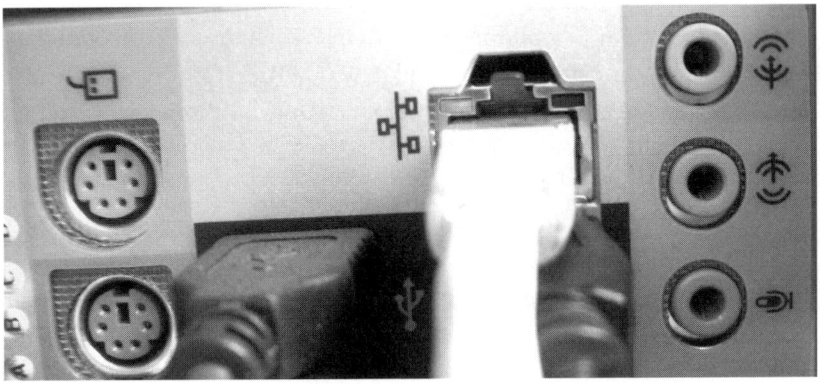

Das hat eigentlich jeder PC: Eine Soundkarte mit farblich markierten Anschlussmöglichkeiten für Kopfhörer und Mikrofon.

- **Headset oder Mikrofon plus Kopfhörer**
  Last, but not least brauchen Sie noch einen «Telefonhörer». Die Funktion des Lautsprechers übernimmt bei einem Softphone ein Kopfhörer, der an die Soundkarte des PC angeschlossen wird. Zur Not können Sie auch die Lautsprecher Ihres PCs verwenden; diese Lösung ist allerdings wenig elegant: So können alle im Raum das Gespräch mithören. Außerdem führen zu laut eingestellte Lautsprecher oft zu unangenehmen Rückkoppelungen. Noch besser und für VoIP ideal ist allerdings ein Headset. Das ist ein spezieller Kopfhörer, in dem auch gleich ein Mikrofon integriert ist. Gute Headsets finden Sie zum Beispiel bei Plantronics (www.plantronics.de), Logitech (www.logitech.de) oder Sennheiser (www.sennheiser.de).

schieb-tipp

USB-Anschluss ist besser

Wenn Sie sich für die Headset-Variante entscheiden, sollten Sie ein Modell mit USB-Anschluss wählen. Denn dann bleiben die Anschlüsse der Soundkarte frei. So können Sie dann via USB-Headset telefonieren und weiterhin über die Lautsprecher der Soundkarte Radio hören oder Spiele spielen.

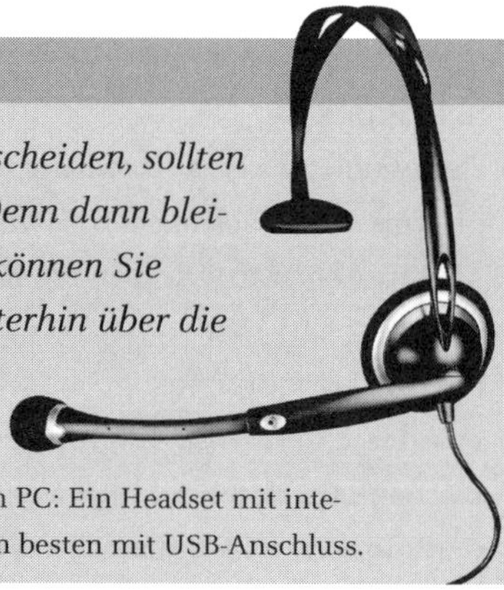

Ideal fürs Telefonieren am PC: Ein Headset mit integriertem Mikrofon. Am besten mit USB-Anschluss.

Alternativ und schick: USB-Telefonhörer

Der Mensch ist ein Gewohnheitstier. Da telefonieren wir jahrzehntelang mit einem Telefonhörer in der Hand und sollen plötzlich mit einem Headset auf dem Kopf plaudern? Das Headset ist zwar schick und modern – von echtem Telefonieverhalten aber keine Spur.

Wer auch beim Telefonieren am PC nicht auf den guten alten Hörer in der Hand verzichten möchte, kann auf so genannte USB-Telefonhörer zurückgreifen. Das ist ein Telefonhörer im klassischen Stil, den Sie aber per USB-Kabel an den PC anschließen. Beim Telefonieren nehmen Sie dann wie gewohnt den Telefonhörer in die Hand. Eine pfiffige Lösung, die aber sicherlich nicht Jedermanns Sache ist.

Anbieter von USB-Telefonhörern sind z. B. Digitus (www.digitus.de) und Pollin (www.pollin.de). Wer es ganz extravagant mag, kann auch einen Hörer im Stile der 50er-Jahre verwenden, etwa von der Firma Retrostar (www.retrostar.de).

Auch das gibt's: Telefonhörer, die Sie per USB an den PC anschließen. Auf Wunsch sogar im Retro-Look.

Das richtige Headset finden

Wer per Softphone plaudern möchte, kommt um ein gutes Headset nicht herum. Und da haben Sie die Qual der Wahl: Die Auswahl an Headsets ist riesig. Die Preisspanne reicht von 9 Euro für ein Einsteiger-Headset bis hin zum High-End-Headset für über 150 Euro. Gute Headsets beginnen bei ca. 30 Euro.

Die wichtigsten Kaufkriterien für Headsets

Headset ist nicht gleich Headset. Es gibt die Headsets in den unterschiedlichsten Varianten und Qualitätsstufen. Neben der Tonqualität spielen auch Tragekomfort und weitere Komfortmerkmale eine große Rolle bei der Entscheidung. Auf welche Punkte Sie beim Kauf eines Headsets achten müssen, erfahren Sie auf den nachfolgenden Seiten.

Probieren geht über Studieren

schieb-tipp

Der beste Methode, um das ideale Headset zu finden, lautet: Ausprobieren. Am besten kaufen Sie das Headset in einem Fachgeschäft, in dem Sie verschiedene Headsettypen gleich ausprobieren können. Gerade wenn Sie Vieltelefonierer sind, sollte in Sachen Headset alles stimmen.

Auf folgende fünf Punkte sollten Sie beim Kauf eines neuen Headsets achten:

- Die richtige Headset-Variante
- Optimale Tonqualität
- Komfortmerkmale
- Die richtige Anschlussvariante
- Tragekomfort

aufgepasst

«Skype compatible» – Nur ein Marketing-Gag

Viele Headsets sind mit einem peppigen Aufkleber à la «Skype compatible» oder «Skype ready» versehen. Das hört sich toll an - ist aber nur heiße Luft. Es handelt sich um einen Marketing-Gag, um den Verkauf des Headsets speziell an Skype-Nutzer zu fördern. Skype hat die Headset-Hersteller dafür bezahlt, dass sie die Verpackung mit dem Skype-Aufkleber versehen wird. Einen technischen Vorteil für Skype-Nutzer gibt es nicht.

Prinzipiell gilt: Jedes Headset lässt sich problemlos auch mit Skype nutzen. So wie mit jedem anderen VoIP-Anbieter auch. Der «Skype compatible»-Aufkleber macht aus dem Headset kein besonderes. Es sorgt lediglich für einen höheren Kaufanreiz.

Übrigens: Ausführliche Informationen über Skype erhalten Sie im Kapitel «Außenseiter: Telefonieren mit Skype».

Die richtige Headset-Variante

Die wichtigste Entscheidung betrifft die Headset-Variante. Generell gibt es drei verschieden Arten von Headsets:

- **Headsets mit Kopfhörerhalterung**
  Klassisches Headset, das einem normalen Kopfhörer ähnelt. An der linken oder rechten Seite des Kopfbügels ist zusätzlich ein Mikrofon angebracht. Diese Headset-Variante gibt es wahlweise mit einer oder zwei Hörmuscheln. Für Telefongespräche können zwei Hörmuscheln für das rechte und linke Ohr nicht schaden - es reicht aber auch ein «einseitiges» Headset mit nur einer Hörmuschel. Bei Telefongesprächen ist man es ja auch gewohnt, dass ein Ohr praktisch frei bleibt. Damit bekommen Sie auch besser mit, was drumherum im Zimmer oder Büro los ist.
- **Headsets mit Nackenbügel**
  Ideal zum Beispiel für Frauen und Männer mit üppiger Haartracht: Der Bügel verläuft nicht oben über den Kopf, sondern hinten um den Nacken.
- **Kabellose Headsets mit Ohrklammer bzw. Ohrstecker**
  Die bequemste Variante: Ein kabelloses Headset, das mittels der Bluetooth-

Funktechnologie mit dem PC verbunden ist. Das geht aber nur, wenn Ihr PC ebenfalls über eine Bluetooth-Schnittstelle verfügt. Oftmals ist die Befestigung der winzigen Bluetooth-Headsets am Ohr aber eine «fummelige» Angelegenheit – nicht jedes Ohr scheint dafür geschaffen; meines zum Beispiel nicht. Für unterwegs – z. B. in Verbindung mit dem Notebook – sind die Bluetooth-Headsets aber eine feine Sache.

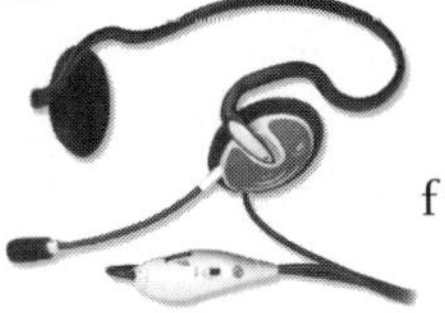

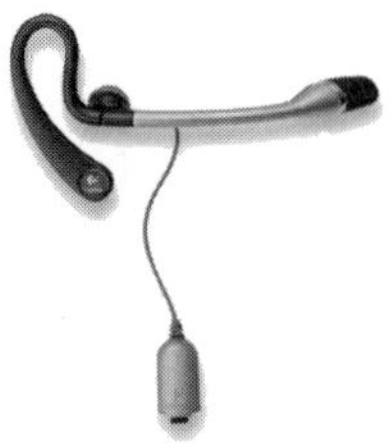

Headsets gibt es in verschiedenen Varianten. Die Auswahl ist Geschmacksache.

Die richtige Anschluss-Variante

Wichtig für die optimale Nutzung: Die Art des Anschlusses. Dabei haben Sie die Wahl zwischen zwei verschiedenen Anschlussarten – mit jeweils eigenen Vor- und Nachteilen:

- **Headsets mit Klinkenstecker**
  Klinkenstecker sind besonders einfach zu handhaben: Das Headset verfügt über zwei Klinkenstecker – eines für den Kopfhörer, ein weiteres für das Mikrofon –, die direkt an die Klinkenbuchsen der Soundkarte angeschlossen werden.

Klingeln ohne Kopfhörer

aufgepasst

Headsets mit Klinkenstecker haben einen gravierenden Nachteil: Sie können den Mikrofonstecker zwar dauerhaft eingestöpselt lassen, den Stecker für den Kopfhörer aber nicht. Der Grund: Sie würden dann das Klingeln eingehender Anrufe nicht hören – es sei denn, Sie haben gerade den Kopfhörer aufgesetzt. Da hilft nur das Ausstöpseln des Kopfhörersteckers nach jedem Gespräch.

- **Headsets mit USB-Anschluss**
  Wesentlich praktischer sind Headsets mit USB-Anschluss. Damit erhalten Sie im Betriebssystem ein neues «Sound-Device». Damit schlagen Sie zwei

Fliegen mit einer Klappe: Sie können über das Headset telefonieren und gleichzeitig über die Lautsprecher der Soundkarte Radio oder den Klingelton eingehender Anrufe hören. Wichtig dabei: Sie müssen das Softphone so konfigurieren, dass der Klingelton über die Lautsprecher der Soundkarte und nicht über den Kopfhörer des Headsets laufen soll.

Optimale Tonqualität

Was nützt das bequemste Headset, wenn die Tonqualität nicht stimmt. Leider gibt es im Fachgeschäft nur selten die Möglichkeit, die Tonqualität zu testen. Hier empfiehlt sich die Lektüre von Testberichten, beispielsweise auf den Webseiten von ZDnet (www.zdnet.de), Chip (www.chip.de) oder TecChannel (www.tecchannel.de).

Ein Hauptaugenmerk sollte auf dem Mikrofon liegen. Es sollte nicht zu dicht am Mund platziert sein. Sonst hat Ihr Gesprächspartner das Gefühl, sie würden das Mikrofon aufessen. Ideal sind bewegliche Mikrofonbügel, mit dem Sie den Abstand zum Mund individuell anpassen können. Moderne Mikrofone müssen sowieso kaum noch in der Nähe des Mundes platziert werden. Meist erzielen Sie mit einem weiteren Abstand eine wesentlich höhere Sprachqualität.

Bei hochwertigen Headsets sind die Mikrofone zusätzlich mit einem kleinen Schaumstoffüberzug versehen. Der sorgt – wie bei einem Windschutz – dafür, dass die eigene Atmung gedämpft und nicht mit übertragen wird.

Übrigens: Falls die Tonqualität beim Telefonieren schlecht ist, muss das nicht immer an Ihrem Headset liegen. Möglicherweise verwendet Ihr Gesprächspartner ein minderwertiges Mikrofon, das keine bessere Qualität zulässt.

Tragekomfort

Wer oft und lange mit einem Headset telefoniert, sollte insbesondere auf den Tragekomfort achten. Nur mit einem bequemen Headset machen lange Telefonate Spaß.

Der Tragekomfort ist oft Geschmacksache. Der eine mag klassische Kopfhörer, der andere bevorzugt einen Nackenbügel. Die klassischen Kopfhörer-Headsets zeichnen sich durch einen angenehmen Tragekomfort aus, da das Gewicht optimal verteilt ist. Headsets mit Nackenbügel neigen hingegen dazu, das Gewicht auf die Ohren zu verlagern. Auch Brillenträger klagen oft über Probleme mit dem Nackenbügel, da beim Aufsetzen der Brillenbügel leicht verschoben werden kann.

Komfortfunkionen

Kopfhörer déluxe: Ein Headset ist weit mehr als ein Kopfhörer plus Mikrofon. Viele Headsets verwöhnen mit tollen Komfortfunktionen. So gibt es meist direkt am Kabel einen Stummschalter und einen Lautstärkeregler. Sehr praktisch, um rasch das Mikrofon zu deaktivieren, beispielsweise bei vertraulichen Gesprächen, die neben dem Telefonat stattfinden.

Hilfreich sind kleine Befestigungsklammern oder -klemmen im oberen Bereich des Kabels. Damit «hängen» Sie das Kabel an Ihrem Hemd oder Kragen auf. Der Vorteil insbesondere bei langen Gesprächen: Die herunterhängende Leitung zieht das Headset nicht mehr nach unten; Kopf und Ohren werden entlastet.

Vor- und Nachteile der Softphones

Softphones sind eine feine Sache. Sie sind schnell installiert; das erste Telefongespräch kann nach wenigen Mausklicks beginnen. Allerdings ist das Telefonieren mit PC und Kopfhörer nicht jedermanns Sache. Ob sich die Software-Lösung für einen dauerhaften Einsatz für Sie eignet, hängt oft auch vom persönlichen Geschmack ab. Oft möchte man einfach einen echten Hörer in der Hand und ein echtes Telefon vor sich haben.

Softphones können mehr: Sie zeichnen sich durch übersichtliche Telefonbücher und Einzelverbindungsnachweise aus.

Um Ihnen die Entscheidung zwischen Softphone und echtem VoIP-Telefon zu erleichtern, sind nachfolgend kurz die wichtigsten Vor- und Nachteile der Softphones aufgeführt.

Übrigens: Eigentlich gibt es kein «Entweder-oder». Wer möchte, kann auch beide Lösungen nebeneinander betreiben. Zum Beispiel das echte Telefon zu Hause – dann kann beim Telefonieren der PC auch ausbleiben – und ein Softphone fürs Büro, wenn der Computer sowieso immer eingeschaltet ist.

Softphones zeichnen sich generell durch folgende Vorteile aus:

- **Kostengünstig**
  Softphones sind die günstigste Variante für VoIP. Die meisten Softphones sind kostenlos. Für Internet-Telefonate fallen damit zunächst keine Investitionskosten an. Ideal für den schnellen Einstieg in die VoIP-Welt oder um die neue Technik erst mal auszuprobieren. Schnüffeln kostet ja nichts.
- **Einfache Installation**
  Ein paar Mausklicks genügen, und schon ist das Softphone einsatzbereit. Es kann sofort losgehen. Keine Suche nach Netzwerkkarten, freien Steckdosen oder Netzanschlüssen.
- **Kein Platzbedarf**
  Irgendwie logisch, aber auch ungemein praktisch: Ein Softphone nimmt auf dem Schreibtisch keinen Platz weg. Es existiert ja nur im Computer und auf dem Bildschirm. Lediglich fürs Headset müssen Sie einen Platz suchen.
- **Immer neue Designs**
  Ganz schön schön, diese Softphones. Viele Software-Telefone sehen einfach gut aus auf dem Computer-Monitor. Und sie lassen sich oft noch individuell anpassen und mit so genannten «Skins» weiter verschönern. Das Auge telefoniert halt mit.
- **Integration in Outlook und andere PC-Programme**
  Einige Softphones bieten pfiffige Zusatzfunktionen. So lassen sie sich beispielsweise in Outlook integrieren oder öffnen automatisch ein Infofenster, sobald ein Anruf eingeht. Einzelverbindungsnachweise, Telefonbücher und ähnliche Übersichten lassen sich mit einer Software übersichtlicher darstellen als auf einem echten VoIP-Telefon. Durch Softwareupdates lässt sich das Softphone auch bequem um weitere Zusatzfunktionen bereichern. Es ist praktisch immer aktuell und auf dem neuesten Stand – sofern der Hersteller die Software weiterentwickelt.
- **Ideal zum Telefonieren unterwegs**
  Wenn Sie häufig mit Ihrem Notebook unterwegs sind, haben Sie bei einem Softphone Ihr Internet-Telefon automatisch mit dabei. Sie brauchen dann

zum Beispiel im Hotel nur noch einen Internetanschluss und ein Headset und können sofort lostelefonieren.

Ausführliche Informationen über das Telefonieren auf Reisen erhalten Sie weiter unten in diesem Kapitel im Abschnitt *VoIP auf Reisen nutzen*.

Keine Frage, Softphones sind praktisch und ideal für einen schnellen Einstieg in die VoIP-Welt. Allerdings müssen Sie bei der Softwarelösung auch mit einigen Komforteinbußen rechnen:

- **PC muss eingeschaltet bleiben**
  Der gravierendste Nachteil von Softphones: Zum Telefonieren muss der Computer eingeschaltet sein. Sobald er ausgeschaltet ist, können Sie weder jemanden anrufen, noch sind Sie von außen erreichbar. Softphones sind daher eigentlich nur da gut aufgehoben, wo sowieso ein PC läuft – etwa im Büro. Oder auf Reisen, um aus Ihrem Notebook ein Internettelefon zu machen.
  Für einen dauerhaften Einsatz zu Hause sind Softphones kaum geeignet. Extra den Computer eingeschaltet zu lassen, um via Softphone erreichbar zu sein, ist wenig sinnvoll.
- **Kein echtes Telefon**
  Ein Softphone ist eine Software; ein PC-Programm. Gerade das ist aber für Viele bereits Grund genug, lieber ein «echtes» VoIP-Telefon anzuschaffen. Eine Software ist eben kein echtes Telefon. Es gibt keinen Hörer, den man in die Hand nehmen und auch mal auf die Gabel «knallen» lassen kann. Beim Wählen kann man nicht einfach in die Tasten hauen. Mit einem Softphone kommt einfach kein richtiges Telefon-«Feeling» auf. Es fehlt etwas.

Wenn Sie statt mit einem Softphone lieber mit einem «echten» Telefon plaudern möchten, empfiehlt sich das Kapitel *Telefonieren und Faxen ohne PC*. Dort erfahren Sie, welche VoIP-Telefone empfehlenswert sind und wie Sie damit bequem «voipen».

VoiP auf Reisen nutzen

Ein starkes Team: Auf Geschäftsreisen sind das Notebook und das Softphone ein gutes Gespann. Es macht aus Ihrem Notebook oder Pocket-PC ein waschechtes VoIP-Telefon und erlaubt auch auf Reisen günstiges Telefonieren.

«Günstig» ist dabei aber relativ zu sehen. Hotels langen beim Internetzugang gerne kräftig zu. Ein bis zwei Euro pro Stunde im Hotel oder Hotspot-Abrechnungen im Halbstundentakt sind keine Seltenheit. Der mobile Internetzugang hat oft seinen Preis.

Da liegt es nahe, die einmal angefallenen Kosten für den Internetzugang im Hotel oder per WLAN-Hotspot gleich auch fürs Telefonieren zu nutzen. Damit schlagen Sie zwei Fliegen mit einer Klappe und sparen unterwegs auch gleich die oft horrenden Telefonkosten der Hotels. Auch wenn der Internetzugang teuer ist: Für das VoIP-Gespräch fallen nur die günstigen Minutenpreise im Cent-Bereich an.

Die Erfahrung zeigt allerdings, dass es beim Telefonieren über den Internetzugang des Hotels oder dem WLAN-Hotspot einige Klippen zu umschiffen gilt.

Folgende Probleme können auftreten:

- **Echos während des Gesprächs**
  Fast jedes Notebook verfügt über integrierte Lautsprecher sowie ein kleines Mikrofon. Der Anschluss eines zusätzlichen Headsets ist damit eigentlich überflüssig. Allerdings kommt es bei Notebooks während des Gesprächs damit gerne zu störenden Echos. Die Ursache: Bei Notebooks ist der Abstand zwischen Mikrofon und Lautsprecher oft zu gering – es kommt zu Rückkopplungen. Die Lösung: Verwenden Sie zum Telefonieren auch beim Notebook ein Headset mit Mikrofon.

schieb-tipp

Mit Blauzahn ohne Kabel

Übrigens: Wenn Ihr Notebook über eine Bluetooth-Schnittstelle verfügt, können Sie auch ein kabelloses Bluetooth-Headset verwenden, beispielsweise das Mobile Traveller Headset von Logitech (www.logitech.de). Ohne Kabel telefoniert es sich wesentlich entspannter.

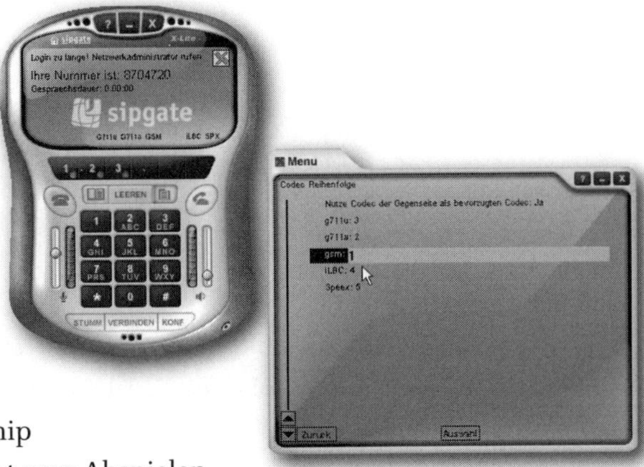

Beim Telefonieren über langsame Internetleitungen von Hotels oder WLAN-Hotspots sollten Sie einen sparsamen Audio-Codec wie GSM wählen. Verändern Sie hierzu im Softphone die Reihenfolge der Codecs und setzen Sie GSM auf Platz 1.

- **Walkie-Talkie-Feeling?**
  Bei einigen Notebooks – insbesondere von No-Name-Herstellern – treffen Sie mitunter auf folgendes Problem: Wie bei einem Walkie-Talkie können die Gesprächspartner nicht gleichzeitig sprechen. Das liegt an der integrierten Soundkarte des Notebooks. Der Soundchip der Karte ist nicht vollduplexfähig. Er reicht zum Abspielen von Musik, ist fürs Telefonieren aber ungeeignet.
- **Ein sparsamer Codec muss her**
  Für glasklare Gespräche kommt bei VoIP der Audio-Codec G.711 zum Einsatz. Er sorgt für Gespräche in ISDN-Qualität. Allerdings verbraucht er auch am meisten Bandbreite. Und die ist im Hotel oder WLAN-Hotspot knapp. Oft zu knapp, sodass es zu abgehackten Gesprächen kommt. Verwenden Sie unterwegs besser einen «sparsamen» Codec, zum Beispiel GSM. Der GSM-Codec komprimiert die Sprachdaten und verbraucht so nur knapp ein Zehntel der Bandbreite. Ausführliche Informationen zu Codecs und deren Funktion erhalten Sie im Kapitel *Das sollte man wissen.*
- **VoIP gar nicht möglich?**
  Für Hotels und Mobilfunkanbieter ist VoIP ein Dorn im Auge. Kein Wunder, schließlich telefonieren Sie via VoIP an der hoteleigenen Telefonanlage vorbei – zu wesentlich günstigeren Konditionen. Einige Hotels und Hotspot-Anbieter unterbinden daher bewusst die Nutzung von VoIP. Fragen Sie im Zweifelsfall bei Ihrem Hotel oder WLAN-Anbieter nach, ob der Internet-Zugang VoIP-fähig ist.

Die besten Softphones im Überblick

Hier sind sie: Die besten Softphones, mit denen Sie bequem und ohne großen Aufwand im Internet telefonieren können. Die nachfolgenden Seiten stellen folgende Softphones ausführlich vor: **X-Lite, Snom Softphone, Sipps, SJ Labs Phone, Phoner, Express Talk, Cubix.** Unser Service für Sie: Bei jedem Softphone erfahren Sie, wie Sie es für den Einsatz bei Ihrem VoIP-Provider konfigurieren. Beispielhaft kommen dabei die Zugangsdaten für den VoIP-Anbieter

Sipgate zum Einsatz. Sie können aber auch jeden anderen VoIP-Anbieter verwenden. Welche Anbieter sich empfehlen und welche Zugangsdaten Sie dann verwenden müssen, erfahren Sie im Kapitel *Den passenden Anbieter finden.*

X-Lite – Der «Marktführer»

Das kostenlose Softphone X-Lite gehört praktisch zu den Marktführern in Sachen Softphones. Es ist das am häufigsten eingesetzte Softphone. Eines jedoch vorweg: X-Lite hat zwar eine schön übersichtliche Oberfläche und lässt sich leicht bedienen. Die Konfiguration und das Eintragen der Daten des VoIP-Anbieters sind allerdings recht umständlich und unübersichtlich gelöst. X-Lite verwendet zudem eine gewöhnungsbedürftige Menüstruktur, die VoIP-Einsteiger oft verzweifeln lassen.

Dennoch: Sobald die Konfiguration gemeistert ist, macht das Telefonieren mit X-Lite richtig Spaß. X-Lite bietet alles, was man vom Festnetztelefon kennt: Dazu gehören auch bis zu drei Leitungen, die Sie getrennt anwählen oder weiterleiten sowie per Konferenzschaltung verbinden können. Über das integrierte Telefonbuch speichern Sie Freunde und Bekannte mit Name, Telefonnummer oder SIP-URL. Die Anruflisten zeigen die verpassten sowie gewählten Nummern.

info

X-Lite 4/5 ★★★★☆

Anbieter:	CounterPath Solutions Inc.
Sprache:	Englisch, Deutsch
Preis:	Kostenlos
Download & Infos:	www.counterpath.com
Leistungsmerkmale:	3 Leitungen Rufweiterleitung Konferenzschaltung Mikrofon-Stummschaltung Anrufer ID Gesprächsdauer Telefonbuch (Import/Export über CSV-Dateien)
Fazit:	X-Lite ist ein einfach zu bedienendes Softphone mit allen wichtigen Funktionen. Lediglich die ungewohnte Menüstruktur und etwas aufwendige Installation erfordern am Anfang etwas Geduld. Ist das Telefon aber einmal eingerichtet, macht das Telefonieren damit richtig Spaß.

Toller Service

Viele VoIP-Anbieter – z. B. Sipgate oder dus.net – bieten bereits fix und fertig eingerichtete X-Lite-Versionen zum Download an. Sogar Ihre persönlichen Zugangsdaten sind schon vorab eingetragen. Sie können gleich loslegen mit dem Telefonieren. Schauen Sie einfach auf der Webseite Ihres VoIP-Anbieters nach, ob und welche vorkonfigurierten Softphones er zum Download anbietet.

schieb-tipp

Bequemer geht's kaum: Einige VoIP-Anbieter wie Sipgate bieten bereits für Sie persönlich fix und fertig eingerichtete Versionen von X-Lite an. Einfach herunterladen, installieren und lostelefonieren.

Falls Ihr VoIP-Provider keine vorkonfigurierte Version zur Verfügung stellt, können Sie auch selbst Hand anlegen. Gehen Sie folgendermaßen vor, um X-Lite zu installieren und nach dem Eintragen der Daten Ihres VoIP-Anbieters erste Telefonate zu führen:

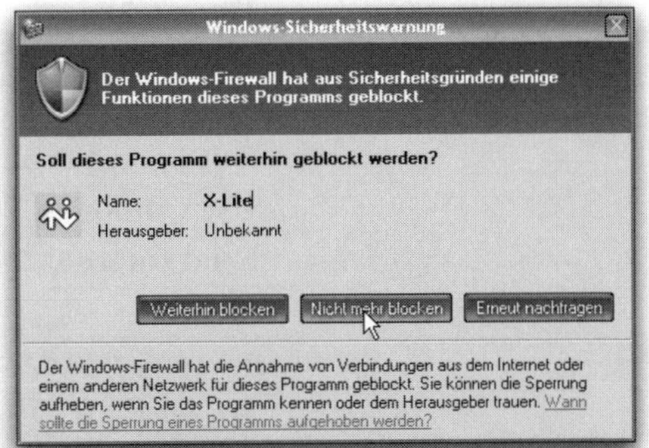

Damit es mit dem Telefonieren klappt, müssen Sie der Firewall sagen, dass das Softphone nicht mehr blockiert werden darf.

1. Zunächst laden Sie das kostenlose Softphone herunter. Gehen Sie hierzu auf die Webseite www.counterpath.com. Klicken Sie oben rechts auf der Webseite auf Download X-Lite FREE. Auf der nachfolgenden Seite haben Sie die Wahl zwischen der Windows-, Mac- oder Linux-Version des kostenlosen Softphones.
2. Speichern Sie die heruntergeladene Datei auf dem Desktop von Windows. Starten Sie nach dem Download die Installation, indem Sie doppelt auf die heruntergeladene Datei klicken. Die Installation ist schnell erledigt: Folgen Sie einfach den Anweisungen des Installationsassistenten.
3. Starten Sie X-Lite mit dem Befehl *Start | Alle Programme | X-Lite | X-Lite.*
4. Wichtig: Falls Sie eine Firewall verwenden – zum Beispiel die Windows-Firewall – erscheint ein Warnhinweis. Damit Sie mit X-Lite telefonieren können, müssen Sie der Software den Zugang zum Internet gewähren.

Klicken Sie hierzu bei der Windows-Firewall auf die Schaltfläche *Nicht mehr blockieren.*

5. Beim ersten Start erscheint ein Audio Tuning Wizard. Folgen Sie den Anweisungen des Assistenten, um das angeschlossene Headset optimal für X-Lite einzurichten.
6. Nach dem Start erscheint automatisch das Dialogfenster *Menu*, in dem Sie die Zugangsdaten Ihres VoIP-Anbieters eintragen. Falls das Dialogfenster nicht automatisch erscheint, klicken Sie auf die Menu-Schaltfläche rechts neben der Schaltfläche *Clear.* Anschließend klicken Sie doppelt auf *System Settings*, dann auf *SIP Proxy* und abschließend auf *Default.*
7. In das nachfolgende Dialogfenster tragen Sie die Zugangsdaten Ihres VoIP-Anbieters ein. Für den Anbieter Sipgate lauten die Einstellungen zum Beispiel folgendermaßen:

Enabled:	Yes	
Display Name:	Mirko Mueller	*(Vorname Nachname ohne Umlaute)*
Authorization:	1234567	*(Benutzername/ID)*
Authorization User:	1234567	*(Benutzername/ID)*
Password:	geheimgeheim	*(Kennwort)*
Domain/Realm:	sipgate.de	*(Adresse SIP-Server)*
SIP-Proxy:	sipgate.de	*(Adresse SIP-Proxy-Server)*
Out Bound Proxy:	sipgate.de	*(Adresse Outbound-Server)*
Use Outbound Proxy:	Default	
Send Internal IP:	Default	
Register:	Default	
Voicemail SIP URL:	(Leer)	
Forward SIP URL:	(Leer)	
Use Voicemail:	Forward to Voicemail	
Direct Dial IP:	No	
Dial Prefix:	(Leer)	
Provider Website (if applicable):	(Leer)	
Update Settings (if applicable):	(Leer)	

Die oben genannten Einstellungen sind beispielhaft für den VoIP-Anbieter Sipgate. Welche Anbieter Sie noch verwenden können und welche Einstellungen Sie dann vornehmen müssen, erfahren Sie im Kapitel *Den passenden Anbieter finden*. Oft finden Sie detaillierte Anleitungen auch direkt auf der Webseite des VoIP-Anbieters.

8. Falls Ihr Anbieter einen so genannten STUN-Server verwenden – das machen die meisten VoIP-Anbieter – müssen Sie noch die Adresse des STUN-Servers eintragen. Öffnen Sie hierzu erneut das Menü per Mausklick auf die Schaltfläche *Menu* (rechts neben *Clear*). Anschließend klicken Sie doppelt auf *Systems Settings* sowie *Network*.

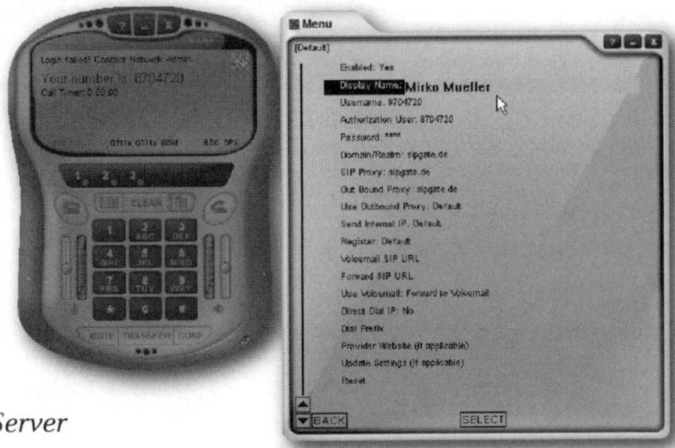

Bevor Sie lostelefonieren können, müssen Sie die Zugangsdaten Ihres VoIP-Anbieters eintragen.

9. Tragen Sie in die Felder *Primary STUN-Server* und *Secondary STUN-Server* die Adresse des STUN-Servers Ihres VoIP-Anbieter ein. Der STUN-Server ist wichtig, falls Sie eine Firewall verwenden. Für Sipgate lautet der Eintrag beispielsweise:

Primary STUN-Server:	stun.sipgate.net:10000
Secondary STUN-Server:	stun.sipgate.net:10000

10. Schließen Sie das Konfigurationsfenster per Mausklick auf die X-Schaltfläche oben rechts. Voilà – X-Lite ist fertig eingerichtet und bereit für erste Telefonate.

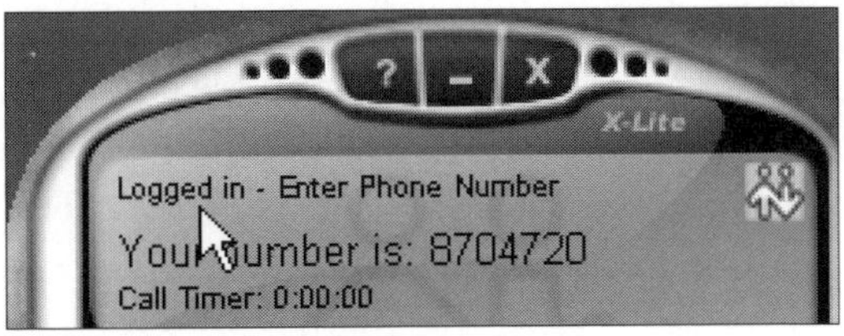

Ob alles richtig eingetragen wurde, können Sie leicht erkennen: Wenn im X-Lite-Fenster die Meldung Logged in erscheint, ist alles in Ordnung. Sie sind erfolgreich mit Ihrem VoIP-Anbieter verbunden und können sofort telefonieren.

Das Telefonieren mit X-Lite ist einfach: Tippen Sie einfach die gewünschte Rufnummer ein, und klicken Sie auf das grüne Abheben-Symbol. Das Gespräch kann beginnen.

SIPPS - Klein und praktisch

Das Softphone SIPPS Free ist der kleine, aber kostenlose Bruder des SIPPS-Softphones der Nero AG. Es bietet alle wichtigen Telefonfunktionen und sieht obendrein noch gut aus. Die Bedienung ist – wie bei den meisten Softphones – von Anfang an intuitiv.

SIPPS FreeLite 3/5 ★★★☆☆

Anbieter:	Nero AG
Sprache:	Deutsch
Preis:	Kostenlos
Download & Infos:	www.nero.com/sippstar/deu
Leistungsmerkmale:	1 Leitung Konferenzschaltung Halten Mikrofon-Stummschaltung Kurzwahltasten Telefonbuch
Fazit:	Ein kleines und feines Softphones, das Sie allerdings nur für eine Leitung (einen VoIP-Anbieter) nutzen können. Wenn Sie mehrere VoIP-Anbieter verwenden möchten, müssen Sie auf die kostenpflichtige Variante von SIPPS zurückgreifen.

Gehen Sie folgendermaßen vor, um SIPPS Free zu installieren und nach dem Eintragen der Daten Ihres VoIP-Anbieters erste Telefonate zu führen:

1. Zunächst laden Sie das kostenlose Softphone herunter. Gehen Sie hierzu auf die Webseite www.nero.com/sippstar/deu. Klicken Sie auf *Download* und speichern Sie die heruntergeladene Datei auf dem Desktop von Windows.
2. Klicken Sie auf dem Desktop doppelt auf die heruntergeladene Datei, um mit der Installation des Softphones zu beginnen.
3. Folgen Sie den Anweisungen des Installations-Assistenten, um die Installation abzuschließen.
4. Starten Sie das Programm mit dem Befehl *Start | Alle Programme | SIPPS Free | SIPPS Free.*

   Wichtig: Falls Sie eine Firewall verwenden – zum Beispiel die Windows-

Firewall – erscheint ein Warnhinweis. Damit Sie mit dem Softphone telefonieren können, müssen Sie der Software den Zugang zum Internet gewähren. Klicken Sie hierzu bei der Windows-Firewall auf die Schaltfläche *Nicht mehr blockieren.*

5. Beim ersten Start erscheint automatisch der Konfigurations-Assistent, der das Softphone Schritt für Schritt einrichtet.

   SIPPS kooperiert mit dem VoIP-Anbieter Nikotel. Falls Sie einen anderen VoIP-Anbeiter als Nikotel verwenden, wählen Sie im Schritt *Verfügbare Gateway-Dienste* die Einstellung *Anderer Gateway.* Der Assistent fragt dann nach den Konfigurationsdaten Ihres VoIP-Anbieters. Für den Anbieter Sipgate verwenden Sie beispielsweise folgende Daten:

Sieht gut aus und lässt sich einfach bedienen: Das kostenlose Softphone SIPPS Free.

Server:	sipgate.de	
Benutzername:	1234567	*(Benutzername/ID)*
Authentifizierungsname:	1234567	*(Benutzername/ID)*
Passwort:	geheimgeheim	*(Kennwort)*
Bildschirmname:	Mirko Mueller	*(Vorname Nachname)*

   Die oben genannten Einstellungen sind beispielhaft für den VoIP-Anbieter Sipgate. Welche Anbieter Sie noch verwenden können und welche Einstellungen Sie dann vornehmen müssen, erfahren Sie im Kapitel *Den passenden Anbieter finden.* Oft finden Sie detaillierte Anleitungen auch direkt auf der Webseite des VoIP-Anbieters.

6. Nach Abschluss der ersten Installation müssen noch einige weitere Parameter eingestellt werden. Klicken Sie hierzu im SIPPS-Fenster auf das Symbol mit dem Schraubenschlüssel.
7. Markieren Sie im nachfolgenden Dialogfenster das Register Experteneinstellungen. Tragen Sie hier im Feld *STUN-Server* die Adresse des STUN-Servers Ihres VoIP-Anbieters ein, für Sipgate zum Beispiel:

STUN-Server:	stun.sipgate.net:10000

8. Schließen Sie das Dialogfenster mit *OK*.

Sofern alles richtig eingetragen ist, können Sie sofort lostelefonieren: Geben Sie die gewünschte Rufnummer ein, und klicken Sie auf das Abheben-Symbol.

Phoner Lite – Multitalent aus Deutschland

Hört sich zwar englisch an, kommt aber aus Deutschland. Das kostenlose Softphone Phoner Lite von Heiko Sommerfeldt ist Freeware und kann kostenlos genutzt und weitergegeben werden. Und trotzdem bietet es alles, was ein Internet-Telefon braucht, es kann sogar bis zu acht VoIP-Anbieter verwalten. Die sehr einfache Konfiguration macht Phoner Lite auch für VoIP-Einsteiger interessant.

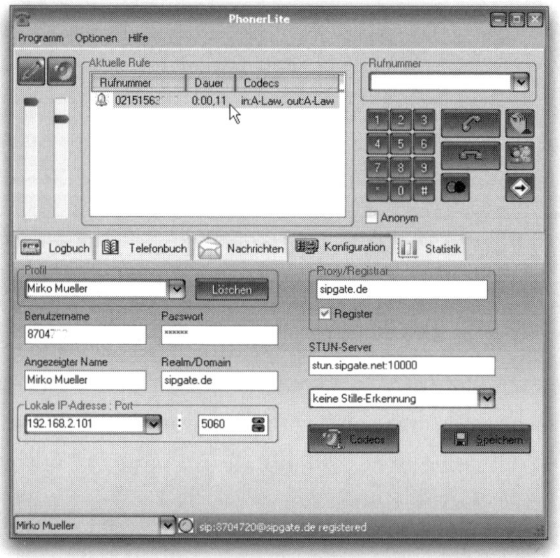

So einfach kann ein Softphone funktionieren: Phoner Lite ist schnell eingerichtet, lässt sich leicht bedienen und bietet tolle Zusatzfunktionen.

Sehr sympathisch: Wem Phoner gefällt und es auch nutzt, der kann Heiko Sommerfeldts Sohn Daniel eine Freude bereiten und ein Playmobil- oder Lego-Spielzeug schenken. Die Adresse finden Sie auf der Webseite des Programms.

Phoner Lite 5/5 ★★★★★

info

Anbieter:	Heiko Sommerfeldt
Sprache:	Deutsch, Englisch
Preis:	Kostenlos
Download & Infos:	www.phoner.de
Leistungsmerkmale:	8 Leitungen Verwaltung mehrerer Provider Telefonbuch Konferenzschaltung Rufweiterleitung Halten Wahlwiederholung Anrufprotokollierung Logbuch
Fazit:	Phoner Lite ist eines meiner Lieblings-Softphones. Das liegt an der einfachen Bedienung und blitzschnellen Einrichtung der Software. Zudem ist die Programmoberfläche übersichtlich aufgebaut und bietet einen schnellen Zugriff auf alle wichtigen Telefonfunktionen.

Gehen Sie folgendermaßen vor, um Phoner zu installieren und nach dem Eintragen der Daten Ihres VoIP-Anbieters erste Telefonate zu führen:

1. Zunächst laden Sie das kostenlose Softphone herunter. Gehen Sie hierzu auf die Webseite www.phoner.de. Klicken Sie links in der Navigation auf *Download* und anschließend auf *PhonerLiteSetup.exe.* Speichern Sie die Datei auf dem Desktop von Windows.
2. Starten Sie die Installation per Doppelklick auf die heruntergeladene Datei *PhonerSetup.exe.*
3. Folgen Sie den Anweisungen des Installations-Assistenten, um die Installation abzuschließen.
4. Starten Sie das Softphone mit dem Befehl *Start | Alle Programme | PhonerLite | PhonerLite.*
5. Wichtig: Falls Sie eine Firewall verwenden – zum Beispiel die Windows-Firewall – erscheint ein Warnhinweis. Damit Sie mit Phoner telefonieren können, müssen Sie der Software den Zugang zum Internet gewähren. Klicken Sie hierzu bei der Windows-Firewall auf die Schaltfläche *Nicht mehr blockieren.*

6. Nach dem ersten Start gilt es zunächst, die Konfigurationsdaten Ihres VoIP-Anbieters einzutragen. Rufen Sie hierzu den Befehl *Optionen | Konfiguration* auf.
7. Im nachfolgenden Dialogfenster tragen Sie die Zugangsdaten Ihres VoIP-Anbieters ein. Für den Anbieter Sipgate lauten die Daten beispielsweise folgendermaßen:

Profil:	Mirko Mueller	*(Vorname Nachname)*
Benutzername:	1234567	*(Benutzername/ID)*
Passwort:	geheimgeheim	*(Passwort)*
Angezeigter Name:	Mirko Mueller	*(Vorname Nachname)*
Realm/Domain:	sipgate.de	*(Adresse des SIP-Server)*
Proxy/Registrar:	sipgate.de	*(Adresse des SIP-Proxy-Server)*
STUN-Server:	stun.sipgate.net:10000	(Adresse des STUN-Servers)

Die oben genannten Einstellungen sind beispielhaft für den VoIP-Anbieter Sipgate. Welche Anbieter Sie noch verwenden können und welche Einstellungen Sie dann vornehmen müssen, erfahren Sie im Kapitel *Den passenden Anbieter finden.* Oft finden Sie detaillierte Anleitungen auch direkt auf der Webseite des VoIP-Anbieters.

8. Klicken Sie auf *Speichern*, um die Daten zu übernehmen. Das war's auch schon: Phoner meldet sich nun mit den eingegebenen Daten bei Ihrem VoIP-Anbieter an.

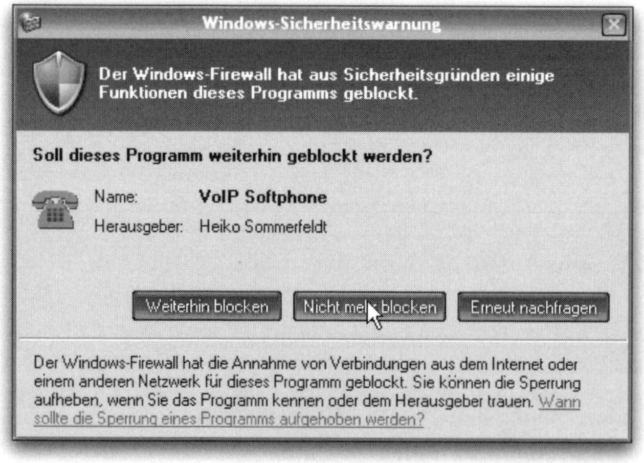

Beim Einsatz einer Firewall müssen Sie Phoner Lite den Zugang zum Internet gewähren, damit's später mit dem Telefonieren klappt.

Sofern Sie alles richtig eingetragen haben, erscheint in der unteren Statusleiste ein kleines grünes Lämpchen. Das zeigt Ihnen an: Sie sind erfolgreich angemeldet und können sofort lostelefonieren. Geben Sie einfach die gewünschte Rufnummer ein und klicken Sie auf die grüne Abheben-Schaltfläche.

Cubix – Softphone im Messenger-Kleid

Sieht aus wie ein Instant Messenger, ist aber ein Telefon. Das kostenlose Softphone Cubix ähnelt im Bildschirmaufbau den Messengern wie ICQ oder dem Windows Messenger. Es präsentiert sich ähnlich schlicht, bietet aber direkten Zugriff auf die wichtigsten Telefonfunktionen. Leider ist es nur in englischer Sprache verfügbar.

Cubix 4/5 ★★★★☆

info

Anbieter:	Virbiage Pty Ltd.
Sprache:	Englisch
Preis:	Kostenlos
Download & Infos:	www.virbiage.com/cubix.php
Leistungsmerkmale:	Leitung Telefonbuch Konferenzschaltung Rufweiterleitung Wahlwiederholung Anrufprotokollierung Logbuch
Fazit:	Wer ein simples Softphone ohne viel Schnickschnack sucht, liegt bei Cubix genau richtig. Es konzentriert sich auf die wichtigsten Telefonfunktionen und sieht obendrein noch ansprechend aus. Die Einrichtung der Zugangsdaten geht rasch von der Hand. Einziger Wermutstropfen: Cubix gibt es nur mit englischsprachiger Oberfläche.

Gehen Sie folgendermaßen vor, um Cubix zu installieren und nach dem Eintragen der Daten Ihres VoIP-Anbieters erste Telefonate zu führen:

1. Zunächst laden Sie das kostenlose Softphone herunter. Gehen Sie hierzu auf die Webseite www.virbiage.com/cubix.php, und klicken Sie auf *Download Cubix*. Legen Sie die heruntergeladene Datei auf dem Desktop von Windows ab.
2. Starten Sie die Installation per Doppelklick auf die heruntergeladene Datei *CubixSetup-Live.exe*.
3. Folgen Sie den Anweisungen des Installations-Assistenten, um die Installation abzuschließen.

4. Starten Sie das Softphone mit dem Befehl *Start | Alle Programme | Cubix | Cubix.*
5. Wichtig: Falls Sie eine Firewall verwenden – zum Beispiel die Windows-Firewall – erscheint ein Warnhinweis. Damit Sie mit Cubix telefonieren können, müssen Sie der Software den Zugang zum Internet gewähren. Klicken Sie hierzu bei der Windows-Firewall auf die Schaltfläche *Nicht mehr blockieren.*
6. Nach dem ersten Start müssen Sie zunächst die Konfigurationsdaten Ihres VoIP-Anbieters eingeben. Für den Anbieter Sipgate lauten die Daten beispielsweise folgendermaßen:

Type:	SIP	
Server Address:	sipgate.de	*(Adresse des SIP-Server)*
VoIP Number:	1234567	*(Benutzername/ID, nicht(!) Ihre Rufnummer)*
Passwort:	geheimgeheim	*(Passwort)*

Die oben genannten Einstellungen sind beispielhaft für den VoIP-Anbieter Sipgate. Welche Anbieter Sie noch verwenden können und welche Einstellungen Sie dann vornehmen müssen, erfahren Sie im Kapitel *Den passenden Anbieter finden.* Oft finden Sie detaillierte Anleitungen auch direkt auf der Webseite des VoIP-Anbieters.

Das Softphone Cubix ähnelt einem Instant Messenger á la ICQ oder Microsoft Messenger.

8. Klicken Sie nach der Eingabe der Zugangsdaten auf *Weiter*, um das Headset zu konfigurieren.
9. Nach Abschluss der Konfiguration meldet sich das Softphone mit den eingegebenen Daten bei Ihrem VoIP-Anbieter an.

Wenn Sie alles richtig eingetragen haben, können Sie sofort Ihr erstes Telefonat führen. Geben Sie einfach die gewünschte Rufnummer ein, und klicken Sie auf die grüne Abheben-Schaltfläche.

snom 360 Softphone – Wie der große Bruder

Wenn Sie bereits die «echten» VoIP-Telefone der Firma snom kennen, werden Sie mit dem Softphone 360 sofort zurechtkommen. Denn es sieht genau so aus wie das Hardware-Telefon snom 360. Und es lässt sich auch genau so bedienen. Für Nutzer des Hardware-Telefons eine gute Wahl.

snom 360 Softphone 3/5 ★★★☆☆

info

Anbieter:	snom technology AG
Sprache:	Englisch
Preis:	Kostenlos
Download & Infos:	www.snom.com/snom360softphone.html
Leistungsmerkmale:	12 Leitungen Telefonbuch Konferenzschaltung Rufweiterleitung (3 Varianten) Halten, Abweisen, Makeln, Anklopfen Wahlwiederholung Anrufprotokollierung Caller ID Aufnahme von Gesprächen Funktionstasten
Fazit:	Geschmacksache: Mit dem Softphone 360 geht snom einen ungewöhnlichen Weg. Es sieht nicht aus wie klassische Software, sondern wie ein echtes Telefon. Inklusive Telefonhörer, Display und Tastenfeld. Wer das «echte» Telefon allerdings nicht kennt, wird bei der Bedienung des Softphones Schwierigkeiten haben. Zudem sind die Tasten und das simulierte Display sehr klein. Für meinen Geschmack ist es nur interessant, wenn Sie auch das «echte» Hardware-Telefon snom 360 besitzen. Für VoIP-Einsteiger ist das Softphone ungeeignet.

Folgende Schritte sind notwendig, um das snom Softphone zu installieren und nach dem Eintragen der Daten Ihres VoIP-Anbieters erste Telefonate zu führen:

1. Im ersten Schritt laden Sie das kostenlose Softphone herunter. Gehen Sie hierzu auf die Webseite www.snom.com/snom360softphone.html, und klicken Sie rechts im Bereich *Download* auf *Download now*. Legen Sie die heruntergeladene Datei auf dem Desktop von Windows ab.
2. Starten Sie die Installation per Doppelklick auf die heruntergeladene Datei *snom360-5.exe*.
3. Folgen Sie den Anweisungen des Installations-Assistenten. Zum Abschluss der Installation fragt Sie der Assistent nach den Zugangsdaten Ihres VoIP-Anbieters. Für den Anbieter Sipgate lauten die Daten beispielsweise folgendermaßen:

Your Name:	Mirko Mueller	*(Vorname Nachname)*
Account Number:	1234567	*(Benutzername/ID, nicht(!) Ihre Rufnummer)*
SIP Registrat:	sipgate.de	*(Adresse des SIP-Servers)*
Password:	geheimgeheim	*(Passwort)*
License Key:	(Leer)	

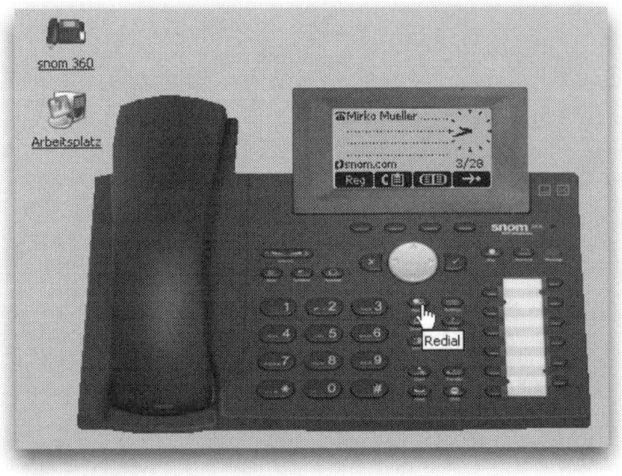

Das Softphone von snom geht ungewöhnliche Wege: Es simuliert auf dem Bildschirm das «echte» VoIP-Telefon snom 360. Sicher nicht Jedermanns Sache.

Welche Anbieter Sie statt Sipgate noch verwenden können und welche Einstellungen Sie dann vornehmen müssen, erfahren Sie im Kapitel *Den passenden Anbieter finden*. Oft finden Sie detaillierte Anleitungen auch direkt auf der Webseite des VoIP-Anbieters.

4. Starten Sie das Softphone mit dem Befehl *Start | Alle Programme | snom | snom 360*.
5. Wichtig: Falls Sie eine Firewall verwenden – zum Beispiel die Windows-Firewall – erscheint ein Warnhinweis. Damit Sie mit dem snome-Softphone telefonieren können, müssen Sie der Software den Zugang zum Internet gewähren. Klicken Sie hierzu bei der Windows-Firewall auf die Schaltfläche *Nicht mehr blockieren*.

Wenn Sie alles richtig eingetragen haben, können Sie sofort Ihr erstes Telefonat führen. Geben Sie einfach die gewünschte Rufnummer ein, und drücken Sie die Return-Taste.

SJ Phone – Welches Design hätten's denn gern?

Ganz schön flexibel: Beim Aussehen des kostenlosen Softphones SJ Phone haben Sie die Wahl: Lieber ein schlichtes Windows-Design oder ein peppiger Metallic-Look? Für welches Design Sie sich auch entscheiden: Aussehen und Bedienung des Softphones können sich sehen lassen. Lediglich das Einrichten der Zugangsdaten ist unnötig kompliziert.

SJ Phone 3/5 ★★★☆☆

info

Anbieter:	SJ Labs Inc.
Sprache:	Englisch
Preis:	Kostenlos
Download & Infos:	www.sjlabs.com/sjp.html
Leistungsmerkmale:	1 Leitung Telefonbuch Konferenzschaltung Rufweiterleitung Halten Wahlwiederholung Anrufprotokollierung
Fazit:	SJ Phone ist ein schönes und übersichtliches Telefon. Wenn da nur nicht die umständlichen Schritte zum Einrichten der Zugangsdaten wären. Das haben andere Softphones besser gelöst. Wer die Hürde allerdings erst einmal genommen hat, erhält ein solides und einfach zu bedienendes Softphone im modernen Outfit.

Gehen Sie folgendermaßen vor, um das SJ Phone zu installieren und nach dem Eintragen der Daten Ihres VoIP-Anbieters erste Telefonate zu führen:

1. Zunächst müssen Sie das kostenlose Softphone herunterladen. Gehen Sie hierzu auf die Webseite www.sjlabs.com/sjp.html, und klicken Sie rechts im Bereich *Basic softphone for PC* auf *SJPhone for Windows*. Legen Sie die heruntergeladene Datei auf dem Desktop von Windows ab.

2. Starten Sie die Installation per Doppelklick auf die heruntergeladene Datei *SJPhone.exe*.
3. Folgen Sie den Anweisungen des Installations-Assistenten, um die Installation abzuschließen.
4. Nach der Installation startet das Programm automatisch. Falls nicht, rufen Sie den Menübefehl *Start | Alle Programme | SJPhone | SJPhone* auf.
5. Wichtig: Falls Sie eine Firewall verwenden – zum Beispiel die Windows-Firewall – erscheint ein Warnhinweis. Damit Sie mit dem Softphone telefonieren können, müssen Sie der Software den Zugang zum Internet gewähren. Klicken Sie hierzu bei der Windows-Firewall auf die Schaltfläche *Nicht mehr blockieren.*
6. Nach dem Start erscheint der Konfigurations-Assistent. Folgen Sie den Anweisungen des Assistenten, um die Konfiguration abzuschließen.
7. Jetzt müssen Sie nur noch die Zugangsdaten Ihres VoIP-Anbieters eintragen. Klicken Sie hierzu im Softphone auf die runde Schaltfläche mit dem Schraubenschlüssel.
8. Wechseln Sie in das Register *Profiles*, und klicken Sie auf *New*.

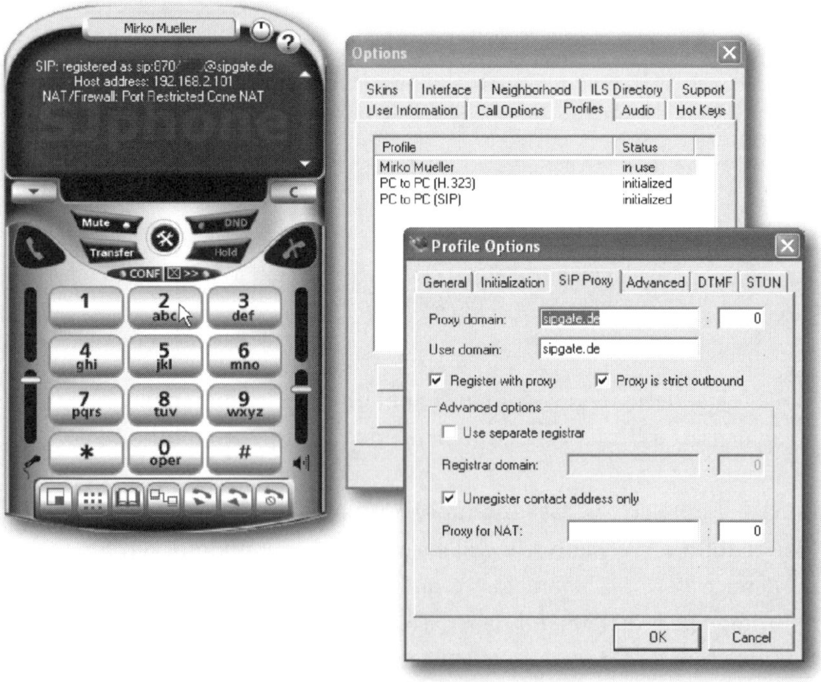

Sieht gut aus, erfordert aber viele Schritte zur Konfiguration: Das kostenlose Softphone SJPhone.

9. Geben Sie in das nachfolgende Dialogfenster im Feld *Profile name* Ihren Vor- und Nachnamen ein. Wählen Sie aus dem Feld *Profile type* den Eintrag *Calls through SIP Proxy*, und bestätigen Sie die Auswahl mit *OK*.
10. Wechseln Sie im nächsten Fenster in das Register SIP Proxy. Tragen Sie hier die Servereinstellungen Ihres VoIP-Anbieters ein. Für den Anbieter Sipgate lauten die Daten beispielsweise folgendermaßen:

Proxy domain:	sipgate.de	*(Adresse des SIP-Servers)*
User domain:	sipgate.de	*(Adresse des SIP-Servers)*

11. Wechseln Sie in das Register STUN, und tragen Sie dort die Adresse des STUN-Servers Ihres VoIP-Anbieters ein. Für den Anbieter Sipgate beispielsweise

Server Address:	stun.sipgate.net:10000

12. Schließen Sie das Dialogfenster mit *OK*. Im nächsten Fenster geben Sie die Zugangsdaten Ihres VoIP-Anbieters ein, für Sipgate beispielsweise

Account:	1234567	*(Benutzername/ID)*
Password:	geheimgeheim	*(Kennwort)*

Die oben genannten Einstellungen sind beispielhaft für den VoIP-Anbieter Sipgate. Welche Anbieter Sie noch verwenden können und welche Einstellungen Sie dann vornehmen müssen, erfahren Sie im Kapitel *Den passenden Anbieter finden*. Oft finden Sie detaillierte Anleitungen auch direkt auf der Webseite des VoIP-Anbieters.

13. Schließen Sie die Dialogfenster mit *OK*. Die Konfiguration ist damit abgeschlossen.

Wenn Sie alles richtig eingetragen haben, können Sie sofort Ihr erstes Telefonat führen. Geben Sie einfach die gewünschte Rufnummer ein, und drücken Sie die grüne Abheben-Schaltfläche.

Express Talk – Schickes Softphone aus «Down Under»

Mit Express Talk präsentiert die auf Audio-Software spezialisierte australische Softwareschmiede NCH ein ausgereiftes Softphone. Kostenlos obendrein. Es glänzt mit einer ausführlichen Soundkonfiguration und der Abfrage der Zugangsdaten bereits während der Installation. Auf dem Bildschirm nimmt das Telefon nur wenig Platz weg und bietet trotzdem Zugriff auf alle wichtigen Funktionen. Das Wichtigste, die Zifferntasten, sind erfreulich groß. Im unteren Teil des Express Talk Fensters läuft permanent eine Protokollierung der Aktionen mit; ideal für eine schnelle Fehleranalyse.

info

Express Talk 5/5 ★★★★★

Anbieter:	NCH Swift Sound
Sprache:	Englisch
Preis:	Kostenlos
Download & Infos:	www.nch.com.au/talk/
Leistungsmerkmale:	4 Leitungen Telefonbuch Rufweiterleitung Halten Abweisen Aufnahme von Gesprächen
Fazit:	Express Talk ist zwar nur in englischer Sprache verfügbar, dafür kann es aber in Sachen Einrichtung und Bedienung vollends überzeugen. Es lässt sich auf Anhieb einfach bedienen und beinhaltet alle wichtigen Funktionen, die man von einem Komforttelefon erwartet. Express Talk gehört damit – neben dem deutschen Softphone Phoner – zu meinen Lieblings-Softphones.

Gehen Sie folgendermaßen vor, um Express Talk zu installieren und nach dem Eintragen der Daten Ihres VoIP-Anbieters erste Telefonate zu führen:

1. Zunächst laden Sie das kostenlose Softphone herunter. Gehen Sie hierzu auf die Webseite www.nch.com.au/talk, und klicken Sie auf *Download Express Talk*. Tragen Sie im nachfolgenden Fenster Ihre E-Mail-Adresse ein, und klicken Sie auf *Download Now*. Legen Sie die heruntergeladene Datei auf dem Desktop von Windows ab.

2. Starten Sie die Installation per Doppelklick auf die heruntergeladene Datei *talksetup.exe.*
3. Folgen Sie den Anweisungen des Installations-Assistenten, um die Installation abzuschließen.
4. Starten Sie das Softphone mit dem Befehl *Start | Alle Programme | Express Talk | Express Talk.*
5. Wichtig: Falls Sie eine Firewall verwenden – zum Beispiel die Windows-Firewall – erscheint ein Warnhinweis. Damit Sie mit Express Talk telefonieren können, müssen Sie der Software den Zugang zum Internet gewähren. Klicken Sie hierzu bei der Windows-Firewall auf die Schaltfläche *Nicht mehr blockieren.*

Auf der Webseite von NCH finden Sie neben dem Download zahlreiche Informationen und Hilfestellungen zum kostenlosen Softphone Express Talk.

6. Nach dem ersten Start erscheint der Konfigurations-Assistent, um die Soundkarte und das Headset einzurichten. Folgen Sie den Anweisungen des Assistenten, um die Einrichtung abzuschließen.
7. Im letzten Schritt möchte der Assistent von Ihnen wissen, ob Sie bereits über einen SIP-Account (einen Account bei einem VoIP-Anbieter) verfügen. Beantworten Sie die Frage mit der Option *Yes, I already have a sip account,* und klicken Sie auf *Weiter.*
8. Im nächsten Schritt tragen Sie die Konfigurationsdaten Ihres VoIP-Anbieters ein. Für den Anbieter Sipgate lauten die Daten beispielsweise folgendermaßen:

Friendly Display Name:	Mirko Mueller	*(Vorname Nachname)*
Sip Account Number:	1234567	*(Benutzername/ID)*
Sip Server:	sipgate.de	*(Adresse des SIP-Server)*
Sip Passwort:	geheimgeheim	*(Passwort)*

Die oben genannten Einstellungen sind beispielhaft für den VoIP-Anbieter Sipgate. Welche Anbieter Sie noch verwenden können und welche

Einstellungen Sie dann vornehmen müssen, erfahren Sie im Kapitel Den passenden Anbieter finden. Oft finden Sie detaillierte Anleitungen auch direkt auf der Webseite des VoIP-Anbieters.

8. Klicken Sie zur Bestätigung auf die Schaltfläche *Fertig stellen*. Das war's: Die Einrichtung des Softphones ist damit abgeschlossen.

Wenn Sie alles richtig eingetragen haben, können Sie sofort Ihr erstes Telefonat führen. Geben Sie einfach die gewünschte Rufnummer ein, und klicken Sie auf die Abheben-Schaltfläche.

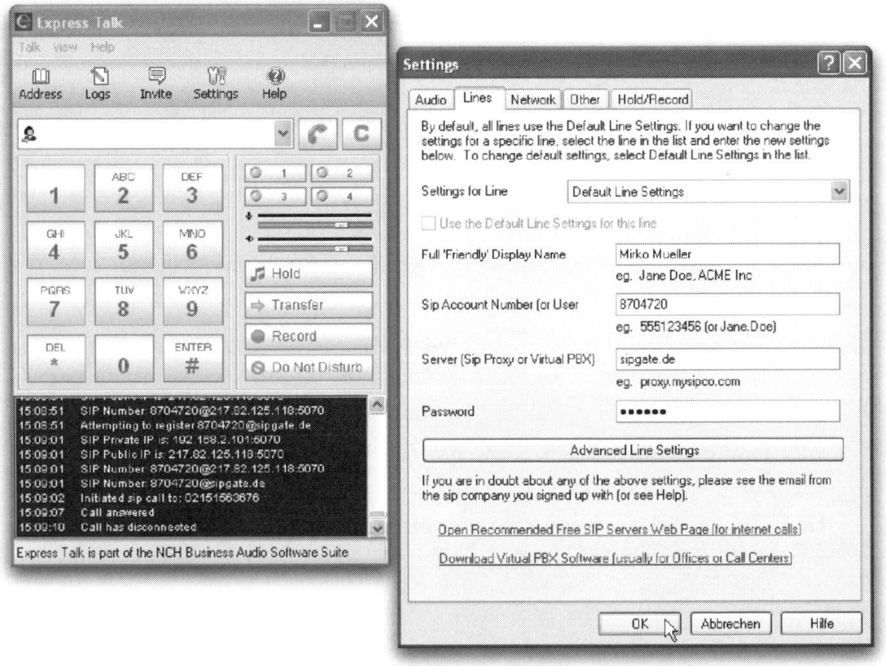

Kinderleichte Einrichtung und simple Bedienung zeichnen das australische Softphone Express Talk aus.

Voice over IP

Telefonieren übers Internet

Telefonieren und Faxen ganz ohne PC

So macht VoIP am meisten Spaß: Mit echten VoIP-Telefonen, die auch dann funktionieren, wenn der PC nicht eingeschaltet ist. In Sachen Sprachqualität und Bedienung stehen die Internet-Telefone den klassischen Telefonen in nichts nach. Sie sehen aus wie normale Telefone und verhalten sich auch so. Mehr noch: VoIP-Telefone bieten raffinierte Zusatzfunktionen, die beim klassischen Telefon fehlen – beispielsweise die Fernsteuerung via PC. Besonders erfreulich: Auch Ihre «alten» Telefone können Sie für die Internet-Telefonie weiter benutzen. Spezielle Adapter machen aus Ihren alten Analog- oder ISDN-Telefonen waschechte VoIP-Telefone. Und Faxen funktioniert übers Internet natürlich auch.

Telefonieren und Faxen ganz ohne PC

Das brauchen Sie zum Telefonieren ohne PC

Telefonieren muss so sein, wie es schon im letzten Jahrhundert war: Der Telefonhörer und das Tastenfeld gehören beim Telefonieren einfach dazu. Das ist schon seit Jahrzehnten so und wird sich beim Telefonieren über das Internet auch nicht ändern. Und das ist gut so.

Am besten funktioniert VoIP, wenn Sie es gar nicht bemerken: Wenn Sie beim Telefonieren nicht merken, ob Sie gerade über das Internet oder über das klassische Telefonnetz telefonieren, hat VoIP das Ziel erreicht: Die Ablösung der klassischen Telefonie. Viel anders ist das Telefonieren via Internet zum Glück auch nicht. Sie nehmen wie gewohnt den Hörer zur Hand und tippen die Rufnummer über das Tastenfeld des Telefons. Wie gehabt.

Gerade die «antike» Bedienung ist das Erfolgsgeheimnis der Internet-Telefonie. Trotz modernster Technologie müssen Sie nicht umlernen. Kein umständliches Wälzen von Handbüchern, kein neues Lernen von Bedienkonzepten. Alles bleibt beim Alten. Sie telefonieren einfach wie gewohnt – jetzt aber über das Internet.

Ermöglicht wird der sanfte Übergang vom klassischen Telefonnetz zur Internet-Telefonie über die so genannten Internet-Telefone. Die sehen aus wie normale Telefone und lassen sich auch so bedienen. Mit speziellen Adaptern können Sie sogar ihre alten Telefone weiter benutzen und damit über das Internet telefonieren. Und das Beste dabei: Sie können auch bei ausgeschaltetem PC telefonieren.

Damit das Telefonieren über das Internet so einfach wie möglich ist, brauchen Sie drei wichtige Bausteine:

- **Schneller Internetzugang**
  Ganz wichtig: Zum Telefonieren im Internet brauchen Sie einen Internetzugang. Und zwar einen möglichst schnellen. Was Sie in Sachen Internetzugang wissen müssen, erfahren Sie im Kapitel *Das nötige Rüstzeug.*
- **VoIP-Anbieter**
  Damit Sie mit Ihrem Internet-Telefon wie gewohnt Ihre Freunde und Be-

kannte anrufen und umgekehrt auch angerufen werden können, brauchen Sie einen VoIP-Anbieter. Wie Sie den richtigen VoIP-Anbieter finden und welche wichtigen Aufgaben der VoIP-Anbieter für Sie erledigt, beschreibt das Kapitel *Den passenden Anbieter finden*.

- **Internet-Telefon oder «altes» Telefon**

  Last, but not least spielt natürlich das Telefon eine besondere Rolle. Hier haben Sie zwei Möglichkeiten: Besonders elegant und komfortabel sind echte VoIP-Telefone, die ausschließlich für die Internettelefonie konzipiert wurden. Die sehen von außen aus wie normale Telefone, im Inneren werkelt aber modernste VoIP-Technologie.

  Alternativ hierzu können Sie auch Ihre «alten» Telefone – ob analog oder ISDN – weiter verwenden. Das Zauberwort hierzu heißt: Adapter. So genannte VoIP-Adapter machen aus Ihren alten Telefonen echte Internet-Telefone. Damit können Sie über das Internet telefonieren und Ihre bisherigen Telefone weiter verwenden. Auf den nachfolgenden Seiten erfahren Sie ausführlich, welche Telefone Sie für VoIP verwenden können und wie Sie sie anschließen.

Das Schöne an Internet-Telefonen: Sowohl optisch als auch in der Bedienung ähneln sie normalen Telefonen.

Besonders komfortabel: «Echte» Internet-Telefone

Internet-Telefonie pur: Mit einem echten Internet-Telefon oder VoIP-Telefon liegen Sie in Sachen VoIP goldrichtig. Dabei handelt es sich um Telefone, die ausschließlich für die Internet-Telefonie konzipiert wurden. Sie funktionieren nur mit einer Verbindung zum Internet. Ins Festnetz telefonieren oder vom Festnetz angerufen werden, können Sie damit aber trotzdem.

Das Schöne an Internet-Telefonen: Trotz modernster Technologie sehen sie noch immer so aus, wie Telefone seit Jahrzehnten eben aussehen müssen; inklusive Telefonhörer, Spiralschnur und Zifferntasten. Wie es sich gehört. Die Besonderheit von Internet-Telefonen liegt im Inneren: Im Grunde ist ein

VoIP-Telefon ein kleiner Computer mit Telefongehäuse drumherum. Im Inneren eines Internet-Telefons werkelt modernste Technologie. Und die hat es in sich: Ein VoIP-Telefon bietet weit mehr Funktionen als ein herkömmliches Telefon. So können Sie beispielsweise mit dem Internet Explorer direkt auf das Internet-Telefon «schauen» und es vom PC aus fernsteuern. Bearbeiten Sie beispielsweise direkt vom PC aus das Telefonbuch oder werfen Sie einen Blick in den Einzelverbindungsnachweis des Telefons. Ganz schön praktisch.

schieb-tipp

Der kleine Unterschied

Hoppla, einen wichtigen Unterschied zum klassischen Telefon gibt es doch. Und zwar in der Bedienung. Beim normalen Telefon heben Sie ab, wählen die Nummer und werden automatisch verbunden.

Anders beim Internet-Telefon. Hier ähnelt die Bedienung dem Handy: Sie wählen zuerst(!) die Rufnummer und heben dann ab oder drücken die Abheben-Taste – bei einigen Telefonen heißt die Taste oft OK oder Send. Der Grund für die Bedienung à la Handy: Beim Internet-Telefon müssen Sie dem Telefon manuell per Tastendruck sagen, dass die Nummer jetzt komplett eingegeben wurde und gewählt werden kann.

Zwar lassen sich viele Telefone so einstellen, dass sie nach Beendigung der Eingabe – z. B. nach 4 Sekunden Pause – automatisch den Wählvorgang starten; schneller geht's aber per OK-, Send- oder Abheben-Taste. Wer oft mit dem Handy telefoniert, kommt mit der neuen Bedienung aber rasch klar.

Neben Internet-Telefonen im klassischen Design gibt es auch moderne Varianten: Etwa kabellose Funktelefone mit WLAN-Technologie oder sogar Hybrid-Handys, die sowohl im Handynetz als auch via WLAN als VoIP-Handy funktionieren. Eine ausführliche Darstellung der besten und pfiffigsten Internet-Telefone finden Sie weiter unten in diesem Kapitel im Abschnitt *Die besten IP-Telefone*.

So geht's: IP-Telefone anschließen

Das Anschließen eines Internet-Telefons ist kinderleicht: Es wird im Prinzip wie ein PC angeschlossen. Am Telefon selbst befindet sich ein eigener Netz-

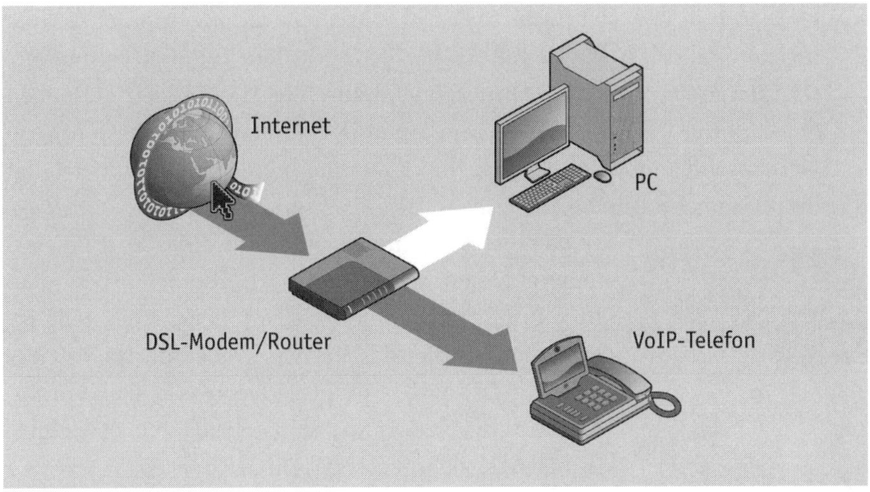

VoIP-Telefone werden wie PCs direkt an den Router angeschlossen – sie haben einen direkten Zugang zum Internet.

werkanschluss. Einfach das Netzwerkkabel ins Telefon und das andere Ende in den Router bzw. Switch – und schon hat das Internet-Telefon eine Verbindung zum Internet.

Beispiel gefällig? Die nachfolgende Schritt-für-Schritt-Anleitung zeigt, wie einfach das Anschließen eines VoIP-Telefons ist. Als Beispielgerät dient ein VoIP-Telefon des Herstellers snom (www.snom.de):

1. Packen Sie das Telefon aus, und stellen Sie es entsprechend der Bedienungsanleitung auf. Schließen Sie das Netzteil an, damit das Telefon mit Strom versorgt wird.

Ohne Netz?

aufgepasst

Übrigens: Von einigen Herstellern wie z. B. Cisco (www.cisco.de) gibt es VoIP-Telefone, die kein eigenes Netzteil benötigen. Das Telefon wird über das Netzwerkkabel mit Strom versorgt.Allerdings müssen Sie hierzu über einen speziellen Switch mit so genannter Power-over-Ethernet-Technologie verfügen. Der liefert den Strom über das Netzwerkkabel. Solch ein Switch ist allerdings sehr teuer und meist nur in Firmen und Behörden zu finden. Für den Privatbereich lohnt sich der teure Power-over-Ethernet-Switch nicht.

2. Jetzt kommt der wichtigste Part: Der Anschluss an das Internet. In den meisten Fällen ist Ihr Computer per DSL mit dem Internet verbunden. Das klassische Szenario: An der Telefonanschlussdose finden Sie neben dem Splitter Ihr DSL-Modem oder einen DSL-Router mit mehreren Netzwerkanschlüssen. Hier ist auch Ihr Computer angeschlossen und gelangt darüber ins Internet.

   Genau das ist die Stelle, an die auch das VoIP-Telefon angeschlossen wird. Wenn an Ihrem DSL-Modem bzw. Router noch eine freie Netzwerkschnittstelle ist, schließen Sie hier das Netzwerkkabel für das VoIP-Telefon an. Das andere Ende des Netzwerkkabels kommt direkt in die Netzwerkschnittstelle des VoIP-Telefons. Zumeist ist sie mit Net gekennzeichnet.
   Fertig; das VoIP-Telefon hat damit eine Verbindung zum Internet.

Reine VoIP-Telefone haben einen eigenen Netzwerkanschluss für den Zugang zum Internet.

Schwieriger wird es, wenn an Ihrem DSL-Router kein Netzwerkanschluss mehr frei ist. Doch auch hier gibt es elegante Lösungen. Weitere Informationen hierzu weiter unten im Abschnitt *Wenn am Router kein Platz mehr ist.*

3. Weiter geht's mit der Konfiguration des Telefons. Das ist wichtig, damit das Telefon weiß, über welchen VoIP-Anbieter, mit welchen Zugangsdaten und mit welcher Rufnummer Sie telefonieren möchten.
   Die meisten VoIP-Telefone verfügen hierzu über eine praktische Weboberfläche, sodass Sie sämtliche Einstellungen über den Computer vornehmen können. Ganz ohne fummelige Einstellungen über die Tasten des Telefons.

   Wie genau Sie Ihr VoIP-Telefon konfigurieren, entnehmen Sie der Bedienungsanleitung des Telefons bzw. den Anweisungen Ihres VoIP-Anbieters.
   Das hier im Beispiel vorgestellte Telefon erhält beispielsweise vom DSL-Router automatisch eine IP-Adresse, z. B. 192.168.0.50. Welche IP-Adresse das Telefon bekommen hat, können Sie meist direkt am Telefon herausfinden. Beim snom 360 drücken Sie zum Beispiel am Telefon die Taste

Menü, und wählen anschließend die Menübefehl *Netzwerk* und *IP-Adresse.* Schon blendet das Telefon die IP-Adresse ein.
Geben Sie die IP-Adresse Ihres Telefons einfach in die Adresszeile des Internet Explorers ein – und schon befinden Sie sich auf der Bedienoberfläche des Telefons. Hier stellen Sie die Parameter für Ihren VoIP-Anschluss ein. Die exakten Daten erhalten Sie von Ihrem VoIP-Anbieter. Zu den wichtigsten Parametern gehören Ihre SIP-ID bzw. Benutzerkennung, Ihr Kennwort sowie die Adressen für SIP-Registrar und STUN-Server.
Übrigens: Welche Parameter Sie für welchen VoIP-Anbieter einstellen müssen, erfahren Sie im Kapitel *Den passenden VoIP-Anbieter finden.* Oft finden Sie auch auf der Webseite des Anbieters eine passende Installationsanleitung exakt für Ihr VoIP-Telefon.

Welche IP-Adresse Ihr Telefon erhalten hat, erfahren Sie im Menü des Telefons (hier z. B. im snom 360).

4. Sobald die Konfiguration abgeschlossen ist, können Sie gleich loslegen und nach Lust und Laune lostelefonieren. Viel Spaß.

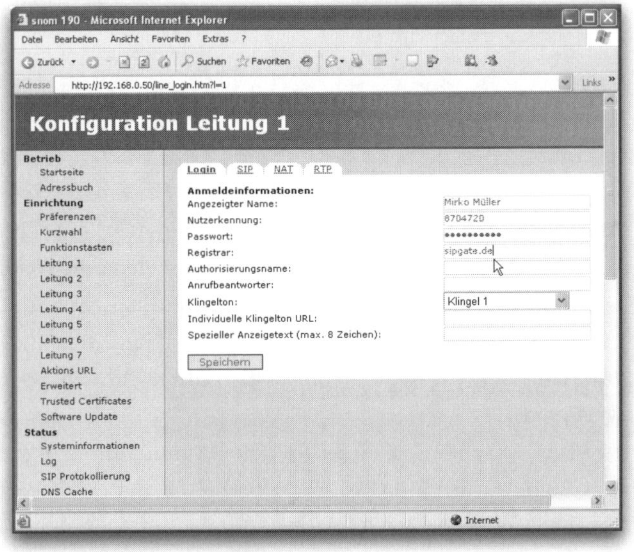

Über die Weboberfläche des Telefons stellen Sie bequem die wichtigen Zugangsparameter für Ihren VoIP-Anbieter ein.

Wenn am Router kein Platz mehr ist

Beim Anschließen eines VoIP-Telefons stoßen Sie eventuell auf folgendes Problem: Am Router ist kein Netzwerkanschluss mehr frei. Das ist aber Grund zur Sorge: Es gibt elegante Lösungen.

Die Praktischste bringen einige Telefone gleich mit, hierzu gehören z. B. auch die Telefone von snom oder das Elmeg IP-290. Diese Telefone verfügen über einen weiteren Netzwerkanschluss, an den Sie dann Ihren Computer anschließen. Das Telefon wird praktisch zwischen Computer und DSL-Modem/ Router «zwischengeschaltet», ein zusätzlich freier Netzwerkanschluss ist nicht notwendig.

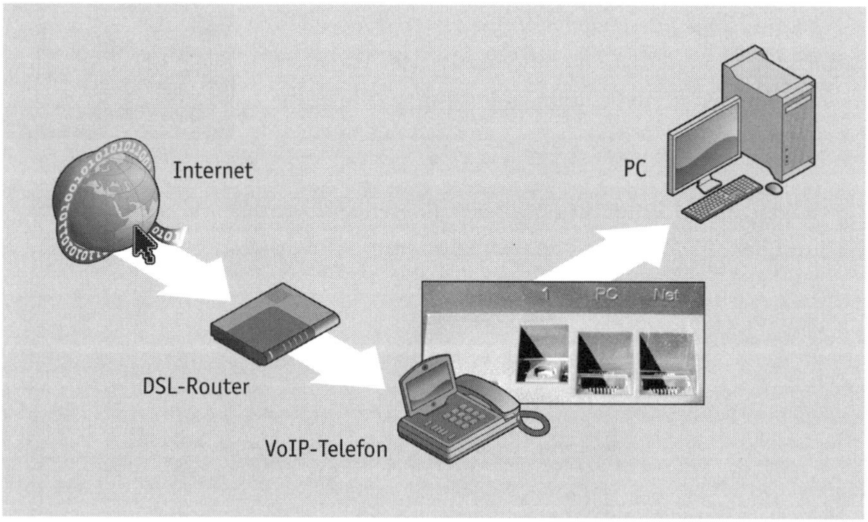

Eine praktische Sache: Einige Telefone verfügen über einen weiteren Netzwerkanschluss, sodass Sie es einfach zwischen PC und DSL-Router «zwischenschalten».

Aber auch wenn das Telefon nur einen Netzwerkanschluss hat, aber am Router kein Anschluss mehr frei ist, gibt es eine elegante Lösung. Erweitern Sie einfach die Anzahl der freien Ports mit einem so genannten Switch. Den gibt es günstig bei vielen Anbietern, zum Beispiel bei Atelco (www.atelco.de). Switche ergänzen den Router beispielsweise um vier, acht oder 16 zusätzliche Netzwerkports.

Das Anschließen eines Switch an den Router ist einfach: Schließen Sie den Switch mit einem Netzwerkkabel an den LAN-Port des Routers an. Fertig, Ihr Router verfügt dank des Switchs um weitere Netzwerkanschlüsse: Alle weiteren Netzwerkgeräte wie Computer oder VoIP-Telefon schließen Sie ab jetzt direkt an die neuen Anschlüsse des Switch an.

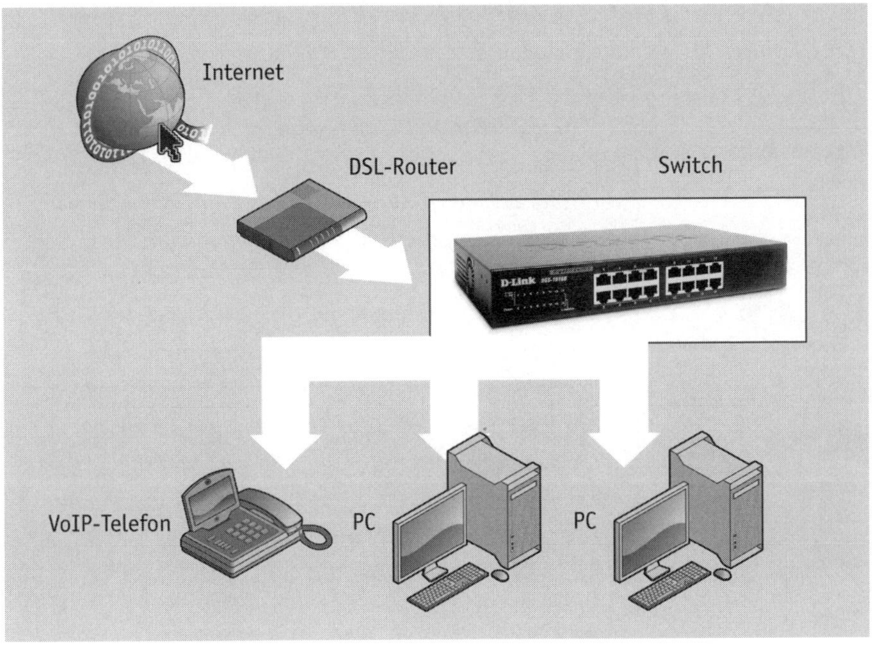

Kein Netzwerkanschluss mehr frei? Kein Problem: Ein Switch erweitert das Netzwerk um weitere freie Anschlüsse.

Die besten IP-Telefone

Hier sind sie: Die besten IP-Telefone, mit denen das «voipen» so richtig Spaß macht. Mit so einem richtigen Telefon plaudert es sich auch im Internet einfach besser als mit Headset und Softphone. Und das Schöne an den Internet-Telefonen: Sie können meist noch mehr als ihre Festnetz-Pendants. Und preisgünstiger sind sie oft auch noch.

Die nachfolgenden Seiten stellen folgende Internet-Telefone ausführlich vor: snom 360, elmeg IP 290, Grandstream GXP2000, Thomson SpeedTouch 2030, UTStarcom F1000, ZyXel P-2000W-V2.

aufgepasst

Telefon vorkonfiguriert

Die hier vorgestellten Telefone stellen nur eine kleine Auswahl der verfügbaren Telefone dar. Auf dem VoIP-Markt geht es in Sachen Telefone zurzeit rund. Zahlreiche Hersteller stellen fast monatlich neue Telefone vor. Mein Tipp, um den Überblick zu behalten: Schauen Sie sich auf den Webseiten der VoIP-Anbieter um. Viele Anbieter haben einen eigenen Shopbereich und bieten dort die gängigsten und erfolgreichsten Telefone zum Kauf an. Wenn Sie das Telefon beim VoIP-Anbieter kaufen, haben Sie gleich noch einen weiteren Vorteil: Sollte es Probleme beim Einrichten des Telefons geben, wird Ihnen der VoIP-Anbieter sicher gerne bei der Installation und Inbetriebnahmen helfen. Oft bekommen Sie beim VoIP-Anbieter – z. B. bei Sipgate (www.sipgate.de) oder dus.net (www.dus.net) – sogar direkt vorkonfigurierte Telefone. Die müssen Sie nur noch einstöpseln und können gleich lostelefonieren.

snom 360 – Große Töne, großes Display, großes Telefon

Man merkt sofort, dass sich die Entwickler des snom 360 auf eines konzentriert haben: Ein Internet-Telefon zu entwickeln, das alles bietet, was das Herz des Internet-Telefonierers höher schlagen lässt.

Es ist zwar recht groß ausgefallen und nimmt auf dem Schreibtisch eine Menge Platz weg – das kommt aber nur der einfachen Bedienung, dem großen LCD-Display und der übersichtlichen Anordnung der Tasten zugute.

Durch festgelegte Tasten haben Sie direkten Zugang zu den Funktionen für Audio- und Anrufkontrolle. Kontextsensitive Menüs bieten Ihnen im großen LCD-Display zusätzliche Optionen, je nachdem, was Sie gerade brauchen. Besonders praktisch: Das beleuchtete Grafikdisplay ist beweglich, sodass sich rasch der gewünschte Lesewinkel einstellen lässt.

Insgesamt zwölf programmierbare Tasten können Sie individuell je nach Anforderung belegen. Mit LED ausgestattet, zeigen die jeweiligen Funktionstasten an, ob Ihr Kollege gerade spricht oder nicht. Und umgekehrt kann er sehen, ob bei Ihnen frei ist. Praktisch für den Einsatz im Büro, wenn gleich mehrere Snom-Telefone zum Einsatz kommen.

Übrigens: Das snom 360 gehört zu den wenigen Internet-Telefonen, die das Abhören von Telefongesprächen erschweren. Es unterstützt den Sicherheitsstandard SRTP zum Verschlüsseln der Gesprächsdaten. Weitere Informationen zum Abhören von Internet-Telefongesprächen und weiteren potenziellen Sicherheitslücken erfahren Sie im Kapitel Sicherheit und Datenschutz.

Das snom 360 sieht nicht nur gut aus, sondern lässt sich auch leicht bedienen und einrichten.

snom 360 5/5 ★★★★★

Anbieter:	snom technology AG
Preis:	ca. 200-240 Euro
Infos:	www.snom.de
Leistungsmerkmale:	Bis zu 12 SIP-Accounts Schwenkbares grafisches Display mit 128 x 64 Pixeln Insgesamt 47 Tasten und 13 LEDs Navigationstaste, Taste und LED für direkten Mailbox-Zugang Anruferliste (100 Einträge) Adressverzeichnis (100 Einträge) Adressverzeichnis Import / Export (CSV) Anzeige verpasster und angenommener Anrufe Uhr, Gesprächsdaueranzeige Sperrung anonymer Anrufer Programmierbare Funktionstasten Ruftonauswahl, herunterladbare Klingeltöne Direkte Weiterleitung und Transfer mit Rückfrage Rufumleitung Rufunterbrechung Konferenz Dualer Ethernetanschluss, 2 Port Switch – d. h., je Arbeitsplatz für PC und Telefon nur ein Ethernetanschluss nötig Extra Headset-Anschluss (Westernstecker)
Fazit:	Das snom 360 ist ein rundum gutes Telefon. Es gehört zu meinen Lieblingstelefonen, und das aus gutem Grund: Das Telefon ist einfach zu bedienen, hat ein großes, übersichtliches Display und viele nützliche Tasten. Besonders praktisch ist die Weboberfläche, über die Sie das Telefon vom PC aus bedienen und «beobachten» können.

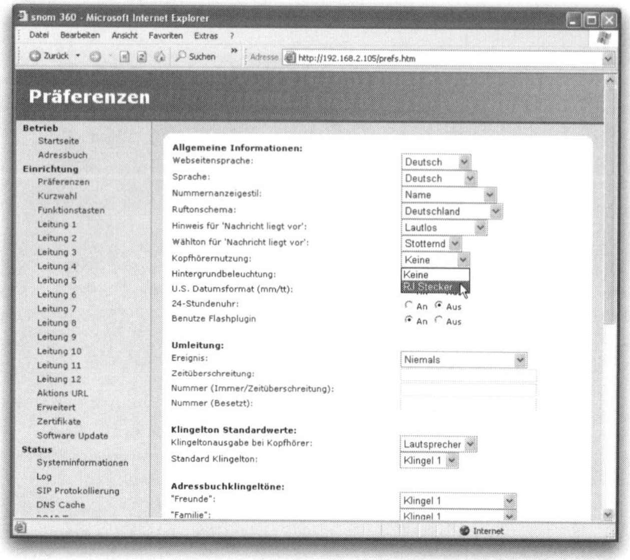

Sehr praktisch: Über die Weboberfläche haben Sie vom PC aus Zugriff auf alle wichtigen Telefonfunktionen.

Besonders praktisch ist die Weboberfläche des Telefons. Damit können Sie das gesamte Telefon inklusive komplexer Telefon-Funktionen, Details zu Anrufen, Konfigurationsmöglichkeiten und Hilfsoptionen über den Browser Ihres PCs bedienen. Laden Sie über die Weboberfläche beispielsweise individuelle Klingeltöne auf das Telefon. Freunde und Bekannte erhalten so zum Beispiel einen anderen Klingelton als andere Anrufer.

Neben dem Topmodell 360 hat snom noch weitere interessante Telefone im Programm. Das snom 320 ist ähnlich komfortabel, kommt aber mit einem kleineren LCD-Display aus. Das günstige Modell snom 300 richtet sich vor allem an VoIP-Einsteiger. Allen gemeinsam ist die praktische Weboberfläche, über das Sie das gesamte Telefon auch vom PC aus bedienen können.

elmeg IP290 – Günstig und gut

Ein gutes Telefon zum günstigen Preis. Das sind die Merkmale des Internet-Telefons elmeg IP290. Für knapp 100 Euro bietet das Telefon eine Menge Funktionen und eine übersichtliche Weboberfläche.

Das zweizeilige LCD-Display und die übersichtliche Tastenanordnung machen die Benutzung einfach und intuitiv. Gut gelöst: Das Telefon verfügt über einen zusätzlichen Netzwerkanschluss und ermöglicht so eine direkte PC-Verbindung mit dem IP-Telefon – ein zusätzlicher Anschluss am Router ist nicht notwendig.

Für knapp 100 Euro bietet das elmeg IP290 viele Funktionen plus einer praktischen Weboberfläche.

elmeg IP290 4/5 ★★★★☆

Anbieter: elmeg (Funkwerk Enterprise Communications GmbH)
Preis: ca. 100 Euro
Infos: www.elmeg.de

Leistungsmerkmale:
Bis zu 5 SIP-Accounts
Grafisches Display mit 2 x 24 Zeichen
Insgesamt 30 Tasten und 6 LEDs
Anruferliste (100 Einträge)
Adressverzeichnis (100 Einträge)
Adressverzeichnis Import / Export (CSV)
Anzeige verpasster und angenommener Anrufe
Uhr, Gesprächsdaueranzeige
Sperrung anonymer Anrufer
Programmierbare Funktionstasten
Ruftonauswahl, herunterladbare Klingeltöne
Rufumleitung
Rufunterbrechung
Konferenz
Dualer Ethernetanschluss, 2 Port Switch – d.h. je Arbeitsplatz für PC und Telefon nur ein Ethernetanschluss nötig
Extra Headset-Anschluss (Westernstecker)

Fazit: Mit dem elmeg IP290 bekommen Sie viel Telefon für wenig Geld. Sehr erfreulich: Das Telefon unterstützt die Verschlüsselung über SRTP. Sofern Ihr VoIP-Anbieter SRTP ebenfalls anbietet, können Sie Ihre Telefonate damit abhörsicher machen.

Grandstream GXP-2000 – Schön und komfortabel

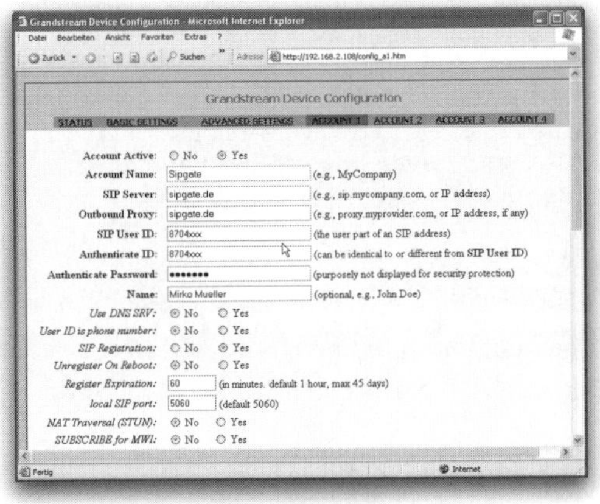

Leider nur in englischer Sprache: Die Weboberfläche des Grandstream GXP-2000.

Schon beim Auspacken merkt man sofort: Mit dem GXP-2000 hat Grandstream ein schönes Internet-Telefon entwickelt. Besonders gelungen ist das 8 mal 3,5 Zentimeter große, schwenkbare und beleuchtete LCD-Display. Es zeigt auf einen Blick die wichtigsten Informationen wie Uhrzeit, Rufnummern, IP-Adresse und viele weitere Daten.

Wird das Telefon gerade nicht verwendet, zeigt das große Display auf Wunsch Uhrzeit und Datum an.

Auch technisch kann sich das Telefon sehen lassen: Es verwaltet bis zu vier SIP-Konten, die sich durch einen einfachen Tastendruck auf die LINE-Tasten – für die Accounts eins bis vier – oder durch Drücken der Schnellwahltasten auswählen lassen. Bei eingehenden Anrufen wird der Account durch ein Blinken neben der entsprechenden Taste angezeigt. Ein Wechseln der Accounts während des Gespräches ist somit jederzeit möglich.

Konfiguriert wird das Telefon über ein übersichtliches Web-Interface. Hinten am Telefon befindet sich ein weiterer Netzwerkanschluss für den PC, sodass ein zusätzlicher Anschluss am Router nicht benötigt wird. Einziger Wermutstropfen: Die Weboberfläche sowie die Menüs am Telefon gibt es nur in englischer Sprache.

info

Grandstream GXP-2000 3/5 ★★★☆☆

Anbieter:	Grandstream
Preis:	ca. 100 Euro
Infos:	www.grandstream.com
Leistungsmerkmale:	Bis zu 4 SIP-Accounts Grafisches Display 8 x 3,5 Zentimeter Insgesamt 30 Tasten und 12 LEDs Stromversorgung wahlweise über Netzteil oder PoE (Power over Ethernet) Stummschaltung Freisprechen Wahl bei aufgelegtem Hörer Dualer Ethernetanschluss, 2 Port Switch – d.h. je Arbeitsplatz für PC und Telefon nur ein Ethernetanschluss nötig Extra Headset-Anschluss (Klinkenstecker)
Fazit:	Das Grandstream GXP-2000 ist ein solides und durchdachtes Telefon mit erfreulich großem Display. Die Konfiguration und Bedienung des Telefons ist auch für VoIP-Einsteiger schnell erlernt. Leider sind die Weboberfläche und die Anzeigen im Telefondisplay nur in englischer Sprache verfügbar.

Sieht gut aus und beeindruckt durch das große, beleuchtete Display: Das Internet-Telefon Grandstream GXP-2000.

Thomson SpeedTouch 2030 – Bunt und blinkend

Ganz schön schön: Das Thomson SpeedTouch 2030 macht auf dem Schreibtisch eine gute Figur.

Schick und bunt. So präsentiert sich das Internet-Telefon Thomson SpeedTouch 2030. Mit dem silber/schwarzen Gehäuse sieht es auf dem heimischen Schreibtisch recht schmuck aus. Auch die rot und grün leuchtenden Funktionstasten sind schick und stehen dem Telefon gut. Apropos «stehen»: Mit dem beiliegenden Ständer lässt sich das Telefon bequem im 45-Grad-Winkel aufstellen. Das Display und die Tasten sind so optimal erreichbar.

Das Thomson-Telefon ist aber nicht nur schön anzuschauen, es hat auch einiges zu bieten: Das Telefon verfügt über zwei Netzwerkanschlüsse und kann wahlweise über PoE (Power over Ethernet) oder die Steckdose mit Strom versorgt werden. Konfiguriert wird das neue VoIP-Telefon komfortabel über den Webbrowser, alternativ auch über die Telefontastatur.
Das integrierte Telefonbuch bietet Platz für 100 Einträge, wovon bis zu 30 als

Thomson SpeedTouch 2030 — 4/5 ★★★★☆

info

Anbieter:	Thomson
Preis:	ca. 120 Euro
Infos:	www.speedtouchpartner.com
Leistungsmerkmale:	Bis zu 4 SIP-Accounts Grafisches Display 128 x 64 Pixel Insgesamt 36 Tasten, teilweise beleuchtet sowie 14 LEDs Stromversorgung wahlweise über Netzteil oder PoE (Power over Ethernet) Stummschaltung Freisprechen Wahl bei aufgelegtem Hörer Dualer Ethernetanschluss, 2 Port Switch – d.h. je Arbeitsplatz für PC und Telefon nur ein Ethernetanschluss nötig Extra Headset-Anschluss (Westernstecker)
Fazit:	Das Auge telefoniert mit: Das Thomson-Telefon gehört mit seinem edlen schwarz/silbernen Gehäuse und den beleuchteten Tasten zu den Schmuckstücken der Internet-Telefone. Auch die inneren Werte, sprich: Leistungsmerkmale, Konfiguration und Bedienung können überzeugen.

Kurzwahlen programmiert werden können. Komfortfunktionen wie Makeln, Halten, Anrufübergabe, Anrufweitergeleitung sowie eine 3-Wege-Konferenzschaltung gehören zum Standardrepertoire des schmucken Telefons.

UTStarcom F1000 – WLAN-Telefon im Zwergenformat

So klein kann ein Internet-Telefon sein: Das WLAN-Handy UTStarcom F1000 misst gerade einmal 10,5 mal 4 Zentimeter und bringt schlappe 110 Gramm auf die Waage. Auch optisch sieht es aus wie ein modernes Handy im Miniformat. Und doch ist es ein waschechtes Internet-Telefon.

Der wichtige Unterschied zum klassischen Handy: Das UTStarcom-Telefon funkt nicht im Mobilfunknetz, sondern im heimischen WLAN-Funknetz. Wenn Sie über einen WLAN-Router oder einen WLAN-Accesspoint verfügen, verbindet sich das handliche Telefon drahtlos mit dem heimischen Funknetzwerk und damit mit dem Internet. Und schon können Sie auch kabellos übers Internet telefonieren.

Der Vorteil eines WLAN-Handys liegt auf – oder besser gesagt: in der Hand: Überall, wo Sie Zugriff auf ein Funknetzwerk haben – zum Beispiel unterwegs per Hotspot – sind Sie unter Ihrer VoIP-Rufnummer erreichbar. Und Sie sind damit auch gleich unabhängig von teuren Mobilfunktarifen.

So ein WLAN-Telefon ist eine praktische Sache, die allerdings einige Mühe beim Einrichten bereitet. Die Konfiguration des VoIP-Winzlings ist nicht gerade einfach: Nach dem Einschalten müssen Sie zunächst mühsam über die winzige Tastatur und das kleine Telefondisplay das heimische Funk-Netzwerk suchen und konfigurieren. Wer sein WLAN mittels WEP verschlüsselt hat (was unbedingt zu empfehlen ist), muss über die kleine Tastatur auch noch das Kennwort und die weiteren Sicherheitseinstellungen vornehmen. Ganz schön mühsam. Ist die Hürde aber einmal genommen, steht dem mobilen «Voipen» nichts mehr im Wege.

So klein, und schon ein Internet-Telefon: Mit WLAN-Handys wie dem UTStarcom F1000 schrumpfen Internet-Telefone auf die Größe eines Handys.

Apropos Sicherheit: Schützen Sie Ihr Funknetzwerk unbedingt vor Lauschangriffen: Gerade wenn Sie mit einem WLAN-Handy telefonieren, sollte Ihr drahtloses Netzwerk verschlüsselt sein. Weitere Informationen zum Abhören von Internet-Telefonaten – nicht nur im

WLAN – und wie Sie sich davor schützen können, erfahren Sie im Kapitel *Sicherheit und Datenschutz.*

UTStarcom F1000 — 2/5 ★★☆☆☆

Anbieter: UTStarcom Incorporated
Preis: ca. 150 Euro
Infos: www.utstarcom.com

Leistungsmerkmale:
4 WLAN-Netze konfigurierbar
Grafisches Display 25 x 28 Millimeter (beleuchtet)
Insgesamt 20 Tasten
WEP-Verschlüsselung
Anklopfen
Echounterdrückung
Gesprächszeit: bis 4 Stunden
Standby-Zeit: 48-80 Stunden
Gewicht: ca. 110 Gramm
WLAN-Standard: Wi-Fi 801.11g (54 MBit/s)

Fazit: Auch wenn die Einrichtung des Telefons recht mühsam ist, danach macht das kabellose Telefonieren mit dem WLAN-Handy Spaß. Allerdings vermittelt es in Sachen Gehäuse- und Displayqualität einen unausgereiften Eindruck. Die Anmutung und Haptik erinnert an die Anfangszeiten der «echten» Handys. Ein weiterer Wermutstropfen: Das WLAN-Handy unterstützt nur die recht schwache Verschlüsselung nach WEP. Optimal wäre die sicherere Variante WPA. Wichtig: Wenn Ihr WLAN bereits mittels WPA verschlüsselt ist, können Sie das WLAN-Handy aufgrund der fehlenden WPA-Unterstützung nicht in Ihrem Funknetzwerk verwenden.

info

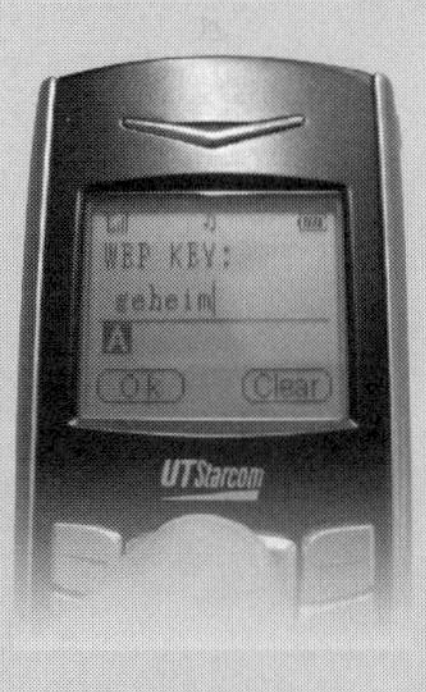

Die erste Hürde ist hoch: Das Einrichten des WLAN-Zugangs auf der kleinen Handytastatur ist recht mühsam.

ZyXel P-2000W-V2 – Flach und leicht

Ein WLAN-Handy wie das Prestige P2000W von Zyxel ist eine tolle Sache: Mit dem Wi-Fi-Telefon können Sie drahtlos telefonieren, sobald Sie sich in der Reichweite eines 802.11b-Netzwerks befinden. Das kann das heimische Funk-Netzwerk aber auch ein öffentlicher Hotspot sein.

Bevor es so weit ist, müssen Sie allerdings einige Klippen umschiffen. Denn die Konfiguration des Telefons setzt jede Menge technisches Verständnis voraus. Äußerlich ähnelt das Telefon mit seinen Abmessungen von knapp 4,5 mal 2 mal 12,7 Zentimetern und einem Gewicht von 105 Gramm den klotzähnlichen Mobiltelefonen von anno dazumal. Das Telefon liegt damit zwar gut in der Hand, ist für den mobilen Einsatz unterwegs aber einfach zu groß. Fürs mobile Telefonieren zu Hause reicht es aber allemal.

Das Prestige P2000W bietet grundlegende Funktionen wie ein Telefonbuch und ein Anrufprotokoll, auf die Sie entweder über das Telefon oder über den Browser zugreifen. Das WLAN-Handy bietet zudem einen Vibrationsmodus, sieben Klingeltöne. Enttäuschend ist die Akkulaufzeit: Zyxel verspricht zwar 22 Stunden Stand-by- und 3,5 Stunden Gesprächszeit. Im Praxiseinsatz bringt es der Akku aber gerade einmal auf schlappe 12 Stunden Standby-Zeit.

info

Das WiFi phone (WLAN-Telefon) von Zyxel ermöglicht drahtloses «Voipen» per WLAN-Funknetzwerk.

Zyxel Prestige P2000-V2 2/5 ★★☆☆☆

Anbieter:	ZyXel Deutschland GmbH
Preis:	ca. 180 Euro
Infos:	www.zyxel.de
Leistungsmerkmale:	WLAN-Netz konfigurierbar Grafisches Display (beleuchtet) Insgesamt 20 Tasten WEP-Verschlüsselung Integriertes Telefonbuch (max. 80 Einträge) Gesprächszeit: bis 3,5 Stunden Standby-Zeit: bis zu 22 Stunden Gewicht: ca. 115 Gramm WLAN-Standard: Wi-Fi 801.11b (11 MBit/s)
Fazit:	Für den Einsatz im heimischen Funk-Netzwerk ist das WLAN-Handy von ZyXel recht praktisch. Auch wenn die Ersteinrichtung und Konfiguration einige Mühe bereitet. Das Telefon liegt gut in der Hand, die Bedienung ist einfach. Enttäuschend ist die geringe Akkulaufzeit von knapp über 12 Stunden.

Besonders praktisch: Telefonadapter für alte Telefone

«Echte» Internet-Telefone sind zwar eine praktische Sache und verwöhnen mit tollen Funktionen, die Investitionen sind aber nicht ohne. Zwischen 40 und 200 Euro kostet ein Internet-Telefon. Da liegt die Frage nahe, warum man nicht einfach die alten Analog- oder ISDN-Telefone ans Internet anschließt?

Kein Problem: Adapter machen's möglich. Mit so genannten VoIP-Adaptern können Sie Ihre alten Telefone – ob analog oder ISDN – an das Internet anschließen und sie damit VoIP-fähig machen. Investitionen in neue Telefone sind damit überflüssig.

Faxen mit Adapter

Aufgepasst: Es gibt Adapter für analoge Telefone und für ISDN-Telefone. Achten Sie beim Kauf eines VoIP-Adapters darauf, dass er für Ihr Telefon geeignet ist. Es geht auch beides: An einige Adapter können Sie sowohl analoge als auch ISDN-Telefone anschließen.

aufgepasst

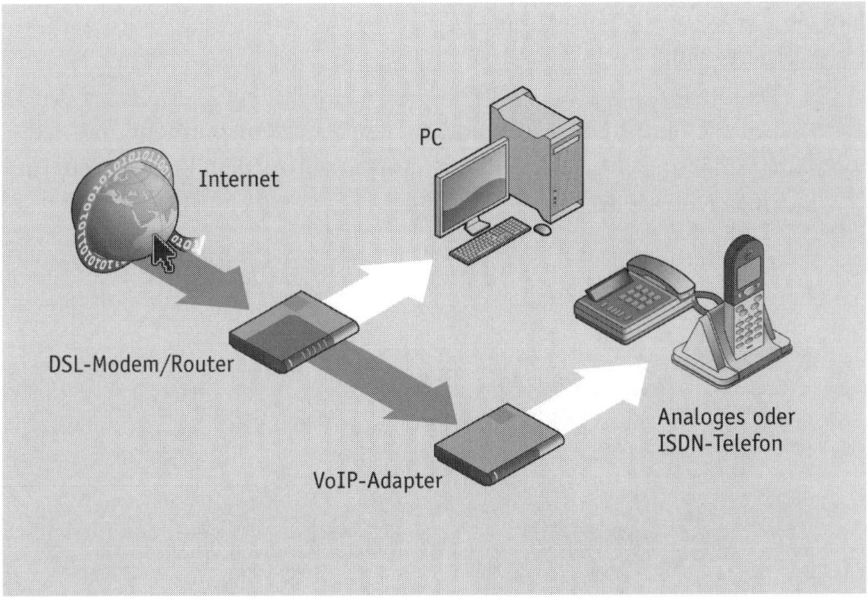

Mit Hilfe von VoIP-Adaptern können Sie auch Ihre alten Analog- und ISDN-Telefone ans Internet anschließen.

So geht's: VoIP-Adapter anschließen

Die Installation eines VoIP-Adapters ist im Prinzip sehr einfach: Zuerst schließen Sie den Adapter an den DSL-Router an. Anschließend stecken Sie das Telefonkabel des analogen bzw. des ISDN-Telefons in den VoIP-Adapter – voilà, schon ist das alte Telefon VoIP-fähig. Sie müssen nur noch im Adapter einige Einstellungen vornehmen, z. B. die Anmeldung beim VoIP-Provider, und schon können Sie lostelefonieren.

Welche Adapter sich für den Anschluss Ihrer alten Telefone eignen und wie Sie sie konfigurieren, erfahren Sie weiter unten im Abschnitt *Die besten VoIP-Adapter*.

Das nachfolgende Beispiel zeigt, wie einfach die Installation eines VoIP-Adapters ist. Als Beispielgerät dient der VoIP-Adapter SPA-1001 der Firma Sipura (www.sipura.com):

1. Packen Sie den Adapter aus, und stellen Sie es entsprechend der Bedienungsanleitung auf. Schließen Sie das Netzteil an, damit der Adapter mit Strom versorgt wird.

So sehen VoIP-Adapter typischerweise aus: Es gibt einen Anschluss für das Netzwerk/Internet (rechts) und einen für das analoge Telefon bzw. Faxgerät (links). Mit einem Zusatzkabel können Sie auch alte TAE-Stecker weiter verwenden.

2. Jetzt müssen Sie den Adapter mit dem Internet verbinden. Im Prinzip wird der Adapter genau so ans Internet angeschlossen wie Ihr Computer auch. In den meisten Fällen ist Ihr Computer per DSL mit dem Internet verbunden. Das klassische Szenario: An der Telefonanschlussdose finden

Sie neben dem Splitter Ihr DSL-Modem oder einen DSL-Router mit mehreren Netzwerkanschlüssen. Hier ist auch Ihr Computer angeschlossen und gelangt darüber ins Internet.
Genau das ist die Stelle, an die auch der Adapter angeschlossen wird. Wenn an Ihrem DSL-Modem bzw. Router noch eine freie Netzwerkschnittstelle ist, schließen Sie hier das Netzwerkkabel für den Adapter an. Das andere Ende des Netzwerkkabels kommt direkt in die Netzwerkschnittstelle des Adapters. Zumeist ist sie mit Net oder LAN gekennzeichnet.
Der VoIP-Adapter hat damit eine Verbindung zum Internet.

Übrigens: Falls an Ihrem DSL-Router kein Netzwerkanschluss mehr frei ist, sollten Sie Ihren Router um weitere freie Anschlüsse erweitern. Wie das geht, erfahren Sie weiter oben im Abschnitt *Wenn am Router kein Platz mehr ist.*

3. Jetzt können Sie das analoge Telefon bzw. Faxgerät anschließen. Am Adapter finden Sie hierzu die Buchse Phone oder Telefon. Meist handelt es sich hierbei um eine Buchse für rechteckige Westernstecker. Wenn Ihr Telefon/Faxgerät noch über einen länglichen TAE-Stecker verfügt, verwenden Sie das beiliegende Adapterkabel – das macht aus der Westernbuchse einen TAE-Anschluss.
4. Abschließend müssen Sie den Adapter konfigurieren. Das ist wichtig, damit der Adapter weiß, über welchen VoIP-Anbieter und mit welcher Rufnummer Sie telefonieren möchten.
Die meisten VoIP-Adapter verfügen hierzu über eine praktische Weboberfläche, sodass Sie sämtliche Einstellungen über den Computer vornehmen können. Ganz ohne fummelige Einstellungen über die Tasten des Telefons.
Wie genau Sie den Adapter konfigurieren, entnehmen Sie der Bedienungsanleitung des Telefons bzw. den Anweisungen Ihres VoIP-Anbieters.

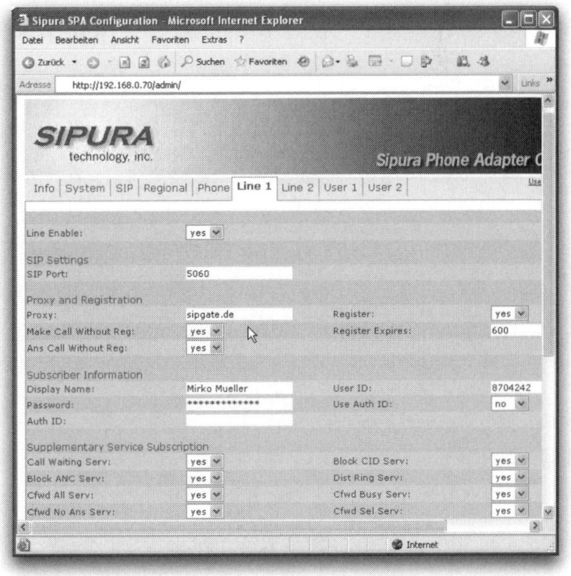

In der Weboberfläche des VoIP-Adapters tragen Sie die Zugangsdaten und Parameter Ihres VoIP-Anbieters ein.

Um beim Adapter von Sipura den Zugriff auf das Webinterface zu erhalten, drücken Sie am angeschlossenen Telefon vier Mal die Stern-Taste (*) gefolgt von «101». Nun erhalten Sie per Ansage die IP-Adresse, die dem Adapter zugewiesen wurde.

Der hier im Beispiel vorgestellte Adapter erhält beispielsweise vom DSL-Router automatisch eine IP-Adresse, z. B. 192.168.0.70. Geben Sie die IP-Adresse des Adapters einfach in die Adresszeile des Internet Explorers ein – und schon befinden Sie sich auf der Bedienoberfläche des Adapters. Hier stellen Sie die Parameter für Ihren VoIP-Anschluss ein. Die exakten Daten erhalten Sie von Ihrem VoIP-Anbieter. Zu den wichtigsten Parametern gehören Ihre SIP-ID bzw. Benutzerkennung, Ihr Kennwort sowie die Adressen für SIP-Registrar und STUN-Server.

Übrigens: Welche Parameter Sie für welchen VoIP-Anbieter einstellen müssen, erfahren Sie im Kapitel Den passenden VoIP-Anbieter finden. Oft finden Sie auch auf der Webseite des Anbieters eine passende Installationsanleitung exakt für Ihren VoIP-Adapter.

5. Sobald die Konfiguration abgeschlossen ist, können Sie gleich loslegen und nach Lust und Laune mit dem alten Telefon lostelefonieren.

Die besten VoIP-Adapter

Wer mit seinen «alten» analogen Telefonen auch im Internet telefonieren möchte, braucht einen VoIP-Adapter – auch Telefonadapter oder ATA-Adapter (Analog Telefon Adapter) genannt. Die machen genau das, was man von ihnen erwartet: Sie wandeln das normale Telefongespräch in das VoIP-Datenformat um und umgekehrt.

Welche Adapter sich am besten eignen, erfahren Sie auf den nachfolgenden Seiten. Gut geeignet sind zum Beispiel folgende VoIP-Adapter:

- Sipura SPA-2002
- Grandstream HandyTone 486
- Zyxel P2002

An die meisten Telefonadapter können Sie nur analoge Telefone anschließen. Wenn Sie hingegen ein ISDN-Telefon für VoIP nutzen möchten, empfiehlt sich die Anschaffung einer VoIP-Telefonanlage bzw. eines Multifunktionsgeräts. Weitere Informationen hierzu finden Sie weiter unten im Abschnitt *Besonders vielseitig: Multifunktionsgeräte für Internetzugang plus Telefonie.*

Schauen Sie in den Shop

schieb-tipp

Die hier vorgestellten Modelle stellen nur eine kleine Auswahl der verfügbaren VoIP-Adapter dar. Mein Tipp: Einen guten Überblick über die derzeit gängigen Adapter finden Sie auf den Webseiten der VoIP-Anbieter. Viele Anbieter haben einen eigenen Shopbereich und bieten dort die besten Adapter zum Kauf an. Besonders praktisch: Wenn Sie den Adapter beim VoIP-Anbieter kaufen, wird Ihnen der VoIP-Anbieter sicher gerne bei der Installation und Inbetriebnahmen helfen. Oft bekommen Sie beim VoIP-Anbieter – z. B. bei Sipgate (www.sipgate.de) oder dus.net (www.dus.net) – sogar direkt vorkonfigurierte Adapter. Die müssen Sie nur noch einstöpseln, das analoge Telefon anschließen und können gleich lostelefonieren.

Telefonadapter kaufen Sie am besten direkt bei Ihrem VoIP-Anbieter. Dort bekommen Sie die Geräte oft auch gleich mit Ihren persönlichen Zugangsdaten vorkonfiguriert.

Sipura SPA-2002 – Der Winzling

Leicht zu installieren und einfach zu benutzen: Der Telefonadapter Sipura SPA-2002 macht aus herkömmlichen analogen Telefonen und Faxgeräten im Handumdrehen waschechte Internet-Telefone. Und das gleich doppelt: An den SPA-2002 Adapter können Sie bis zu zwei analoge Endgeräte anschließen. Die Konfiguration der beiden Anschlüsse erfolgt über den Webbrowser und für jeden Anschluss separat – Sie bestimmen für jeden Anschluss, auf welche Rufnummer er reagieren soll oder welcher VoIP-Anbieter zum Einsatz kommt.

info

Sipura SPA-2002 5/5 ★★★★★

Anbieter: Sipura Technology
Preis: ca. 80 Euro
Infos: www.sipura.com

Leistungsmerkmale:

Anschluss für 2 analoge Endgeräte (Telefon, Fax, Anlage)
Konfiguration per Weboberfläche
Anklopfen/ Anklopfen annullieren
Rufnummerübermittlung mit Name / Nummer (internationale Varianten)
Rufnummerübermittlung unterdrücken
Anklopfen mit Anruferidentifikation mit Name / Nummer
Anrufumleitung bei: Ohne Antwort, besetzt oder immer
Ruhe vor Anrufen
Anrufweiterleitung
Dreier-Konferenz mit optischer / akustischer Anzeige von eingehenden Anrufen/Nachrichten
Rückruf wenn besetzt
Anrufsperre bei Gebührenüberschreitung
Verzögerte Gesprächstrennung
Verschiedene Klingeltöne
Warnton bei Inaktivität
Anrufablehnung (selektiv oder anonym)
Anrufsignalisierung Hotline
Kurzwahl von 8 Rufnummern/Adressen
Wartemusik

Fazit: Die Adapter von Sipura gehören zu meinen Lieblings-Telefonadaptern. Das liegt nicht nur am überzeugenden Funktionsumfang und der geringen Größe, sondern auch an der einfachen Konfiguration per Webbrowser – auch wenn die Weboberfläche sich nur in englischer Sprache präsentiert. Neben dem hier vorgestellten Modell bietet Sipura (www.sipura.com) noch weitere Varianten, z. B. zum Anschluss nur eines Telefons bis zum Topmodell für vier Geräte.

Grandstream HandyTone 486 – Das kleine Schwarze

Klein und schwarz. So präsentiert sich der praktische Telefonadapter HandyTone 486 von Grandstream. Jedes analoge Telefon mit Tonwahlverfahren lässt sich damit als IP-Telefon nutzen. Sie telefonieren weiterhin über Ihr «normales» Telefon – das kann auch das «alte» Schnurlostelefon sein – aber zu günstigen Internet-Tarifen oder gar kostenlos.

Faxen mit Adapter

aufgepasst

*Wenn Sie ein analoges Faxgerät an den Adapter anschließen, sollten Sie unbedingt die wichtigen Hinweise im Abschnitt **«Sonderfall mit Tücken: Faxen via VoIP»** beachten. Nur dann klappt's auch mit dem Faxen übers Internet.*

Der Vorteil des Handytone-Adapters: Der kleine schwarze Kasten verfügt über eine eigene Weboberfläche, sodass Sie sämtliche Einstellungen bequem vom PC durchführen können. So bestimmen Sie beispielsweise, mit welchem VoIP-Anbieter und welchen Einstellungen Sie telefonieren möchten.

Grandstream Handytone 486 4/5 ★★★★☆

info

Anbieter:	Grandstream Networks Inc.
Preis:	ca. 50 Euro
Infos:	www.grandstream.com
Leistungsmerkmale:	Anschluss für 1 analoges Endgerät (Telefon, Faxgerät, Telefonanlage) Konfiguration per Weboberfläche Anklopfen/ Anklopfen annullieren Rufnummerübermittlung mit Name / Nummer (internationale Varianten) Anklopfen mit Anruferidentifikation mit Name / Nummer Anrufweiterleitung Verschiedene Klingeltöne
Fazit:	Wenn Sie nur ein analoges Telefon oder Faxgerät VoIP-fähig machen möchten, liegen Sie mit den Adaptern von Grandstream richtig. Die Installation per Internet Explorer geht leicht von der Hand. Einziger Nachteil: Die Weboberfläche ist lediglich in englischer Sprache verfügbar.

Zyxel Prestige 2002 – Zwei Telefone an einer Box

VoIP-Adapter wie das Modell Prestige 2002 von Zyxel bieten sich an, wenn Sie gleich zwei analoge Telefone oder Faxgeräte verwenden möchten. Jedes der angeschlossenen Telefone können Sie separat konfigurieren und zum Beispiel anderen VoIP-Anbietern zuordnen.

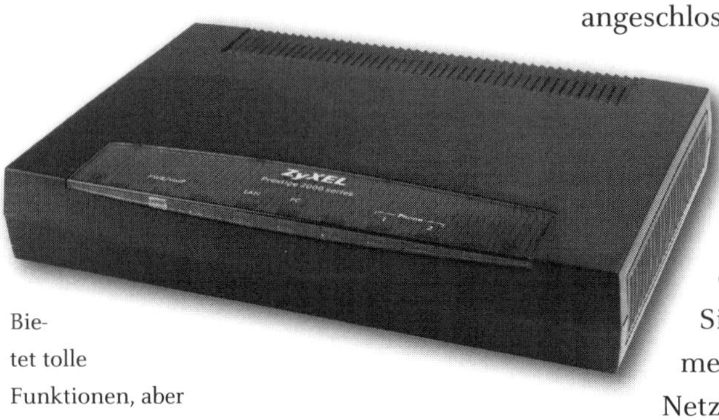

Bietet tolle Funktionen, aber einen umständlichen Weg zur Weboberfläche: Der VoIP-Adapter Prestige 2002 von Zyxel.

Die Weboberfläche zur Konfiguration der Telefone ist beim Zyxel-Adaper zwar angenehm einfach gestaltet, allerdings ist der Weg dorthin recht steinig. Bis Sie die Weboberfläche zu Gesicht bekommen, müssen Sie zunächst Ihr komplettes Netzwerk umkonfigurieren. Die Anleitung zeigt zwar Schritt für Schritt wie es geht, mühsam und umständlich bleibt es trotzdem.

Ist die Hürde erst einmal genommen, haben Sie Zugriff auf die zahlreichen Einstellmöglichkeiten des Adapters. Dazu gehört bei der Modellvariante P2002L auch die praktische Lifeline-Funktion. Der Clou: Sollte die Stromversorgung des Adapters unterbrochen oder der VoIP-Dienst nicht verfügbar

info

Zyxel Prestige 2002/2002L 3/5 ★★★☆☆

Anbieter:	Zyxel Deutschland GmbH
Preis:	ca. 130 Euro
Infos:	www.zyxel.de
Leistungsmerkmale:	Anschluss für 2 analoge Endgeräte (Telefon, Faxgerät, Telefonanlage) Konfiguration per Weboberfläche Anklopfen/ Anklopfen annullieren Rufnummerübermittlung mit Name / Nummer (internationale Varianten) Dreierkonferenz Anklopfen mit Anruferidentifikation mit Name / Nummer Anrufweiterleitung
Fazit:	Die umfangreichen Konfigurationsmöglichkeiten machen das Zyxel Prestige 2002 eigentlich zum idealen Adapter für zwei analoge Telefone oder Faxgeräte. Wenn da nur nicht der umständliche Weg zur Weboberfläche des Geräts wäre.

sein, werden ausgehende Anrufe automatisch über das normale Telefonnetz geleitet. Ist der VoIP-Dienst aktiv, können Sie zudem über bestimmte Vorwahlnummern trotzdem über das analoge Telefonnetz telefonieren. Indem Sie beispielsweise vor die Nummer vier Nullen (0000) wählen. Sehr gut gelöst: Notrufe oder wichtige Anrufe können Sie wahlweise automatisch über den Festnetzanschluss wählen lassen.

Besonders vielseitig: Multifunktionsgeräte für Internetzugang plus Telefonie

Mehr Komfort geht nicht: Mit so genannten Multifunktionsgeräten schlagen Sie gleich mehrere Fliegen mit einer Klappe. Die pfiffigen Multitalente vereinen verschiedene Geräte in einem:

- **DSL-Modem/Router**
  Das integrierte DSL-Modem ist mit dem Splitter Ihrer Telefondose verbunden und sorgt für den Internetzugang.
- **Switch**
  Dank des integrierten Switchs können Sie mehrere PCs zu einem Netzwerk verbinden. In der Regel verfügen die Multifunktionsgeräte über vier Netzwerkanschlüsse.
- **WLAN**
  Die integrierte WLAN-Antenne ermöglicht drahtloses Surfen, z. B. mit dem Notebook oder PDA. Besonders raffiniert: WLAN-Handys, mit denen Sie drahtlos über WLAN im Internet telefonieren können – beispielsweise mit dem Modell F1000 von UTStarcom (www.utstarcom.de) für knapp 150 Euro oder das ePhone P2000Wv2 von Zyxel (www.zyxel.de).
- **VoIP-Adapter**
  Über den VoIP-Adapter schließen Sie alte Analog- oder ISDN-Telefone an und telefonieren damit über das Internet.
- **USB-Anschluss**
  Einige Multifunktionsgeräte haben zusätzlich einen USB-Anschluss, der allen angeschlossenen Geräten zur Verfügung steht. Daran angeschlossene Geräte wie USB-Drucker oder USB-Festplatten können im gesamten lokalen Netzwerk genutzt werden.

Der Vorteil der Multifunktionsgeräte liegt auf der Hand: Statt mehrere Einzelgeräte – DSL-Modem, WLAN-Router, VoIP-Adapter usw. – müssen Sie nur noch ein einziges Gerät aufstellen. Eines für alles. Das ist praktisch und spart viel Kabelwirrwarr, Stellfläche, Stromanschlüsse und nicht zuletzt Konfigurationsarbeit.

Eine ausführliche Darstellung der besten und pfiffigsten Multifunktionsgeräte finden Sie weiter unten in diesem Kapitel im Abschnitt *Die besten Multifunktionsgeräte.*

Eine für alles: Mit Multifunktionsboxen wie FritzBox Fon WLAN von AVM haben Sie alles in einem Gerät: DSL-Modem, WLAN, Internet-Telefonie und VoIP-Adapter für analoge und ISDN-Telefone.

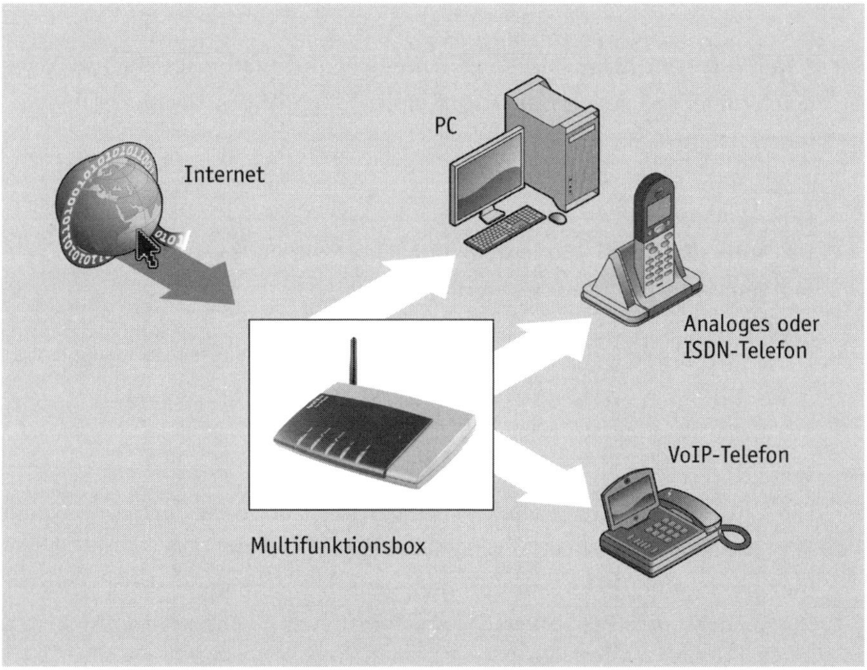

So geht's: Multifunktionsgeräte anschließen

Wahre Alleskönner: Die Multifunktionsgeräte lassen das Herz eines jeden Internet-Nutzers höher schlagen. Sie brauchen nur noch ein Gerät um in einem Rutsch Internet, WLAN, Telefonanlage und VoIP zu genießen. Weniger Kabelgewirr, weniger Steckdosenbelegung und eine zentrale Konfigurationsseite für alles sind die zentralen Vorteile der Multitalente.

Zugegeben, wenn Sie von Ihrem jetzigen Internetzugang zu einem neuen Multifunktionsgerät wechseln, sind einige Umstellungen notwendig. Schließlich müssen Sie gegebenenfalls viele Geräte wie Router, WLAN-Router oder Telefonadapter abbauen und durch das neue Multitalent ersetzen. Aber eben durch ein einziges Gerät, das alles kann.

Wie einfach die Installation und Einrichtung eines Multifunktionsgeräts ist, zeigt das Beispiel der FritzBox Fon WLAN 7170 von AVM. Lediglich folgende Schritte sind notwendig, um den Alleskönner zu installieren:

1. Bei AVM gestaltet sich die Installation sehr einfach. Im ersten Schritt legen Sie die Installations-CD ein und starten sie. Alles Weitere übernimmt der Installations-Assistent, der Sie Schritt für Schritt durch die Einrichtung führt.
2. Nach einem Mausklick auf Anschluss und Installation zeigt Ihnen der Assistent, wie Sie die Fritzbox an das Stromnetz, den DSL-Splitter, die ISDN-Buchse und den PC anschließen.
3. Nach dem Anschließen aller Kabel installiert der Assistent automatisch die Fritzbox-Konfigurationssoftware. Hiermit richten Sie schrittweise den Internetzugang sowie die Zugangsdaten für Ihren VoIP-Anbieter ein.
4. Die Einrichtung mit dem Assistenten dauert zwar einige Minuten. Danach können Sie aber direkt loslegen, ins Internet gehen und via Internet telefonieren. Konfigurationsänderungen sind jederzeit über die Benutzeroberfläche der Fritzbox oder den Einrichtungsassistenten möglich.

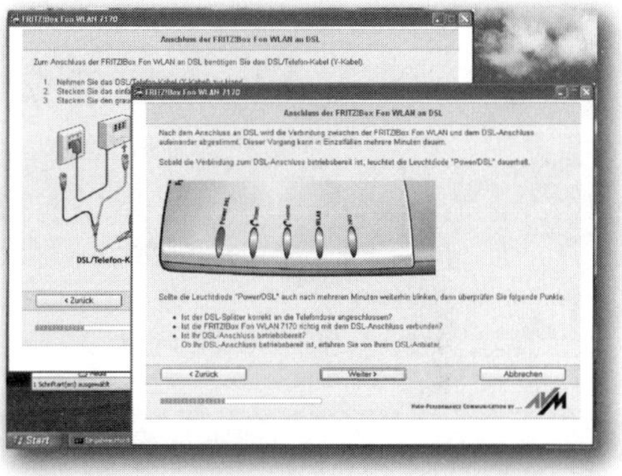

Einfacher geht's nicht: Der Assistent der Fritzbox geht mit Ihnen jeden Schritt zum Anschluss der Box durch.

Wichtige Einstellungen für Internet, WLAN und Telefone nehmen Sie über die Konfigurationssoftware vor.

Die besten Multifunktionsgeräte

So ein Multifunktionsgerät ist eine feine Sache. Nach dem Motto «vier Fliegen mit einer Klappe» sind damit alle Geräte, die Sie sonst für Internetzugang, WLAN, Netzwerk und Internet-Telefonie anschaffen müssten, in einem einzigen Gerät vereint.

Die nachfolgenden Seiten zeigen Ihnen, welche Multifunktionsgeräte sich am besten für den Heimgebrauch oder im kleinen Büro eignen. Hierzu gehören folgende Modelle:

- AVM Fritz!Box Fon WLAN 7170
- Siemens Gigaset SX553
- Draytek Vigor 2510V

schieb-tipp

Kombinieren Sie!

Die hier vorgestellten Modelle stellen nur eine kleine Auswahl der verfügbaren Multifunktionsgeräte dar. Mein Tipp: Einen guten Überblick über die derzeit gängigen Multitalente finden Sie auf den Webseiten der VoIP-Anbieter. Viele Anbieter haben einen eigenen Shopbereich und bieten dort die besten Multifunktionsgeräte zum Kauf an. Bei einigen DSL-Anbietern wie Freenet (www.freenet.de), Web.de (www.web.de) oder 1&1 (www.1und1.de) bekommen Sie bei Bestellung eines DSL-Anschlusses oft eines der Multifunktionsgeräte kostenlos oder zu einem unschlagbaren Sonderpreis dazu. Praktisch, wenn Sie sich gerade sowieso einen neuen DSL-Internetzugang zulegen.

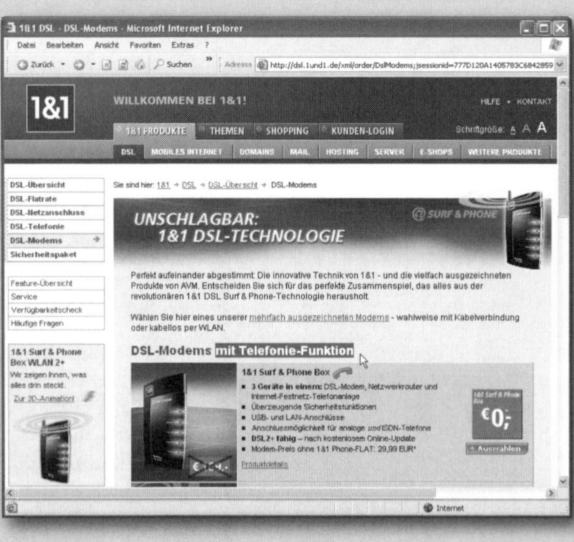

Alles aus einer Hand: Bei vielen VoIP-Anbietern können Sie neben dem VoIP-Zugang auch gleich ein Multifunktionsgerät erwerben.

AVM Fritz!Box Fon WLAN 7170 – Der mehrfache Testsieger

Testsieger, Produkt des Jahres, Empfehlung der Redaktion: Die Liste der Auszeichnungen für die Multitalente von AVM ist lang. Kein Wunder, schließlich sind die AVM-Geräte stets durchdacht und mit vielen nützlichen Funktionen bespickt.

Das gilt auch für die Produktreihe Fritz!Box Fon – «Fon» steht dabei für Telefon, besser gesagt für Internet-Telefon. Das Topmodell hat mit knapp 170 Euro seinen Preis, vereint dafür aber viele Geräte und Funktionen unter einem schicken Gehäuse. Im Einzelnen:

- DSL-Router und Telefonanlage.
- Telefonieren über Internet (VoIP), ISDN oder analoges Festnetz.
- Internettelefonie mit vorhandenen Telefonen bei ausgeschaltetem PC.
- Intelligentes Bandbreitenmanagement für optimale Sprachqualität.
- Mehrere PCs vernetzen und online bringen über DSL-Modem- und Router-Funktion.
- WLAN, bereits ab Werk mit individuellem Kennwort verschlüsselt.
- Anschluss für USB-Zubehör wie Drucker und Festplatten.
- Umfassende Sicherheit durch integrierten, TÜV-geprüften Firewall.

Besonders beeindruckend ist die einfache Installation der FritzBox: Sie

Fritz!Box Fon WLAN 7170: Viele Geräte unter einem schicken Gehäuse.

müssen lediglich vor dem Anschließen die Installations-CD einlegen; den Rest übernimmt der Installations-Assistent. Er führt Sie am Bildschirm Schritt für Schritt durch die notwendigen Installationsschritte. Innerhalb weniger Minuten ist alles fertig. Einfacher geht's kaum.

Neben dem Topmodell 7140 bietet AVM weitere «kleinere» Modelle. Wer zum Beispiel kein WLAN verwenden, keine USB-Festplatten oder -Drucker anschließen oder keine ISDN-Telefone für VoIP nutzen möchte, kann auf eine der preisgünstigeren Alternativen setzen:

Modell	WLAN	LAN	USB-Zub.	Telefone für VoIP	Preis (ca.)
Fritz!Box Fon 5010	nein	2	-	1 x analog	100 €
Fritz!Box Fon 5012	nein	2	-	2 x ISDN	100 €
Fritz!Box Fon	nein	1	-	2 x analog	100 €
Fritz!Box Fon 5050	nein	2	-	3 x analog, 1 x ISDN	110 €
Fritz!Box Fon WLAN	ja	1	-	2 x analog	110 €
Fritz!Box Fon WLAN 7050	ja	2	-	3 x analog, 1 x ISDN	120 €
Fritz!Box Fon WLAN 7140	ja	4	ja	2 x analog	160 €
Fritz!Box Fon WLAN 7170	ja	4	ja	3 x analog, 1 x ISDN	170 €

AVM Fritz!Box Fon WLAN 7170 5/5 ★★★★★

info

Anbieter:	AVM GmbH
Preis:	ca. 180 Euro
Infos:	www.avm.de
Anschlüsse:	Anschluss für 3 Analog-Geräte wie Telefon, Fax und Anrufbeantworter. Anschluss von ISDN-Telefonen bzw. -Telefonanlagen (FON-S0). Wahlweise Anschluss an DSL + ISDN oder DSL + analoges Festnetz. 1 x Anschluss für USB-Zubehör (z. B. Drucker und Festplatten) zur gemeinsamen Nutzung (USB-Host). 4 x Ethernet (10/100 Base-T) für Anschluss und Vernetzung von Computern, Spiele-Konsolen (z. B. X-Box, Playstation) oder einen Netzwerk-Hub oder -Switch zum Anschluss weiterer PCs. WLAN-Funknetze nach 802.11b (11 Mbit/s), 802.11g (54 Mbit/s) und 802.11g++ (125 Mbit/s). WLAN-Verschlüsselung mit WPA2, WPA, WEP-64 oder WEP-128. Schalter für WLAN.
Fazit:	Die Multitalente von AVM gehören unter den Multifunktionsgeräten zu meinen Favoriten. Das liegt vor allem an der kinderleichten Installation und Bedienung. Und sollte es doch zu Problemen kommen, hilft oft der vorbildliche Support auf den Webseiten von AVM.

Siemens Gigaset SX553 – Zuverlässig und praktisch

Mit dem Gigaset SX553 WLAN dsl hat Siemens ein praktisches «Alles in Einem»-Gerät entwickelt. In diesem Router verknüpfen sich Telefonie über das Internet (VoIP), Highspeed Internet Zugang, Vernetzung mehrerer PCs und analoges/ISDN Telefon in einem Gerät. Es bietet Platz für bis zu zwei analoge Telefone. Sie können dann bei jedem Gespräch individuell entscheiden, ob Sie kostengünstig übers Internet oder herkömmlich telefonieren möchten.

Das Gerät bietet vier Ethernet-Ports und eine USB-2.0-Schnittstelle, an der Sie externe Speichermedien oder Drucker betreiben können. Die WLAN-Komponente arbeitet nach 802.11b/g-Standard und beherrscht einen «Super-G-Modus», der theoretische 108 MBit/s erreicht. Hierzu ist allerdings ein kompatibler Empfänger notwendig, zum Beispiel der Gigaset Adapter 108.

Das Gigaset SX553 WLAN dsl bietet eine Fülle von praktischen Funktionen, hierzu gehören:

- Wireless Router zum Internet-Zugang für mehrere PCs gleichzeitig.
- Schnelles, kabelloses Netzwerk nach dem Standard IEEE 802.11g mit bis zu 54 Mbit/s.
- Atheros Super G: bis zu 108 Mbps.
- Integriertes ADSL Modem.
- Umfangreiche Sicherheits- und Firewall-Funktionen.
- Integrierter SIP-Client.
- Installationsassistent zur einfachen Inbetriebnahme.
- Integrierter Datei- und Druckserver für USB-Festplatten und -Drucker.
- Repeaterfunktion zur Erweiterung der Reichweite.

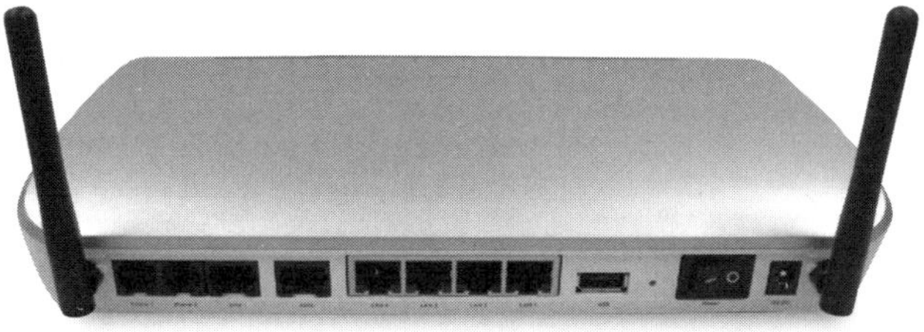

Das Multifunktionsgerät von Siemens bietet viele Anschlussmöglichkeiten für PCs, Telefone und USB-Geräte.

info

Siemens SX553 WLAN dsl 4/5 ★★★★☆

Anbieter:	Siemens Home and Office Communication Devices GmbH
Preis:	ca. 140 Euro
Infos:	gigaset.siemens.com
Anschlüsse:	1 x ADSL-Anschluss 1 x Amtsanschluss zum analogen oder ISDN-Telefonnetz 2 x Anschluss für analoge Geräte (Telefon oder Faxgerät) 4 x LAN-Netzwerkanschluss 1 x USB 2.0 für USB-Drucker oder -Festplatten
Fazit:	Das Multifunktionsgerät von Siemens bietet eine praktische «Einer-für-Alles»-Lösung. Die Anleitung beschreibt alle notwendigen Schritte sehr anschaulich, das Webinterface ist übersichtlich gestaltet, mit wenigen Handgriffen ist man online. Geräuschempfindliche Nutzer wird allerdings das gelegentliche Ticken bzw. Klacken stören, das unregelmäßig vom Gerät ausgeht. Grund sind verbaute Relais im Inneren des Geräts.

Draytek Vigor 2510Vi – Tolles Design inklusive

So schön kann Technik sein: Das Multifunktionsgerät Vigor 2510Vi ist ein echtes Schmuckstück. Es präsentiert sich in einem peppigen Gehäuse, dass an die weichen Rundungen eines Colani-Meiststücks erinnert. Es macht sich damit sehr gut als Blickfang neben dem PC.

Aber auch die inneren Werte können überzeugen: Unter dem flotten Gehäuse verbirgt sich ein DSL-Modem, ein 4-Port-Switch zum Anschluss weiterer PCs sowie Anschlussmöglichkeiten für eine ISDN-Leitung sowie ein analoges Telefon oder Faxgerät. Besonders praktisch: Der ISDN-Port des Vigor ist sowohl für Verbindungen zu Computernetzen als auch für ISDN-Telefonie einsetzbar. Bei der Internetverbindung weicht der Vigor dank ISDN-Backup automatisch auf eine ISDN-Verbindung aus, wenn die Breitbandverbindung ausfällt. Für VoIP ist der ISDN-Port neben dem analogen Anschluss eine zweite so genannte LifeLine: Bei Ausfall der Internetverbindung sind Sie jederzeit über ISDN erreichbar und es ist stets möglich wahlweise über ISDN anzurufen.

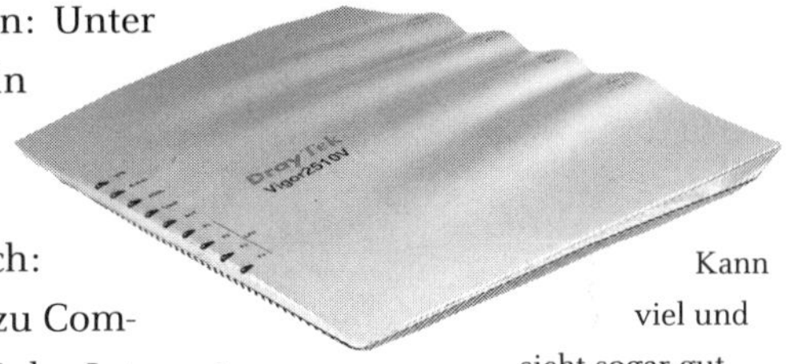

Kann viel und sieht sogar gut aus: Das Multifunktionsgerät Vigor 2510Vi von Draytek.

DrayTek Vigor 2510Vi 4/5 ★★★★☆

Anbieter:	DrayTek GmbH
Preis:	ca. 170 Euro
Infos:	www.draytek.de
Anschlüsse:	1 x ADSL-Anschluss 1 x Amtsanschluss zum analogen Telefonnetz 1 x Amtsanschluss zum ISDN-Telefonnetz 1 x Anschluss für analoge Geräte (Telefon oder Faxgerät) 4 x LAN-Netzwerkanschluss
Fazit:	Das Modell Vigor 2510Vi gehört zu den schönsten Multifunktionsgeräten. Gleichzeitig können die eingebauten Funktionen überzeugen. Die Installation und Bedienung ist komfortabel gelöst. Wer zusätzlich WLAN-Unterstützung benötigt, kann auf die DrayTek-Modelle der 2600-Reihe zurückgreifen. Die sind dann aber nicht mehr so schick.

info

Sonderfall mit Tücken: Faxen via VoIP

Telefonieren über das Internet funktioniert wunderbar. Warum sollte da nicht auch das Faxen problemlos möglich sein? Schließlich sind klassische Faxgeräte auch direkt an das Telefonnetz angeschlossen. Wenn das Telefonieren funktioniert, sollte das Verschicken von Faxen doch eigentlich ebenso einfach funktionieren.

Die Realität sieht leider anders aus. Auch wenn das Telefonieren über das Internet reibungslos funktioniert, gibt es beim Faxen mitunter Probleme. Nicht immer, aber immer wieder.

Der Grund: Beim Faxempfang kommt es auf eine durchgehend gute Leitungsqualität an. Bei einem Telefongespräch macht es nichts, wenn es mal ein wenig knistert oder hakt. Faxe sind da wesentlich penibler – sie brauchen eine störungsfreie Leitung.

Einige Tricks der VoIP-Technologie werden dabei für Faxe zur Falle: Um das Datenvolumen zu reduzieren, kommen bei VoIP ausgeklügelte Kompressionsalgorithmen zum Einsatz, die die digitalen Sprachdaten in möglichst kleine Pakete aufteilen. Der Trick: Für das menschliche Ohr nicht hörbare Bestandteile werden einfach weggelassen oder in sparsamere Formate umgewandelt – das Datenvolumen sinkt, ohne dass Sie es hören. Gut für Telefongespräche, schlecht für Faxgeräte.

aufgepasst

Packen zerknittert das Fax

Ein Fax reagiert auf jede Komprimierung oder fehlende Informationen empfindlich. Jeder Datenverlust während der Faxübertragung führt zu einem Abbruch. Die für VoIP oft so wichtige Komprimierung der Sprachdaten wird für Faxe zum Fallstrick.

Und es geht doch: Tricks und Kniffe zum erfolgreichen Faxen

Lassen Sie sich durch die aufgeführten Probleme nicht entmutigen. Auch wenn das Faxen via VoIP problematisch sein kann: Es geht doch. Wenn Sie einige wichtige Grundregeln beachten, lassen sich auch über VoIP problemlos Faxe empfangen und verschicken.

Damit das Faxen über VoIP – in der Fachwelt abgekürzt «FoIP», Fax over Voice over IP – funktioniert, sind folgende vier Grundvoraussetzungen wichtig. Dann klappt's auch mit dem Faxen:

- **Nur Codec G.711 funktioniert**
  Eminent wichtig für eine erfolgreiche Faxübertragung: Die Verwendung des richtigen Audio-Codecs. Für Faxe eignet sich einzig und allein der G.711a-Audio-Codec. Der Grund: G.711 ist der einzige Codec, der die Töne unkomprimiert und damit unverfälscht über die VoIP-Leitung schickt. Andere Codecs wie G.729 komprimieren die Faxtöne; es kommt zu Abbrüchen.
  Zudem wichtig: G.711 gibt es in zwei Varianten, G711a und G.711u. Der Codec G.711u – auch PCMU oder u-law genannt – kommt hauptsächlich in den USA und Japan zum Einsatz, G.711a oder PCMA bzw. a-law findet vor allem in Europa Verwendung. Für erfolgreiche Faxverbindung sollten Sie den Codec G.711a verwenden.
  Ausführliche Informationen über Audio-Codecs finden Sie im Kapitel *Das sollte man wissen.*
- **Bandbreite, Bandbreite, Bandbreite**
  Für die Faxübertragung ist der Audio-Codec G.711a erste Wahl. Der Codec hat allerdings einen entscheidenden Nachteil: Es ist zwar der qualitativ hochwertigste, verbraucht aber auch am meisten Bandbreite. Pro Richtung etwa 100 kbit pro Sekunde.
  Da ein Standard-DSL-Anschluss wie T-DSL 1000 nur über eine maximale Upload-Geschwindigkeit von 128 kbit pro Sekunde verfügt, kann es beim Faxen schnell eng werden. Beim Verschicken und Empfangen von Faxen sollten bei einem DSL-1000-Anschluss daher keine weiteren Downloads stattfinden. Besser ist ein DSL-2000-Anschluss oder noch schneller. Dann steht auch für Faxe in beide Richtungen genügend Bandbreite zur Verfügung.
  Wichtige Informationen über die Bedeutung der Upload-Geschwindigkeit bei DSL-Anschlüssen verrät das Kapitel *Das nötige Rüstzeug.*
- **Silence Suppression und Voice Activity Detection sind tabu**
  Nett gemeint, fürs Faxen aber tödlich: Die Funktionen Voice Activity Detection (VAD) bzw. Silence Suppression. Frei übersetzt: Die Sprechpausen-Unterdrückung. Bei Telefongesprächen sorgt die Funktion dafür, dass

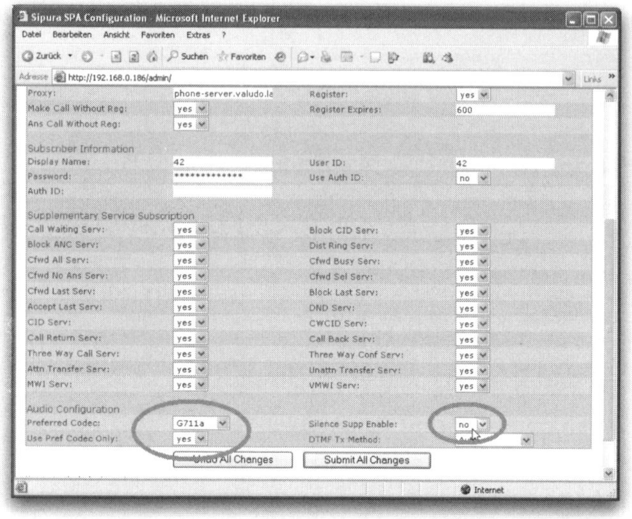

Sprechpausen nicht mit über die Internetleitung übertragen werden. Das spart bis zu 50 Prozent der Gesprächsdaten. Das ist sinnvoll bei Telefongesprächen, nicht aber beim Faxen. Da sind die Pausen zwischen den Tönen sehr wichtig – schließlich repräsentieren sie einen Teil des Faxbildes. Die Silence-Supression-Funktion muss beim Faxen über VoIP daher ausgeschaltet bleiben.

Mit der richtigen Konfiguration (hier beim Sipura-Adapter: Codec G.711 aktiviert und Silence Suppression ausgeschaltet) klappt es auch mit dem Faxen.

Ebenfalls beim Telefonieren praktisch, beim Faxen aber störend: Die Funktion Comfort Noise Generation, kurz CNG. Die Funktion sorgt dafür, dass der Gesprächspartner in den Sprechpausen ein leichtes Hintergrundrauschen hört. Ohne die CNG-Funktion hätten die Gesprächspartner in den Pausen den Eindruck, dass die Verbindung abgebrochen sei.

Auch hier gilt: Das Erzeugen eines Hintergrundrauschens, wenn auf der Sprachverbindung nicht gesprochen wird, ist bei Telefonaten ganz nützlich, für das Faxen aber störend. Hier müssen die Daten unverfälscht und ohne hinzugefügtes Hintergrundrauschen übertragen werden.

schieb-tipp

Schalten Sie aus!

Achten Sie darauf, dass in Ihrem VoIP-Telefonadapter für das Faxgerät die Funktionen Voice Activity Detection (VAD), Silence Suppression und Comfort Noise Generation ausgeschaltet sind.

- **Der richtige Adapter**

  Die Praxis hat gezeigt: Nicht alle VoIP-Telefonadapter sind für das Faxen gleichermaßen geeignet. Einige Adapter bereiten – trotz der Beachtung der oben genannten Grundvoraussetzungen – noch immer Probleme beim Faxen. Es kann dann sporadisch zu Sende- und Empfangsabbrüchen oder fehlerhaften Empfangsbestätigungen kommen. Probieren Sie im

Zweifelsfall einfach einen anderen Adapter aus – meist klappt es dann reibungsloser.

Praxistauglich

schieb-tipp

Im Praxiseinsatz bewährt haben sich die Telefonadapter der Firma Sipura (www.sipura.com). Sie lassen sich leicht bedienen und erlauben – bei Beachtung der oben genannten Voraussetzungen – meist ein problemloses Faxen übers Internet.

Sehr bequem: Faxe per E-Mail schicken lassen

Bequemer geht's kaum: Einige VoIP-Anbieter – z. B. dus.net (www.dus.net) oder Nikotel (www.nikotel.de) – bieten als kostenlosen Service die Möglichkeit, eingehende Faxe automatisch per E-Mail an Sie zu schicken.

Das eingegangene Fax liegt der E-Mail als Grafik oder PDF-Dokument bei. Sie können das Fax dann bequem am Computer lesen oder direkt ausdrucken. Teilen Sie Ihrem VoIP-Anbieter einfach mit, welche Ihrer VoIP-Rufnummern als Faxnummer dienen und an welche E-Mail-Adresse die Faxe geschickt werden soll. Ein toller Service, der bei eingehenden Faxen viel Papier und sogar ein eigenes Faxgerät spart.

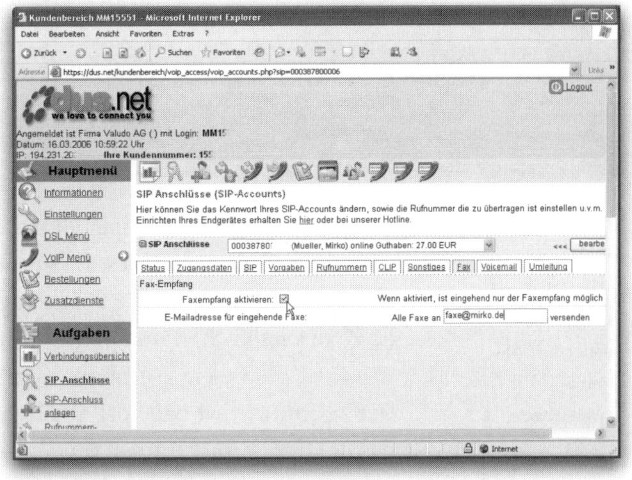

Praktisch: Bei einigen VoIP-Anbietern (hier: dus.net) lassen Sie eingehende Faxe einfach an Ihr E-Mail-Postfach schicken.

T.38 – Neuer Standard, neue Zuverlässigkeit

Einfach das Faxgerät anschließen und losfaxen. Ganz so einfach ist es zurzeit noch nicht. Aber bald werden die oben genannten Faxprobleme der Vergangenheit angehören. Dann geht das Faxen auch ohne spezielle Einstellungen über die Bühne. Das Zauberwort heißt T.38.

Hinter dem Kürzel T.38 verbirgt sich ein Übertragungsprotokoll, das speziell für das Faxen übers Internet entwickelt wurde. Es gewährleistet die reibungslose Faxübertragung über das VoIP-Netzwerk.

Damit das funktioniert, müssen allerdings beide Seiten – der eigene VoIP-Anbieter und (!) der eigene Telefonadapter das Protokoll T.38 unterstützen – nur dann können Sie das T.38-Protokoll zum Faxen verwenden. Leider gibt es zurzeit noch relativ wenige VoIP-Adapter mit T.38-Unterstützung; hierzu gehören beispielsweise der Adapter Sipura SPA-2100 (www.sipura.com) oder das Modell TA612V von Netgear (www.netgear.de).

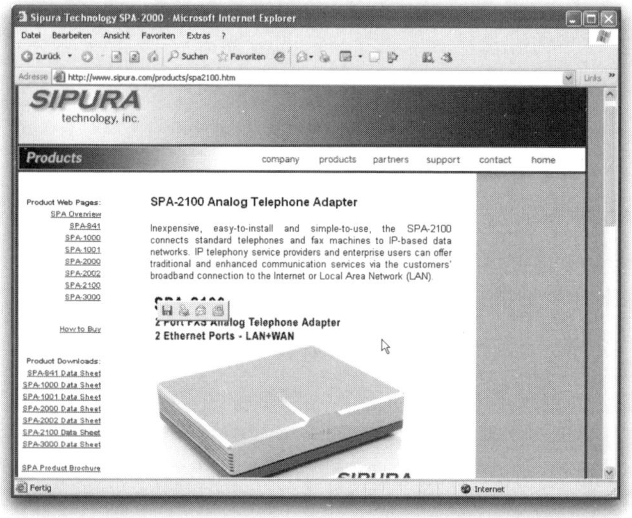

Die VoIP-Adapter von Sipura gehören zu den wenigen Adaptern, die das moderne T.38-Protokoll für Faxe unterstützen.

Auch auf der Seite der VoIP-Anbieter sieht es in Sachen T.38-Unterstützung noch mager aus. Nur wenige Anbieter wie Sipgate (www.sipgate.de) oder Sipcall (www.sipcall.ch) verwenden das moderne T.38-Protokoll für die Faxübertragung. Es ist aber damit zu rechnen, dass in Zukunft fast alle VoIP-Anbieter auch das Faxen via T.38 anbieten werden. Es ist nur eine Frage der Zeit.

Fragen Sie im Zweifelsfall einfach bei Ihrem VoIP-Anbieter nach, ob und wann die Einführung des T.38-Protokolls geplant ist. Falls Ihr Anbieter T.38 nicht unterstützt, können Sie solange auf die weiter oben beschriebene Methode Faxe verschicken und empfangen.

Egal, ob Sie via Softphone oder VoIP-Telefon im Internet telefonieren: Der Datenschutz wird bei VoIP klein geschrieben. Wie bei E-Mails wandert auch das Telefongespräch über Dutzende Server durch das Internet, bis es endlich beim Gesprächspartner angekommen ist. Die Folge: Jede «Station» ist ein idealer Punkt zum Mitlauschen – zumindest theoretisch. Warum VoIP-Telefongespräche leicht zu belauschen sind und welche Sicherheitsaspekte Sie bei VoIP noch beachten sollten, ist Thema des nächsten Kapitels *Sicherheit und Datenschutz*.

Voice over IP

Telefonieren übers Internet

Sicherheit und Datenschutz

Es ist nicht alles Gold, was glänzt. Diese sprichwörtliche Weisheit gilt auch für die Internet-Telefonie. Bei aller Euphorie über die neue Technik, über kostenlose Telefonate und über Festnetzgespräche im Cent-Bereich darf ein wichtiger Aspekt nicht Außen vorbleiben: Die Sicherheit und der Datenschutz während des Telefonats. Problemfelder gibt es einige. Beispielsweise die Abhörsicherheit: Internet-Telefonate lassen sich relativ leicht belauschen. Auch Spamming, bislang nur bekannt beim E-Mail-Verkehr, wird in Zukunft bei der Telefonie eine immer größere Rolle spielen. Doch keine Sorge: Die Internet-Telefonie ist damit nicht per se unsicher. Dieses Kapitel zeigt Ihnen, welche Sicherheitslücken existieren und wie Sie diese elegant stopfen.

Sicherheit und Datenschutz

Und was ist mit der Sicherheit? – Lücken und Tücken von VoIP

So ist das oft mit neuen Technologien: Am Anfang ist man nur froh, dass alles reibungslos funktioniert. Und verliert dabei die Sicherheit aus den Augen. Das war auch in der Anfangszeit des Internet so. Da hat sich kaum einer um Hacker, Trojaner, Würmer oder Spam geschert. Anfang der 90er Jahre waren Werbemails und Sicherheitslücken noch kein Thema. Heute kommt kaum ein PC ohne Firewall, Virenscanner und Antispam-Tool aus.

Die gleiche Entwicklung macht die Internet-Telefonie durch. Sie ist erst wenige Jahre alt und steckt gewissermaßen noch in den Kinderschuhen. Zumindest, was das Thema Sicherheit angeht. Doch auch wenn sie noch kaum Beachtung finden: Auch bei der Internet-Telefonie gibt es Sicherheitslücken. Die fünf wichtigsten lauten:

- **Abhörsicherheit**
  Internet-Telefonate lassen sich relativ leicht abhören. Das lässt sich durch eine verschlüsselte Datenübertragung unterbinden – die bieten aber nur wenige VoIP-Anbieter und -Telefone an.
- **Ungeschützte VoIP-Telefonate via WLAN**
  Das kabellose WLAN ist eine feine Sache. Ist das Funknetz allerdings ungeschützt, lassen sich die Gespräche kinderleicht belauschen. Abhilfe: Unbedingt das WLAN mittels WPA-Verschlüsselung absichern.
- **Rufnummernmanipulationen**
  Findige Hacker schaffen es, die übermittelten Rufnummern zu fälschen und Anrufer zu täuschen. Im Display erscheinen dann gefälschte Rufnummern.
- **Lücken in der Firmware**
  Auch die Internet-Telefone selbst können Sicherheitslücken darstellen und im schlimmsten Fall Hackern das Tor zum Heimnetz öffnen. Hier hilft es, regelmäßig die so genannte Firmware des Telefons zu aktualisieren.
- **Spyware im Softphone**
  Einige Softphones installieren klammheimlich so genannte Spyware auf

den Rechner. Die übermittelt dann ungefragt persönliche Daten über das Internet. Anti-Spyware-Software spürt die Datenschnüffler auf und macht sie mundtot.

- **Datenschutz ade?**
  In Deutschland wird penibel auf den Schutz persönlicher Daten geachtet. Bei vielen VoIP-Anbietern oder -Telefonen ist davon nicht viel zu spüren. Ungekürzte Einzelverbindungsnachweise, Anruflisten und mehr sind leicht einsehbar.
- **Spitting: Werbeflut per Telefon**
  Als Spitting – Spam over Internet Telephony – werden Werbebotschaften via Internet-Telefon bezeichnet. Das Lästige dabei: Sie bekommen Anrufe auf Ihr Internet-Telefon und hören von einem Sprachcomputer eine Ansage mit Werbung. Wegen der dauernden Unterbrechung durch das Klingeln viel lästiger als Spam per E-Mails.

Auch das Bundesamt für Sicherheit in der Informationstechnik (BSI) informiert auf ihrer Webseite www.bsi-fuer-buerger.de über die Sicherheit der Internet-Telefonie.

Keine Angst: Auch wenn sich die Aufstellung wie eine «Schreckensliste» liest, es besteht kein Grund zur Sorge. Die genannten Probleme existieren zwar. Einige aber bislang nur theoretisch. Und für viele gibt es passende Lösungen und Gegenmaßnahmen.

Was sich genau hinter den genannten Problemen verbirgt und wie Sie sich schützen können, erfahren Sie ausführlich auf den nachfolgenden Seiten.

Lauscht da jemand? – Abhörsicherheit

Gar nicht so einfach: Ein klassisches Festnetz-Telefon abzuhören, ist zwar generell möglich, aber gar nicht so einfach. Schließlich handelt es sich beim Festnetz um ein geschlossenes Netz, das nur wenigen Telefongesellschaften gehört. Hier müsste ein Angreifer schon direkt das Netz der Deutschen Telekom oder von Arcor anzapfen.

Anders bei der Internet-Telefonie. Denn: Das Internet gehört eigentlich niemandem. Es ist ein öffentliches Netz, ein loser Zusammenschluss von vielen hundert Anbietern. Und jeder der Anbieter hat sein eigenes Netz mit eigenen Servern und eigenen Leitungen. Erst alle einzelnen Anbieter zusammen bilden gemeinsam das Internet. Wie ein riesiges Puzzle mit unzähligen Teilen.

Ein Internet-Telefonat folgt dieser Vielfalt. Das Telefongespräch verläuft nicht – wie beim klassischen Telefon – über das Netz nur einer Firma, sondern wandert durch die Server verschiedener Anbieter. Es springt praktisch von einem Computer zum nächsten, bis es schließlich beim Gesprächspartner ankommt. Das können gut und gerne bis zu 50 Knotenpunkte – in der Fachsprache Hops genannt – sein.

Ein Internet-Telefonat durchläuft auf dem Weg zum Gesprächspartner viele Internet-Server unterschiedlicher Anbieter. Da gibt es viele Stellen, an denen die Gespräche belauscht werden können.

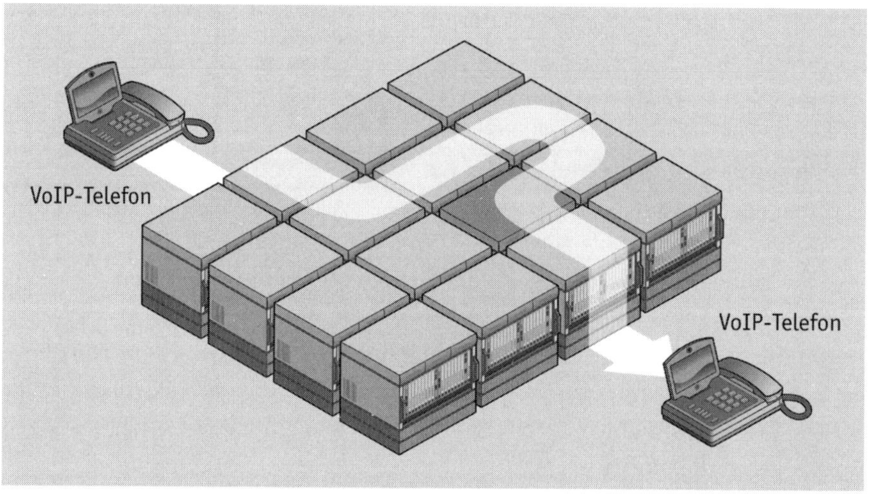

Die Vielfalt der Internet-Leitungen und das Durchlaufen mehrerer Knotenpunkte sind die Krux: Da das Internet ein loser Verbund von hunderttausenden Computern ist und niemandem alleine gehört, gibt es viele potenzielle Angriffspunkte: Theoretisch lässt sich an jedem Knotenpunkt das Internet-Telefonat belauschen. Findige Hacker müssen lediglich den Datenstrom «anzapfen» und können sofort mithören.

Dabei kommt potenziellen Lauschern zugute, dass fast alle VoIP-Gespräche unverschlüsselt über die Leitungen gehen. Im Grunde sind Internet-Telefonate damit genau so sicher, wie eine Postkarte. Jeder, der die Karte in die Hand bekommt, kann mitlesen. Das können der Postbote, die Mitarbeiter des Verteilzentrums oder ein Auslieferungsfahrer sein. Analog für die Internet-Telefonie: Jeder, der das VoIP-Gespräch auf dem Weg durch das Netz «in die Finger bekommt», kann einfach mithören.

Keine Postkarten durchs Netz

schieb-tipp

Mein Tipp, wenn Sie auf Nummer Sicher gehen möchten: Alles, was Sie nicht per Postkarte verschicken würden, sollten Sie auch nicht unverschlüsselt per E-Mail verschicken oder über VoIP ausplaudern. Dazu gehört beispielsweise das Telefonbanking per VoIP oder die Weitergabe sensibler Daten wie Kreditkarten- oder PIN-Nummern.

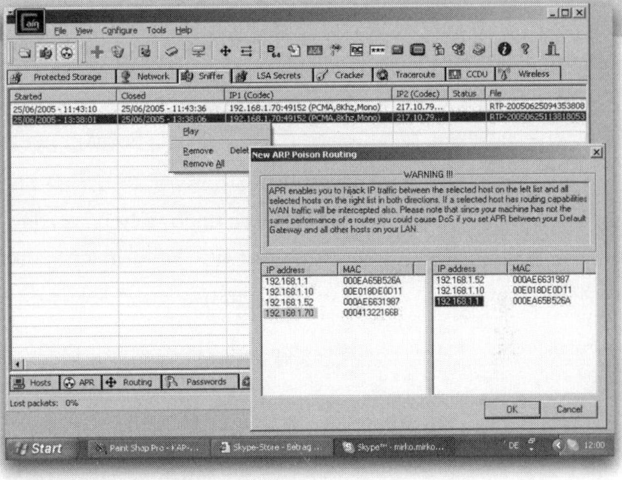

Tools zum Mitschneiden von Internet-Telefonaten gibt es im Internet zu Genüge. Beispielsweise das frei zugängliche Tool Cain & Abel.

Aufwendig ist das Belauschen nicht. Im Internet kursieren zahlreiche Hackertools, mit denen sich Datenströme im Internet «anzapfen» und analysieren lassen. Sie filtern sogar gezielt VoIP-Gespräche heraus und speichern sie auf der Festplatte des Angreifers. Glücklicherweise ist für die Bedienung und Einrichtung der Hackersoftware eine gehörige Portion Netzwerk- und Softwarekenntnis nötig. Im Vergleich zum Anzapfen eines Festnetztelefons ist der Aufwand bei VoIP aber gering.

Fazit: Beim Telefonieren im Internet besteht grundsätzlich ein Risiko, dass Gespräche belauscht werden können. Das Risiko ist aber nicht höher als beim Verschicken von E-Mails. Auch bei E-Mails gilt das Postkarten-Prinzip – sie gehen im Internet den gleichen Weg wie Telefonate. Unverschlüsselt.

VoIP-Telefone abhörsicher machen

Wer auf Nummer sicher gehen will, kann VoIP-Telefongespräche abhörsicher machen. Das Zauberwort heißt: Verschlüsselung. Das Telefongespräch sowie die übermittelten Rufnummern werden in verschlüsselter Form über das Internet übertragen. Das Mitschneiden des Gesprächs ist damit zwar immer noch möglich, allerdings belauscht der potenzielle Angreifer ein verschlüsseltes Gespräch, mit dem er nichts anfangen kann. Er hört praktisch nur ein Rauschen. Erst das Telefon des Gesprächspartners entschlüsselt den Datenstrom wieder und wandelt es in verständliche Sprache um.

Zum Verschlüsseln kommt ein spezielles Übertragungsprotokoll namens SRTP (Secure Real Time Protocol) zum Einsatz. Zusätzlich sorgt die Verwendung des TSL-Protokolls (Target Layer Security) für eine Verschlüsselung der Rufnummern beider Gesprächspartner. Das Abhören und Mitschneiden von Gesprächen sowie das Erspähen der Rufnummern ist damit nicht mehr möglich – und das ohne Beeinträchtigung der Sprachqualität.

Das Verschlüsseln hört sich praktisch an, hat aber einen Haken: Damit die Verschlüsselung durchgängig funktioniert, müssen die VoIP-Anbieter und (!) die VoIP-Telefone der Gesprächspartner die Verschlüsselungstechniken SRTP und TSL unterstützen – und natürlich auch aktiviert haben. De facto bieten aber nur wenige VoIP-Anbieter wie z. B. Sipgate (www.sipgate.de) die Verschlüsselungsdienste an. Es ist aber zu erwarten, dass in Zukunft alle großen VoIP-Anbieter nachziehen werden.

Auch auf der Telefonseite sieht es in Sachen Verschlüsselung mager aus: Nur die wenigsten VoIP-Telefone und Softphones unterstützen die Verschlüsselung via SRTP und TSL. Zu den SRTP- und TSL-fähigen Telefonen gehören beispielsweise das Model GXP-2000 von Grandstream (www.grandstream.com) oder das Snom 360 sowie das Snom 360 Softphone (www.snom.de). Auch hier werden voraussichtlich in Zukunft weitere Modelle mit SRTP-Unterstützung folgen.

Verschlüsselung ist generell möglich, aber: Nur wenige VoIP-Anbieter und Telefone – hier das Modell Snom 360 – unterstützen die Verschlüsselungstechnologie SRTP.

Neben der Verschlüsselung mittels SRTP gibt es noch eine weitere Alternative, um VoIP-Gespräche abhörsicher zu machen. Einige Softphones bieten selbst entwickelte Verschlüsselungstechniken an. Hierzu gehört beispielsweise das

Softphone SIPPS (www.nero.com/sippstar/deu/) oder X-Pro (softphones.globaliptel.com). Nachteil dieser Methode: Die Verschlüsselung funktioniert nur, wenn beide Gesprächspartner das gleiche Softphone verwenden. Es funktioniert beispielsweise nur bei Gesprächen zwischen zwei SIPPS-Telefonen.

Ungeschützte VoIP-Telefonate via WLAN

Mobil und trotzdem günstig oder sogar kostenlos telefonieren: WLAN-Funktelefone machen's möglich; sie verbinden sich kabellos über WLAN mit dem heimischen Netzwerk und erlauben drahtlose VoIP-Gespräche über das Internet. Das WLAN-Telefon Zyxel ePhone P2000W (www.zyxel.de) sieht zum Beispiel aus wie ein Handy, ist aber ein WLAN-Telefon, mit dem sie drahtlos über das Internet telefonieren können. Sie brauchen in Ihrem Netzwerk hierzu nur noch einen WLAN-Router oder WLAN-Accesspoint, über den das WLAN-Handy per Funk mit dem heimischen Netz kommuniziert.

Sieht aus wie ein normales DECT-Funktelefon, ist aber ein Internet-Telefon: Das Siemens Gigaset S25 WLAN ermöglicht drahtloses Internet-Telefonieren via WLAN.

Die drahtlose Vielfalt geht sogar noch weiter: Es gibt «echte» Handys, mit denen Sie auch im Internet telefonieren können. So genannte Dual-Mode-Handys können beides: Wie ein normales Handy im Mobilfunknetz und via WLAN über das Internet telefonieren.

Bei drahtlosen Telefongesprächen via WLAN gelten die gleichen Sicherheitsrisiken wie beim drahtlosen Internetzugang generell. Die Funkübertragung kann von findigen Hackern belauscht werden – um damit auch das Telefongespräch.

Abhilfe verschafft hier nur eines: Schützen Sie Ihr WLAN mit einer Verschlüsselung. Alle WLAN-Router bieten standardmäßig das Verschlüssen der Funkübertragung an. Bei älteren Routern steht hierzu die WEP-Verschlüsselung zur Verfügung. WEP ist zwar veraltet und lässt sich von findigen Hackern innerhalb weniger Minuten knacken, ist aber immer noch besser als gar keine Verschlüsselung. Wesentlich besser und sicherer ist die Verschlüsselung nach WPA-Standard oder noch besser WPA2. Die ist zwar auch nicht hundertprozentig sicher vor findigen Hackern – es bedarf aber eines großen Aufwands, um in ein WPA-verschlüsseltes WLAN einzudringen.

schieb-tipp

Schließen Sie Ihr WLAN ab

Schalten Sie im WLAN die WPA-Verschlüsselung ein; und zwar sowohl beim Router als auch den Endgeräten wie WLAN-VoIP-Telefonen. Wenn in Ihrem Router oder den Endgeräten WPA nicht verfügbar ist, sollten Sie zumindest die «schwache» Verschlüsselung nach WEP-Standard verwenden. Auf keinen Fall sollte das WLAN ohne Verschlüsselung arbeiten – damit wäre Ihr Funknetz ein «offenes Scheunentor» für jedermann. Die genaue Vorgehensweise zum Verschlüsseln der Funkübertragung mittels WEP oder WPA entnehmen Sie der Dokumentation des Routers und der Endgeräte.

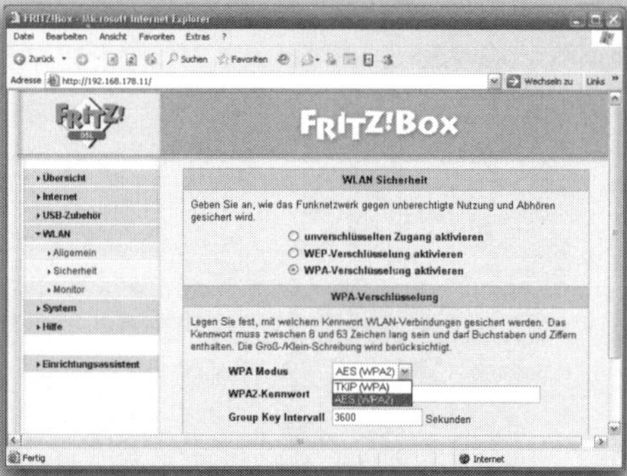

Ein «Muss» im WLAN: Drahtlose Netzwerke sollten per WPA-Standard abgesichert sein.

Rufnummernmanipulationen

Wer ruft mich an? Diese Frage beantwortet in der Regel die übermittelte Rufnummer. Ist die Rufnummernübermittlung eingeschaltet, erscheint auf dem Display des Angerufenen die Rufnummer, von der aus angerufen wird. Wer es anonymer mag, schaltet die Rufnummernübermittlung einfach aus. Jedes Telekommunikationsunternehmen muss diesen Service anbieten.

Das gilt theoretisch auch für VoIP-Anbieter; auch sie bieten die Möglichkeit, die Rufnummer nicht zu übermitteln. Die Realität sieht mitunter aber anders aus: Bei Gesprächen zwischen VoIP-Teilnehmern kommt es immer wieder vor, dass die Rufnummernunterdrückung nicht oder nur unvollständig funktioniert.

Ebenfalls problematisch: Bei Internet-Telefonaten ist es für findige Hacker relativ einfach, bei ankommenden Anrufen die im Telefon angezeigte

Rufnummer zu manipulieren. Statt der tatsächlichen Rufnummer erscheint dann eine fingierte Nummer.

Machen Sie mit.

Die Möglichkeiten der Rufnummernunterdrückung und Anzeige der Rufnummer hängt vom Server des VoIP-Anbieters ab. Erkundigen Sie sich im Zweifelsfall bei Ihrem VoIP-Anbieter, ob in allen Fällen die Rufnummernunterdrückung funktioniert und ob die angezeigte Rufnummer stimmt.

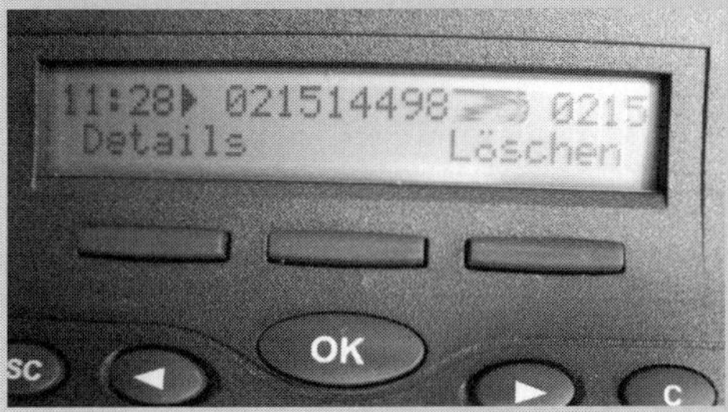

Das Fälschen der angezeigten Rufnummer ist bei Internet-Telefonaten einfacher als im klassischen Festnetz.

Sicherheitslücke Firmware

Ein VoIP-Telefon ist ein kleiner Computer und unterliegt damit den gleichen Risiken wie der heimische PC: Immer wieder können Sicherheitslücken zutage treten, die dann wieder durch Updates und Patches gestopft werden müssen. Das gilt für den heimischen PC genau so wie für das VoIP-Telefon oder den VoIP-Router. So wie Microsoft regelmäßig Updates und Service Packs für das Windows-Betriebssystem zur Verfügung stellt, gibt es auch für die meisten VoIP-Telefone regelmäßig neue Software-Versionen. Allerdings nicht so oft wie bei Windows.

Schauen Sie nach!

Mein Tipp: Schauen Sie regelmäßig – etwa einmal im Monat – auf der Webseite des Telefonherstellers nach, ob Updates – in der Fachsprache auch Firmware-Updates genannt – für Ihr VoIP-Telefon vorliegen. Installieren Sie die neue Firmware entsprechend den Anweisungen des Herstellers.

Zumeist finden Sie die Firmwareaktualisierungen auf der Webseite des Herstellers im Bereich Support, Service oder Kundenservice. Die Updateseiten für die wichtigsten VoIP-Hersteller lauten:

AVM	www.avm.de/de/Download
Draytek	www.draytek.de/download.html
Grandstream	www.grandstream.com/y-downloads.htm
Innovaphone	download.innovaphone.com
Sipura	www.sipura.com/support
Snom	www.snom.com/firmware.html
ZyXEL	www.zyxeltech.de

Immer auf dem neuesten Stand: Die Hersteller von Routern und VoIP-Telefonen (hier: Snom) stellen regelmäßig Firmwareaktualisierungen für ihre Produkte zur Verfügung. Die beheben Fehler, stopfen Sicherheitslücken oder bringen neue Funktionen.

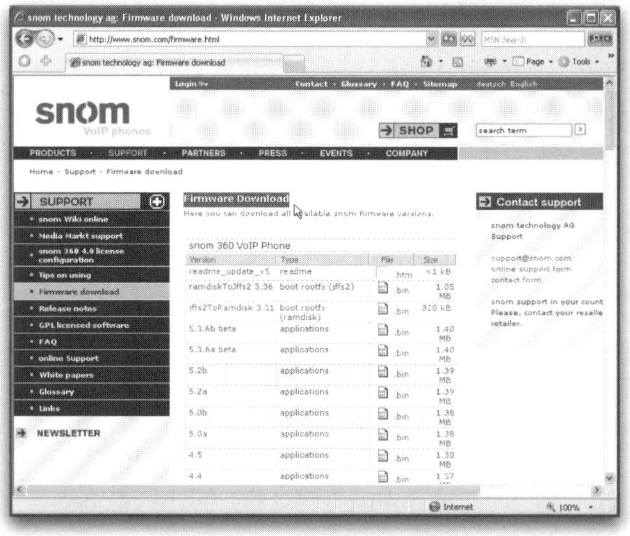

Spione im Softphone

Wie gemein: Kostenlose Software hat häufig so genannte Spyware oder Adware mit an Bord. Praktisch huckepack kommt mit der kostenlosen Software gleich noch ein Spionageprogramm auf den PC. Das analysiert dann zum Beispiel Ihr Benutzerverhalten und verschickt die Informationen ungefragt über das Internet zurück zum Hersteller.

Das kann Ihnen auch passieren, wenn Sie ein Softphone zum Telefonieren verwenden. Mitunter installiert sich neben dem Softphone gleich noch ein Spywareprogramme. Dabei muss es nicht gleich ein bösartiges Programm sein. Einige Softphones wie X-Lite (www.counterpath.com) bauen bei jedem Start des Softphones eine Verbindung zum externen Server des Herstellers auf. Vornehmlich, um anonymisierte statistische Daten über die Nutzung der Software zu erheben. Gerne wird die Verbindung auch zur automatischen Updateüberprüfung verwendet.

Entscheiden Sie selbst!

wichtig

Mein Tipp: Der ungefragte Verbindungsaufbau zu den Herstellern stellt in der Regel keine echte Gefahr dar. Im Falle einer Updateprüfung sind sie sogar hilfreich, da Sie regelmäßig über neue Versionen informiert werden. Hier müssen Sie selbst entscheiden, ob Sie die Datenübermittlung stört oder nicht.

Übrigens: Wenn Sie sich dauerhaft vor Spyware schützen möchten, empfiehlt sich die Installation einer Anti-Spyware-Software. Für Windows XP stellt Microsoft hierzu das kostenlose Tool Windows Defender zur Verfügung. Sie finden es auf der Webseite www.microsoft.com/defender. Auch die kostenlosen Tools Ad-Aware (www.lavasoft.de) und XP-Antispy (www.xp-antispy.org) spüren Spyware, Adware und ähnliche Schädlinge auf.

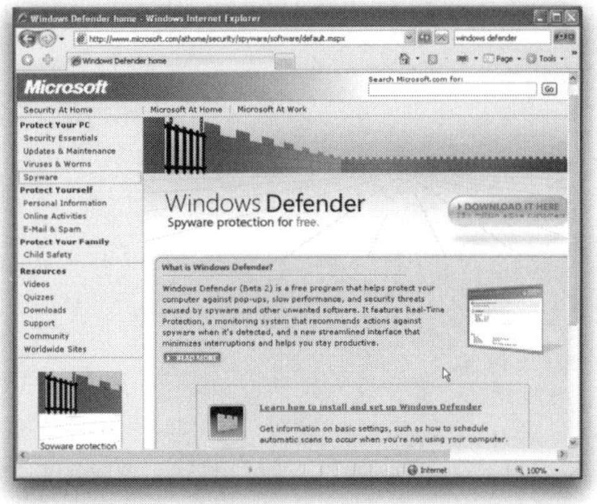

Mit kostenlosen Anti-Spyware-Programmen wie Windows Defender machen Sie Spyware und anderen Schnüfflern den Garaus.

Wo bleibt der Datenschutz?

Deutschland ist berühmt für seinen strengen Datenschutz. Insbesondere persönliche Daten genießen einen besonderen Schutz. Bei der Internet-Telefonie wird der Datenschutz oft aber (noch) nicht sonderlich ernst genommen. Die Anbieter von Internet-Telefonie setzen bislang einige für sie maßgebliche Regelungen nicht um.

Das gilt insbesondere bei den Einzelverbindungsnachweisen. So erstellen VoIP-Anbieter gerne detaillierte Einzelverbindungsnachweise, ohne dass diese von den Kunden beauftragt wurden. Oft werden zusätzlich ausführliche Anruflisten geführt, die über das Internet einsehbar sind.

Keine Frage: Es ist ungemein praktisch, über das Internet nachzuschauen, wen ich heute angerufen habe, was die Telefonate gekostet haben und welche Anrufe versäumt wurden. Aber: Damit werden Sie für Ihre Familie zum gläsernen Familienmitglied. Mit einem Mausklick lässt sich die gesamte Kommunikation der Familie einsehen. Telefongeheimnis und Familienfrieden ade. Während das «gläserne Anrufverhalten» innerhalb der Familie zwar moralisch verwerflich, rechtlich aber weniger problematisch ist, sieht es außerhalb der Familie schon anders aus: Am Arbeitsplatz herrschen strengere Datenschutzrichtlinien. Hier dürfen Anruflisten einzelner Mitarbeiter nicht ungekürzt und für jedermann einsehbar sein.

Der Grund für den reduzierten Datenschutz liegt auf der Hand: Viele VoIP-Anbieter sitzen im Ausland und bieten ihre VoIP-Dienste weltweit an. Das führt dazu, dass für die Verarbeitung, Speicherung und Weitergabe persönlicher Daten das ausländische Recht gilt. Und das ist in den meisten Fällen nachlässiger als der deutsche Datenschutz.

wichtig

Machen Sie mit.

Übrigens: Probleme gibt es auch mit Fangschaltungen, um bei Belästigungen zu ermitteln, von welchem Telefonanschluss die belästigenden oder bedrohenden Anrufe ausgingen. Beim Internet-Telefon sind Fangschaltungen praktisch unmöglich.

Das liegt an der unterschiedlichen Technik: Ein Festnetzanschluss ist immer fest an einen bestimmten Ort – z. B. eine Wohnung oder Telefonzelle – oder ein Gerät – etwa einem Handy – gebunden. Die Telefonleitungen gehören nur wenigen Firmen. Eine genaue Ortung ist somit leicht.

Anders beim Internet-Telefon: Hier gibt es keine «feste» Leitung und auch keinen «festen» Ort. Ein VoIP-Gespräch kann von jedem beliebigen Internetanschluss geführt werden und durchwandert auf der Reise durch das Netz oft mehrere Dutzend Server verschiedenster Anbieter. Eine zeitnahe Rückverfolgung im Stile einer klassischen Fangschaltung ist damit kaum möglich. Dazu ist das Internet zu komplex und «gehört» zu vielen Anbietern.

Prüfen Sie vorher

Wenn Ihnen der Datenschutz wichtig ist, sollten Sie die VoIP-Anbieter vergleichen und prüfen, bei welchem Anbieter Sie beispielsweise Anruflisten oder Einzelverbindungsnachweise sperren oder zumindest kürzen lassen können. Das gilt zum Beispiel bei den meisten deutschen Anbietern.

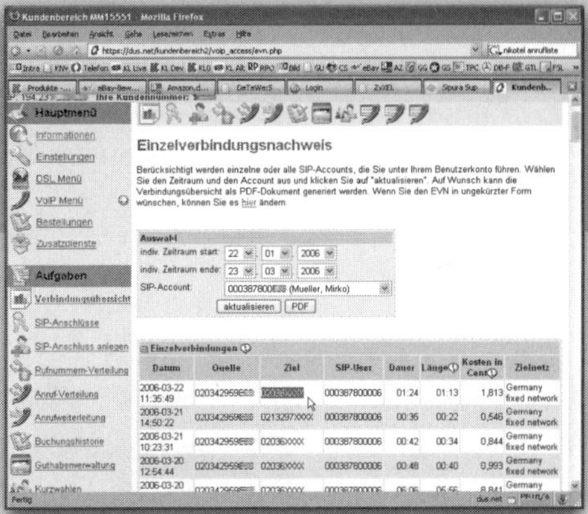

Hier stimmt der Datenschutz: Bei den meisten deutschen Anbietern können Sie Einzelverbindungsnachweise kürzen lassen.

Spitting – Spam übers Telefon

Ganz schön lästig: Spam, die Flut der unaufgeforderten Werbebotschaften per E-Mail, zehrt an den Nerven. Kaum ein Postfach bleibt von Spam verschont. Jeder, der über eine eigene E-Mail-Adresse verfügt, hat es früher oder später mit unzähligen digitalen Werbebotschaften zu tun. Ob man möchte oder nicht. Da helfen oft nur noch Antispamfilter, die zumindest den Großteil des Spams herausfiltern.

Die Spam-Problematik ist auch bei der Internet-Telefonie ein Thema. Oder besser gesagt: Es wird ein Thema sein. Denn noch bleiben in Sachen Spam die Telefone ruhig. Die Zeiten könnten sich aber schnell ändern.

Die technische Hürde für Telefon-Spamming – in der Fachsprache auch Spit (Spam over Internet Telephony) genannt – sind niedrig. Denn Internettelefonate sind innerhalb der Netze der VoIP-Anbieter kostenfrei möglich. Das Telefonieren per Internet ist damit ähnlich günstig wie das Verschicken von E-Mails. Ideal für Werbung in Form von Telefonanrufen. Und das sieht dann folgendermaßen aus:

- Der Sprachcomputer eines Spammers ruft automatisiert und kostenlos die Telefone potenzieller Kunden an. Je nach Serverausstattung lassen sich damit mehrere tausendeTelefonate gleichzeitig führen.
- Sobald der Angerufene abhebt, spielt der Server eine vorgefertigte Wer-

bebotschaft ab. Das kann zum Beispiel eine fingierte Gewinnmitteilung oder die Aufforderung zur Teilnahme an einer Lotterie sein. Oder die Stimme vom Band fordert Sie auf, eine kostenpflichtige 0900-Rufnummer zurückzurufen. Der Fantasie der Spam-Industrie sind da keine Grenzen gesetzt.

Noch ist dieses Szenario Zukunftsmusik. Trotz der technischen Möglichkeiten gibt es bislang kaum Fälle von Spam via Internet-Telefonie. Es ist aber nur eine Frage der Zeit, bis das volle Spam-Potenzial ausgeschöpft wird.

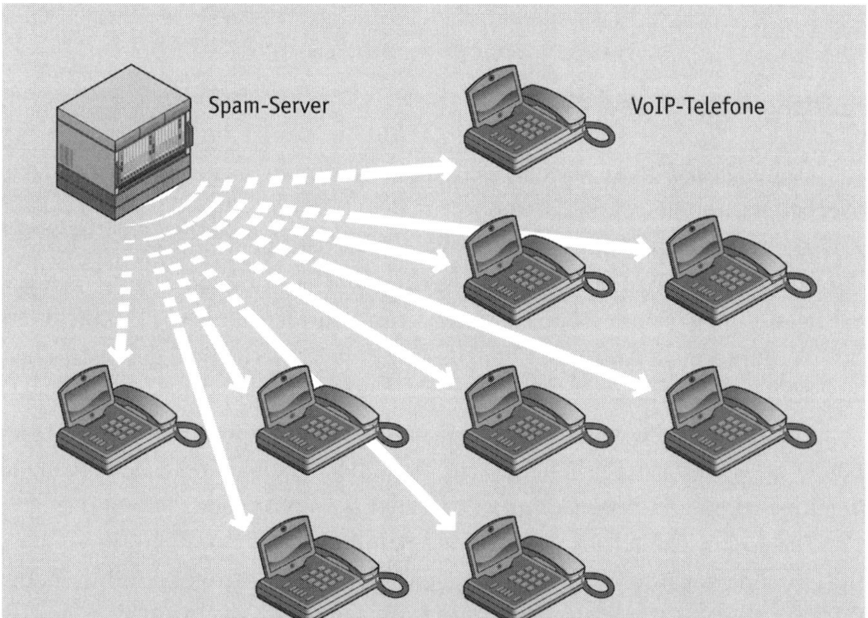

So einfach funktioniert Spam über VoIP: Spam-Server rufen automatisch erreichbare VoIP-Telefone an und spielen Werbebotschaften ab. Mehrere tausend Werbeanrufe gleichzeitig sind kein Problem.

Die Rechtslage in Sachen Werbeanrufe per Telefon ist in Deutschland eigentlich eindeutig: Ungewollte Werbeanrufe bei Privatpersonen sind in Deutschland rechtswidrig, egal ob der Anruf über das Festnetz oder das Internet kommt.

Wie weit die Rechtslage und die tägliche Praxis auseinander liegen, zeigt allerdings das Beispiel E-Mail. Auch bei E-Mails gilt eigentlich: Ungewollte

Werbemails sind nicht erlaubt. Die tägliche Fülle an Werbemails spricht allerdings eine andere Sprache. Der Grund: Viele Spammer sitzen im Ausland und verschicken die ungewollte Werbung von ausländischen Servern – vorbei am deutschen Recht. Der einzige Vorteil gegenüber E-Mail-Spam: Der Urheber eines gesetzwidrigen Werbeanrufes lässt sich bei VoIP leichter zurückverfolgen als bei E-Mails.

Um sich vor lästigen Werbeanrufen zu schützen, ziehen Gesetzgeber, Netzbetreiber und die Hersteller von VoIP-Geräten zurzeit an einem Strang. Verschiedene Strategien zur Spam-Abwehr sind in der Erprobung oder bereits im Einsatz:

- **Nur autorisierte Anrufe zulassen**
  Eine Möglichkeit besteht darin, ausschließlich Anrufe von zuvor autorisierten Anrufern zuzulassen. Es kommen nur Anrufer durch, die Sie zuvor explizit zugelassen haben. Hört sich viel versprechend an, ist in der Praxis aber eher hinderlich. Eine einfache Kontaktaufnahme per Telefon ist damit mit viel Aufwand verbunden. Sie müssten zuerst auf die so genannte White List des Gesprächspartners gelangen, bevor Sie ihn anrufen können.
- **Werbeanrufe herausfiltern**
  Sinnvoller ist der Ansatz, Werbeanrufe bereits beim VoIP-Anbieter zu erkennen, herauszufiltern und gar nicht erst durchzulassen. Ähnlich einem Spamfilter für E-Mails. Seit Ende 2004 ist bei Toplink, dem zentralen Vermittlungssystem für VoIP in Deutschland, bereits ein solches Schutzsystem im Einsatz. Eine Häufung von gleichzeitigen Anrufen aus einem bestimmten VoIP-Netz auf eine Vielzahl von Telefonen wird dabei als Telefon-Spam erkannt und ausgefiltert.
- **Kennungen und andere Mechanismen**
  Denkbar sind auch andere ausgeklügelte Mechanismen. Beispielsweise müsste ein Anrufer nach Aufforderung eine spezielle Kennung eingeben, um durchgestellt zu werden. Das macht das Telefonieren aber nur unnötig kompliziert. Eine andere Möglichkeit besteht in einer Filterung anhand der übermittelten Rufnummer. Das hat aber wenig Aussicht auf Erfolg: Wie auch E-Mail-Absender oder Telefaxnummern lassen sich auch die übermittelten VoIP-Rufnummer leicht fälschen.

schieb-tipp

Machen Sie mit.

Einen hundertprozentigen Schutz gibt es nicht. Sie können aber viel tun, um bereits im Vorfeld lästige Werbeanrufe zu vermeiden. Achten Sie darauf, dass Ihre VoIP-Kennung und -Rufnummer keinem zu großen Personenkreis bekannt wird. VoIP-Rufnummern sollten keinesfalls auf der eigenen Webseite oder in eigenen Forumsbeiträgen auftauchen. Hier wäre die Nummer ein gefundenes Fressen für die Datensammler aus aller Welt.

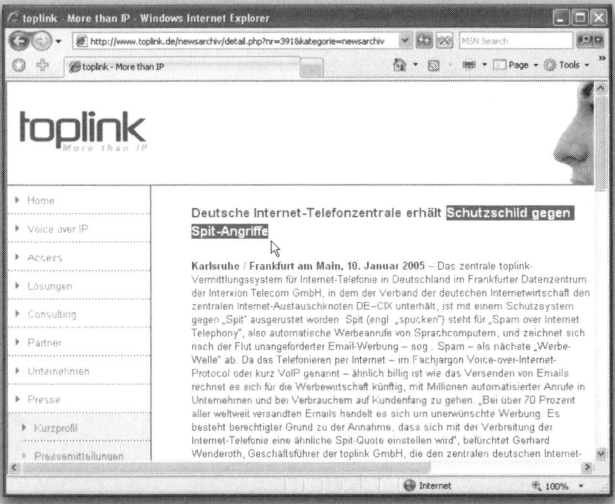

Toplink, der Betreiber eines zentralen Vermittlungssystems für Internet-Telefonie informiert auf seiner Webseite (www.toplink.de) über die Schutzmaßnahmen gegen Werbeanrufe.

Kapitel 8

Voice over IP

Telefonieren übers Internet

VoIP-Tools und Zusatzprogramme

VoIP besteht nicht nur aus Telefon und VoIP-Anbieter. Im Internet gibt es zahlreiche – meist kostenlose – Zusatzprogramme und Tools rund um das Thema VoIP. Wie wäre es zum Beispiel mit einem Tool, das Ihren Internetzugang auf Herz und Nieren prüft und Ihnen klipp und klar sagt, ob Ihre Anschluss für VoIP geeignet ist. Dieses Kapitel stellt die wichtigsten Tools und deren Einsatzgebiete vor. Ein weiteres wichtiges Thema: Wie Sie ENUM einsetzen, um VoIP-zu-VoIP-Gespräche zu vereinfachen. Und natürlich, was ENUM überhaupt ist.

VoIP-Tools und Zusatzprogramme

Fit für VoIP? – Den Internetzugang testen

Die häufigste Frage zu VoIP: Kann ich mit meinem Internetzugang überhaupt VoIP nutzen? Ist mein Zugang nicht zu langsam? Generell gilt: ISDN ist für VoIP tatsächlich zu langsam, mit einem DSL-Anschluss ist VoIP aber generell möglich.

Wer es ganz genau wissen möchte, kann selbst nachmessen. Im Web gibt es einige interessante Messprogramme, die Ihren Internetzugang auf Herz und Nieren prüfen und Ihnen dann sagen, ob er fit ist für die Internet-Telefonie.

Visualware Bandbreitentest

Besonders anschauliche Testergebnisse liefert der kostenlose Bandbreitencheck von Visualware. Er ist kostenlos, und der Test dauert nur wenige Minuten. Die ermittelten Werte sind allerdings nur Näherungswerte. Mitunter kommt es zu Schwankungen und unterschiedlichen Messergebnissen – wenn zum Beispiel der Visualware-Testserver selbst gerade stark ausgelastet ist. Es empfiehlt sich daher, mehrere Testreihen im Abstand von ca. 10 Minuten durchzuführen und den Mittelwert zu bilden, um einen möglichst aussagekräftigen Wert zu erhalten. In der Praxis haben sich fünf Testzyklen als ideal erwiesen.

Gehen Sie folgendermaßen vor, um genau festzustellen, wie schnell Ihre Internetverbindung in Wirklichkeit ist:

1. Rufen Sie die Webseite

```
myspeed.visualware.com/index-de.html
```

auf. Wichtig dabei: Geben Sie die Adresse ohne(!) führendes www ein, sondern nur so wie oben aufgeführt.
2. Auf der Webseite von Visualware sehen Sie eine Geschwindigkeitsskala. Ein Mausklick auf die Schaltfläche *Klicken zum Beginnen von MySpeed*, um den Geschwindigkeitstest zu starten genügt, um den Test durchzuführen.
3. Visualware überprüft daraufhin Ihre Internetanbindung: Es ermittelt da-

bei die Downloadgeschwindigkeit und anschließend die Uploadgeschwindigkeit.

Achten Sie darauf, dass während des Tests keine weiteren Internetzugriffe stattfinden, insbesondere keine Downloads.

4. Nach einigen Minuten erhalten Sie die Testergebnisse. Zwei blaue Linien zeigen Ihnen, wo Ihre Internetverbindung auf der Skala landet – jeweils getrennt nach Download- und Uploadgeschwindigkeit.

Ein Telefonat in guter Qualität verbraucht 100 kBit pro Sekunde – und zwar in beide Richtungen. Für reibungslose Internettelefonie gilt daher: Sowohl die Download- als auch die Uploadgeschwindigkeit sollte über der Marke von 100 kpbs liegen. Je höher, desto besser. Liegt eines der Ergebnisse im roten Bereich unter 100 kbps, ist Ihr Internetzugang für VoIP zu langsam.

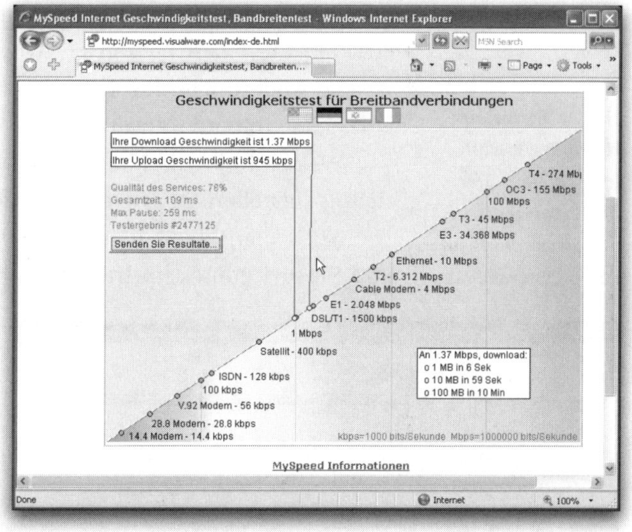

Alles im grünen Bereich? Der Geschwindigkeitstest von Visualware sagt Ihnen auf Knopfdruck, wie schnell Ihr Internetanschluss wirklich ist.

SIPTest – Klappt's auch durch die Firewall?

Wenn es mit der Internet-Telefonie gar nicht klappt, ist oft die Firewall schuld. Mit dem SIPTest von SipSurf können Sie ganz leicht testen, ob mit Ihrem PC das Telefonieren übers Internet problemlos möglich ist. Oder ob eventuell die Firewall Gespräche blockiert. Hierzu simuliert der SIPTest ein VoIP-Telefonat und prüft, ob auf Ihrem PC bzw. mit ihrer Internetanbindung ein Gespräch möglich wäre. Um festzustellen, ob Sie mit Ihrem PC oder Netzwerk VoIP auf Anhieb nutzen können, gehen Sie folgendermaßen vor:

1. Rufen Sie die Webseite auf:

```
www.sipsurf.de/SIPTest.shtml
```

2. Klicken Sie auf der Webseite auf die Schaltfläche *Start*, um mit dem Test zu beginnen.

3. Im Detailfenster können Sie genau sehen, welche Tests das Programm derzeit durchführt. Zu jedem Test erhalten Sie einen kleinen Zwischenbericht.

Wenn Sie zu jedem Testbericht eine Bestätigungsmeldung in grüner Schrift erhalten – z. B. SIP Signalnachricht wurde an Sipsurf-Test gesendet -, ist alles in Ordnung. Ihr PC bzw. Ihr Netzwerk ist fit für die Internettelefonie. Sie können direkt loslegen.

Erscheint allerdings eine rote Fehlermeldung, etwa Timeout, SIP Signalnachricht nicht empfangen, liegt ein Problem vor. Erfreulich: Zu jedem Fehler erhalten Sie einen kurzen Hinweis, warum der Test fehlgeschlagen ist und welche Änderungen Sie vornehmen müssen, beispielsweise die Freigabe des Ports 5060 in der Firewall.

Welche Rolle die Firewall bei der Internettelefonie spielt und wie Sie sie richtig einstellen, ist Thema des Kapitels *Wenn es hakt.*

Noch mehr Tests gefällig? Neben den Testprogrammen von Visualware und Sipsurf gibt es im Internet zahlreiche weitere Geschwindigkeitstests, die Ihnen innerhalb weniger Minuten verraten, wie schnell Ihr DSL-Anschluss wirklich ist.

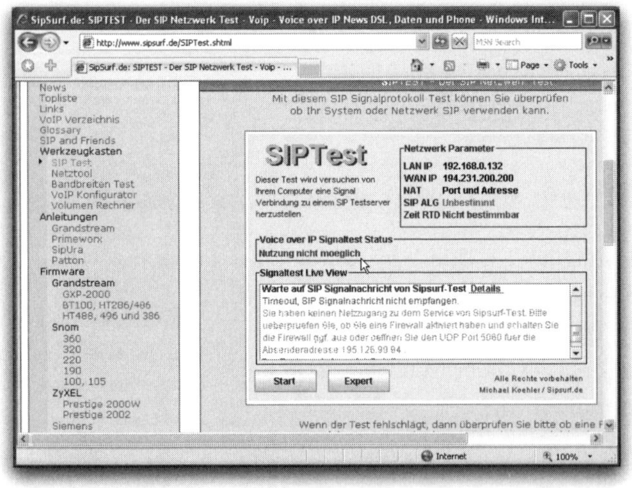

Hoppla, hier ist die Nutzung von VoIP nicht möglich. Der SIPTest verrät Ihnen genau, wo es in Sachen Firewall hakt.

Einen sehr genauen und zudem umfangreichen Geschwindigkeitstest finden Sie beispielsweise bei SpeedMeter (www.speedmeter.nl). Hier messen Sie mit einem Mausklick die Download- sowie die Upload-Geschwindigkeit Ihres Anschlusses. Auch Ping-Zeiten (wichtig für Online-Spiele) und die Anzahl der gleichzeitig möglichen Verbindungen geben Aufschluss über die Qualität Ihres Providers. Garniert wird der Test mit umfangreichen Statistiken und Vergleichsmöglichkeiten mit anderen Providern. Wenn Sie wissen möchten, wie schnell Ihr DSL-Anschluss wirklich ist, empfehlen sich zudem objektive Geschwindigkeits-Tests. Die besten Test-Tools im Überblick:

Anbieter	URL
Visualware Bandbreitentest	myspeed.visualware.com/index-de.html
SipTest	www.sipsurf.de/SIPTest.shtml
SpeedMeter	www.speedmeter.nl/speedmeter.de/default.asp
McAfee Speedometer	us.mcafee.com/root/speedometer/default.asp
PC Pitstop	pcpitstop.com/internet/default.asp
AOL Speedcheck	www.aol.de/zugang/speedcheck.html
Arcor Speedcheck	www.speedcheck.arcor.de

Kostenkontrolle inklusive

Nutzer einer Flatrate haben es einfach: Um die Menge der «verbrauchten» Daten brauchen sie sich keine Sorgen zu machen. Anders bei einem Volumentarif. Hier zählt jedes übertragene Byte, jedes Telefongespräch. Im Gegenzug sind Volumentarife wesentlich günstiger als Flatrates und für Gelegenheits-Internetnutzer oft die bessere Wahl.

Weitere Infos über die Unterschiede sowie Vor- und Nachteile von Flatrates, Volumen- und Zeittarifen finden Sie im Kapitel *Das nötige Rüstzeug*.

Mit kostenlos Tools wie dem Internet Connections Speedometer finden Sie im Handumdrehen heraus, wie schnell Ihr Internetanschluss wirklich ist.

Damit der Volumentarif nicht zur Kostenfalle wird, sollten Sie stets ein Auge auf die übertragenen Daten werfen. Das geht am besten mit einem so genannten Trafficmonitor. Der verfolgt auf Schritt und Tritt, was auf der Internetleitung los ist und warnt Sie gegebenenfalls vor bösen Überraschungen.

Mit den nachfolgend vorgestellten Monitorprogrammen überwachen Sie das übertragene Datenvolumen Ihres Internetanschlusses. Die Programme haben allerdings einen Nachteil: Sie überwachen nur das Volumen des PCs, auf dem das Programm installiert ist. Das Volumen anderer, im Netzwerk angeschlossener PCs oder externer Internet-Telefone bleibt den Monitorprogrammen verborgen. Wenn Sie auf Ihrem PC ein Softphone einsetzen, sind die nachfolgenden Programme aber ideale Helfer zur Einhaltung des Datenvolumens.

SpeedManager – Überwachung und Tuning vom Marktführer

Kunden von T-DSL und T-ISDN bekommen von T-Online den hauseigenen SpeedManager frei Haus. Und der hat neben der Optimierung des DSL- und ISDN-Anschlusses sowie der Trafficüberwachung noch einige weitere Leckerbissen zu bieten.

info

SpeedManager für ISDN bzw. DSL-Manager für DSL

Anbieter:	T-Online
Sprache:	Deutsch
Info & Download:	service.t-online.de/c/00/01/51/1514.html
Preis:	Kostenlos

Der SpeedManager bzw. DSL-Manager macht den T-DSL-Anschluss schneller und verrät Ihnen, wie viel Datenvolumen Sie bereits verbraucht haben. Wichtig, wenn Sie einen günstigen DSL-Volumentarif haben.

Zunächst widmet sich der SpeedManager von T-Online Ihrem Betriebssystem. Es analysiert die aktuellen Windows-Einstellungen und nimmt gegebenenfalls die notwendigen Änderungen vor. Änderungen, die sich positiv auf die Geschwindigkeit Ihres Anschlusses auswirken.

Nach der Optimierung zeigt Ihnen der SpeedManager in einem kleinen Fenster, wie schnell Ihre Daten derzeit durch die Leitung flitzen. Ein integrierter Volumenzähler führt genau Buch über das übertragene Datenvolumen. Somit können Sie auch auf einen Blick erkennen, wie viele Daten Sie bereits im aktuellen Monat übertragen haben – dazu gehören auch alle Telefonate, die Sie mit dem PC und einem Softphone geführt haben.

Der SpeedManager kann noch einiges mehr: Sollte der Internet-Zugang einmal gestört sein, hilft der SpeedManager bei der Fehlersuche und zeigt, wo der Hase im Pfeffer liegt. Ein nützlicher kleiner Helfer, der bei keinem T-DSL- und T-ISDN-Anschluss fehlen sollte.

Trafficmonitor.de – Ideal für Volumen- und Zeittarife

Ganz schön mächtig: In Sachen Trafficüberwachung gehört der TrafficMonitor zu den leistungsfähigsten Programmen. Es dient nicht nur zur Visualisierung der aktuellen Datenübertragsrate und Speicherung der übertragenen Datenmenge (Traffic), sondern bietet viele weitere Zusatzfunktionen.

TrafficMonitor

Anbieter: Mirko Boer
Sprache: Deutsch
Info & Download: www.trafficmonitor.de
Preis: ca. 13 Euro. 35-Tage-Testversion kostenlos

info

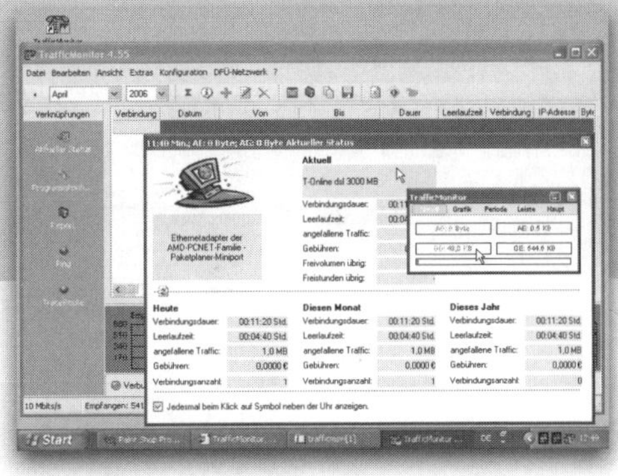

Wenn es um die Überwachung des Datenvolumens geht, ist der TrafficMonitor erste Wahl.

Mit TrafficMonitor haben Sie alle Informationen im Blick. Im Fenster *Aktueller Status* finden Sie alle Informationen zur aktuellen Verbindung, der Verbindungen des Tages, Monats und Jahres. Besonders praktisch sind die Filter für IP-Pakete: Sie können beispielsweise Filter für IP-Adressen, MAC-Adressen und Ports festlegen und nur die wahre Datenmenge zu einem oder vom einem Internet- oder VoIP-Anbieter aufzeichnen. Datenpakete innerhalb des eigenen Netzes zeichnet der TrafficMonitor damit nicht auf. Diese Möglichkeit ist wichtig, wenn Sie TrafficMonitor zusammen mit einem DSL-Router verwenden möchten und die interne Netzwerktraffic ausgefiltert werden muss.

Praktisch bei Volumentarifen: Der TrafficMonitor berechnet die Kosten bei Überschreitung der angegebenen Datenmenge, z. B. beim T-Online DSL 5000 Tarif. Wenn Sie einen Zeittarif verwenden erhalten Sie auf Wunsch bei Überschreitung einer bestimmten Verbindungszeit einen Warnhinweis. Sie können dann beispielsweise automatisch eine Info-E-Mail versenden, Anwendungen ausführen oder die Netzwerkverbindung blockieren.

VoIP-Konfigurator für viele Telefone und Anbieter

Gar nicht so einfach, ein Internet-Telefon für den ersten Einsatz einzurichten. Da gilt es, die richtigen Daten der VoIP-Anbieter in das richtige Feld einzutragen. Die Krux an der Sache: Jeder Telefonanbieter und jeder VoIP-Anbieter kocht in Sachen Konfiguration sein eigenes Süppchen. Bei dem einen Telefon heißt es SIP-Server, bei dem anderen plötzlich SIP-Proxy. Ja, was denn nun?

Assistent: der VoIP-Konfigurator

Damit das Einrichten eines VoIP-Telefons nicht zur Sisyphusarbeit ausartet, habe ich einen heißen Tipp für Sie: Auf der Webseite

www.sipsurf.de/voip-konfigurator.shtml

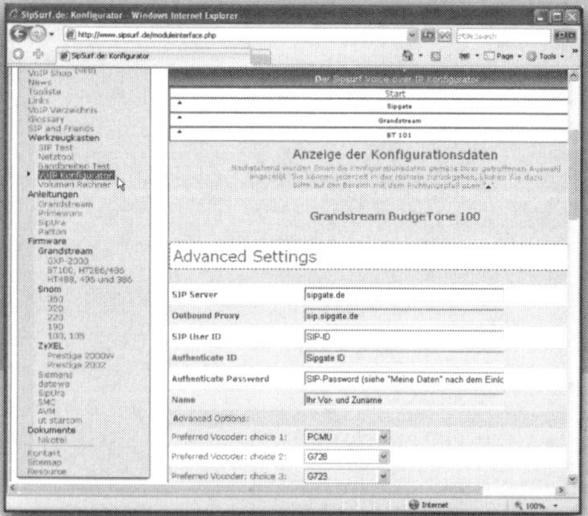

finden Sie einen ungemein praktischen VoIP-Konfigurator. Hiermit finden Sie in Windeseile heraus, wie Sie Ihr VoIP-Telefon richtig für den VoIP-Anbieter konfigurieren. Und das für praktisch alle wichtigen VoIP-Anbieter und Telefonhersteller.

Sie möchten wissen, wie Sie Ihr Grandstream BT 101 für Sipgate konfigurieren? Der VoIP-Konfigurator verrät es Ihnen.

ENUM – Gut gemeint, schlecht gemacht

Hier und da werden Sie beim Internet-Telefonieren auf den Begriff ENUM oder Telephone Number Mapping stoßen. Dahinter verbirgt sich ein neues Verfahren, um die Kommunikation – nicht nur per Telefon – zu vereinfachen. Zumindest in der Theorie. Denn in der Praxis spielt ENUM bislang kaum eine Rolle. Das liegt daran, dass die Beteiligten sich nicht über die Kosten einigen können. Somit verkümmert die schöne Idee ENUM zu einem reinen VoIP-Telefonverzeichnis – das zudem kaum Verwendung findet. Aber alles der Reihe nach.

Wozu ist ENUM gut

ENUM soll das Kommunizieren einfacher machen. Das wichtigste Ziel von ENUM: Alle Kommunikationsarten wie Internet-Telefon, Festnetz, Handy und sogar E-Mail unter ein und derselben Telefonnummer zugänglich machen. Das kann dann zum Beispiel folgendermaßen aussehen:

1. Nach Eingabe eine Rufnummer, für die ENUM-Informationen verfügbar sind, wird der Anruf zunächst auf einen Festnetzanschluss geschaltet.
2. Sollte dort niemand abnehmen, erfolgt automatisch eine Weiterleitung die eingetragene Handynummer.
3. Sollte auch hier keine Verbindung zustande kommen, könnte die Nachricht als Audiodatei aufgezeichnet an eine E-Mail-Adresse gesandt werden.
4. Alternativ hierzu ist auch der Abruf einer Webseite möglich, die dann Auskunft über weitere Kommunikationsmöglichkeiten liefert.

Der Vorteil von ENUM liegt auf der Hand: Sie müssen sich statt einer Vielzahl von Rufnummern für die verschiedenen Anwendungen nur noch eine einzige Telefonnummer merken. Egal, ob fürs Handy, Festnetz oder Internet-Telefon. Das gilt auch für ein eingehendes Fax, das automatisch auf das richtige Endgerät geleitet wird. Die Zuordnung zu den jeweils passenden Telefonen übernehmen die Einträge in der ENUM-Datenbank. Dort steht genau drin, was beim Anruf einer Nummer in welcher Reihenfolge passieren soll; wie in einem Drehbuch.

Technisch passiert bei ENUM Folgendes: Bei einem ENUM-Provider registrieren Sie Ihre Haupt-Telefonnummer als ENUM-Nummer. Die sind dann aus wie eine Internetadresse, jedoch in umgekehrter Ziffernreihenfolge und mit der Endung e164.arpa.

Aus der Münchener Rufnummer +49-89-1234567 wird dann beispielsweise die ENUM-Adresse: 7.6.5.4.3.2.1.9.8.9.4.e164.arpa

Die entsprechende ENUM-Domain kann dabei nur vom Inhaber der betreffenden Rufnummer angemeldet werden.

Stellt sich die Frage, wieso Rufnummern zum Einsatz kommen, wo es sich doch um eine Internet-Adresse handelt und sich Namen leichter merken lassen als Nummern. Die Frage ist berechtigt. Der Grund: Das Telefonsystem

Eine tolle Idee: Mit ENUM reicht eine Nummer für alle Kommunikationsarten. Je nach eingerichteter ENUM-Regel klingeln unterschiedliche Geräte. In der Praxis leider (noch) kaum genutzt.

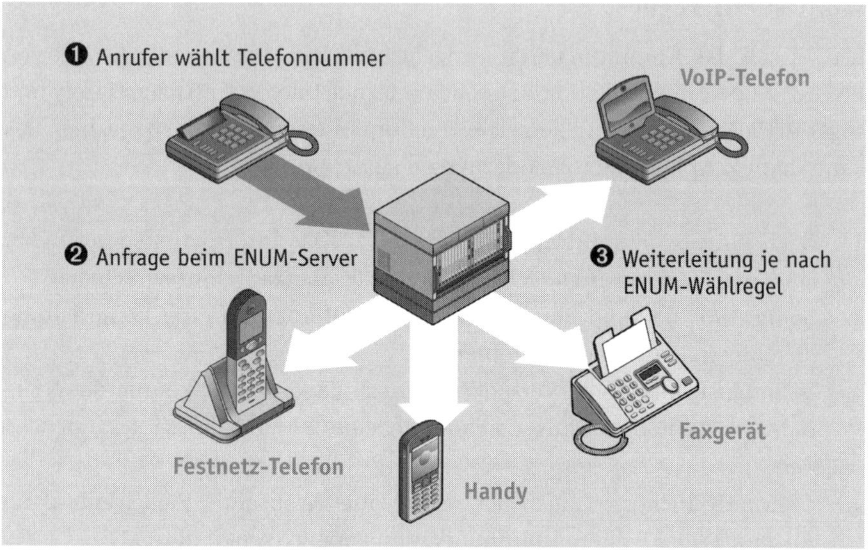

ist bereits mehrere Jahrzehnte alt und es hat sich bewährt. Zudem sind auf vielen mobilen Endgeräten wie Handys lediglich Zifferntasten und keine kompletten Tastaturen vorhanden. Die Eingabe einer Ziffernfolge geht hier schneller vonstatten als das Eintippen eines langen Domainnamens. Daher Ziffern statt Buchstaben oder Namen.

Warum ENUM noch nicht richtig funktioniert

Die schöne neue ENUM-Welt hört sich viel versprechend an, ist aber Utopie. Derzeit können sich die Anbieter – zumeist die Telefongesellschaften – nicht einigen, wie die Kosten verteilt werden. Schließlich fallen je nach eingerichteter ENUM-Regel unterschiedliche Kosten an; die Weiterleitung auf ein Faxgerät ist günstiger als aufs Handy.

Eine weitere Hürde: Das Anmelden und Einrichten der eigenen ENUM-Nummer ist mit viel Aufwand verbunden. Zudem bieten nur wenige Provider die Registrierung der eigenen ENUM-Nummer an. Eine Übersicht der Provider, bei denen Sie – leider kostenpflichtig – eine eigene ENUM-Domain beantragen können, finden Sie auf der Webseite

`www.denic.de/de/enum/mitgliederliste-enum/enum.jsp`

ENUM in der Praxis

ENUM ist von dem Ziel, auf der Visitenkarte nur noch eine einzige Rufnummer anzugeben, um darüber via Festnetz, VoIP, Fax und Handy erreichbar zu sein, weit entfernt.

Ein wichtiges und häufig genutztes Einsatzgebiet bleibt aber trotzdem: Die Internet-Telefonie. In der Praxis hat sich ENUM zumindest als globales Verzeichnis der Internet-Telefonnummern entwickelt. Und das ist gut so. Denn dank ENUM finden Sie leicht heraus, ob eine gewählte Rufnummer eine Internet-Telefonnumer oder eine Festnetznummer ist. Das ist wichtig für die Kosten des Gesprächs. Denn wenn Sie von Ihrem VoIP-Telefon aus eine Festnetznummer anrufen, entstehen durch den Übergang zum Festnetz stets Gebühren – Telefonate zwischen zwei VoIP-Telefonen sind hingegen kostenlos.

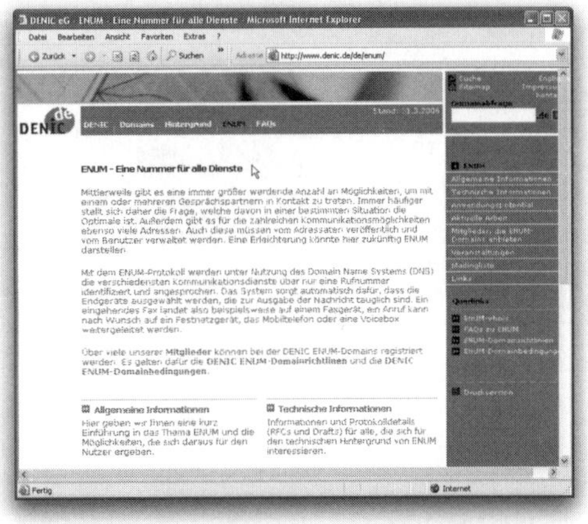

Weitere Informationen zu ENUM finden Sie auf der Webseite der Denic, der zentralen Registrierungsstelle für alle .de-Domains (www.denic.de/de/enum/).

Das Problem: Nur anhand der Rufnummer lässt sich oft nicht erkennen, ob es sich um eine Internet- oder eine Festnetznummer handelt. VoIP-Rufnummern sehen genau so aus wie normale Festnetznummern.

Und genau hier betritt ENUM die Bühne. Bei vielen VoIP-Anbietern können Sie vor dem automatisch eine ENUM-Abfrage durchführen. Der VoIP-Anbieter schaut auf dem ENUM-Server nach, ob es sich bei der gewählten Rufnummer eventuell um ein Internet-Telefon handelt. Falls ja, leitet er es kostenlos über das Internet weiter; das Gespräch kostet dann keinen Cent. Nur wenn die gewählte Nummer nicht auf dem ENUM-Server vermerkt ist oder sie dort tatsächlich als Festnetznummer eingetragen ist, geht es kostenpflichtig ins Festnetz. Sehr praktisch und Kosten sparend.

Damit das funktioniert, muss Ihr VoIP-Anbieter die Abfrage der ENUM-Datenbank erlauben. Bei einigen Anbietern – wie dus.net – können Sie selbst bestimmen, ob und bei welchen ENUM-Datenbanken die Prüfung erfolgen soll.

Die Abfrage der ENUM-Datenbank übernimmt der VoIP-Anbieter auf Wunsch für Sie vor jedem Gespräch. Sie können aber auch selbst nachschauen. Über die Webseite www.enum-center.de können Sie rechts im Bereich ENUM-Lookup selbst prüfen, ob die gewünschte Nummer bei ENUM hinterlegt ist.

Als Fazit in Sachen ENUM bleibt: Bei der Internet-Telefonie können Sie ENUM nutzen, müssen es aber nicht. Und wer es nicht benutzt, verpasst zurzeit nicht viel. Denn noch steckt ENUM in den Kinderschuhen und wird kaum ernsthaft genutzt.

Bei einigen VoIP-Anbietern wie dus.net bestimmen Sie selbst, ob eine ENUM-Abfrage stattfinden soll oder nicht.

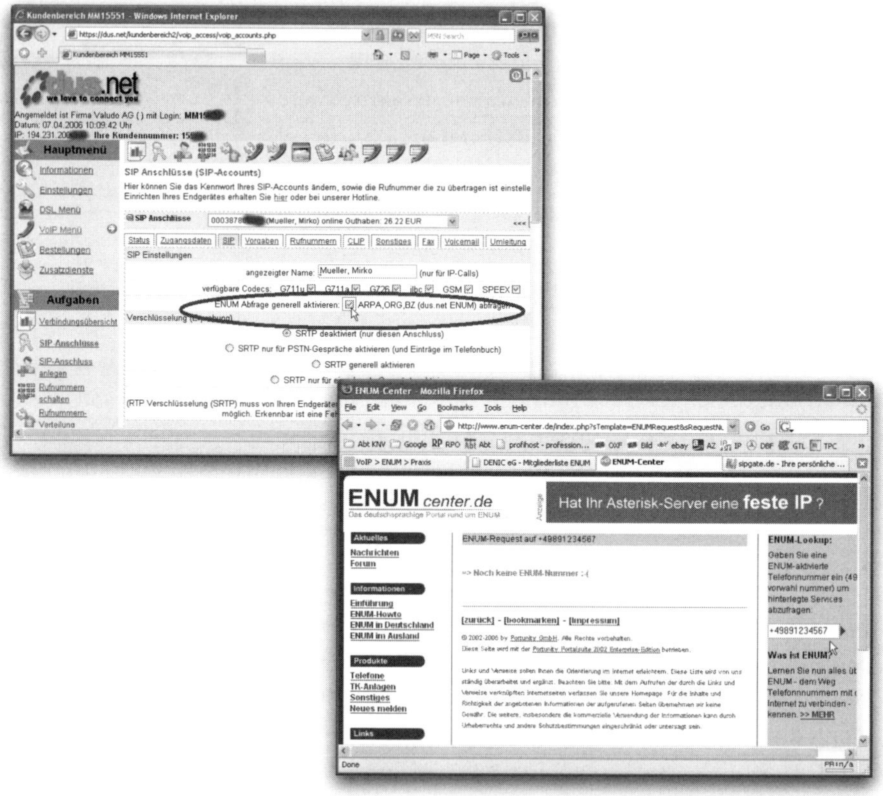

Ob Ihre Nummer bei ENUM eingetragen ist, können Sie selbst auf der Webseite www.enum-center.de in Erfahrung bringen.

Kapitel 9

Voice over IP
Telefonieren übers Internet

Wenn es hakt

Nicht erreichbar, ruckelnde Gespräche, Abbrüche, Echos – die Hitliste der VoIP-Probleme ist lang. Glücklicherweise treten die Probleme nur selten auf. Wenn es aber doch soweit ist, ist schnelle Hilfe vonnöten. Und hier ist sie: Für die meisten Probleme gibt es in diesem Kapitel auch gleich die passenden Lösungen. Es verrät Ihnen, wie Sie die nervigsten Probleme herausfinden und sie lösen. Dazu gehört auch die richtige Konfiguration der Firewall sowie die Auswahl des optimalen Codecs. Eines der häufigsten VoIP-Probleme: Verstopfte DSL-Leitungen, die zu Rucklern und Abbrüchen führen. Die beheben Sie am besten mit QoS. Hier erfahren Sie, was QoS eigentlich ist und wie und wo Sie es einsetzen.

Wenn es hakt

Hitliste der häufigsten Probleme

Die meisten Internet-Telefonierer werden dieses Kapitel zum Glück nie brauchen. Denn in den häufigsten Fällen klappt es mit dem Voipen wie am Schnürchen. Einmal angeschlossen und eingerichtet funktioniert das Internet-Telefon genau so zuverlässig, wie man es vom herkömmlichen Telefon kennt.

Aber: Was schief gehen kann, geht durchaus auch einmal schief. Das ist auch bei der Internet-Telefonie so. Zwar selten, aber wenn es so weit ist, ist schnelle Hilfe angesagt. Die Hitliste der häufigsten Probleme bei der Internet-Telefonie mitsamt passenden Lösungen lautet:

- **Nichts geht mehr**
  Das schlimmste Problem, aber auch das am einfachsten zu lösende: Wenn in Sachen Telefonie gar nichts klappt. Kein Freizeichen, kein Rufton, von glasklaren Gesprächen ganz zu schweigen. Eine andere Variante: Das Telefon klingelt zwar, sobald Sie aber abheben, herrscht in der Leitung Totenstille. Häufigste Ursache ist eine falsche eingerichtete Firewall. Einmal die richtigen Werte eingestellt und schon klappt's wieder mit dem Telefonieren.
- **Aussetzer und Ruckler**
  Wenn... Sie... Ihren... Ge... sprächs... partner... nur abgehackt hören und es zu Rucklern oder Aussetzern kommt, ist meist die Internetanbindung zu langsam. Oder die Leitung ist wegen umfangreicher Downloads verstopft. Hier gibt es verschiedene Lösungen: Ein schnellerer Internetanschluss zum Beispiel. Oder der Einsatz eines sparsameren Audio-Codecs.
- **Gesprächsabbrüche**
  Sehr selten, aber auch sehr lästig: Wenn Gespräche mittendrin einfach abbrechen. Nach einigen Minuten geht plötzlich nichts mehr. Die Suche nach der Ursache kann schwierig sein. Mitunter ist der Internetanbieter schuld, der die Leitung einfach in regelmäßigen Abständen kappt.
- **Hall und Echos**
  «Hallo hallo, können können Sie Sie mich mich hören hören?» Wenn sich

Ihre Gespräche so anhören und es häufig zu Echos kommt, haben Sie es mit einem der hartnäckigsten und häufigsten Probleme der Internettelefonie zu tun. Aber auch hierfür gibt es die passenden Lösungen.

- **Rauschen**
  In seltenen Fällen kommt es während des Gesprächs zu störenden Hintergrundgeräuschen. Das Rauschen oder Knistern wird mitunter nur von einem der beiden Gesprächspartner gehört, auf der anderen Seite der Leitung hört sich das Gespräch glasklar an. Häufigste Ursache hierfür ist das Telefon selbst.

Auf den nachfolgenden Seiten erfahren Sie, wie es zu den genannten Problemen kommt und wie Sie rasch Abhilfe schaffen. Damit der Internettelefonie in glasklarer ISDN-Qualität nichts mehr im Wege steht.

Nur nicht verzweifeln, wenn es mit der Internet-Telefonie auf Anhieb nicht klappt. Für jedes Problem gibt es die passende Lösung.

Wenn gar nichts läuft

Das Softphone ist korrekt eingerichtet, das Internet-Telefon auch – und trotzdem kommt nichts als ein Tuten aus dem Telefon? Oder eine Fehlermeldung à la Login fehlgeschlagen im Softphone-Fenster? Dann ist meist die Firewall schuld, die VoIP einfach blockiert und nicht durchlässt. Oder nur das Klingeln durchlässt, nicht aber das Gespräch. Damit es endlich klappt, gibt es zwei elegante Lösungen.

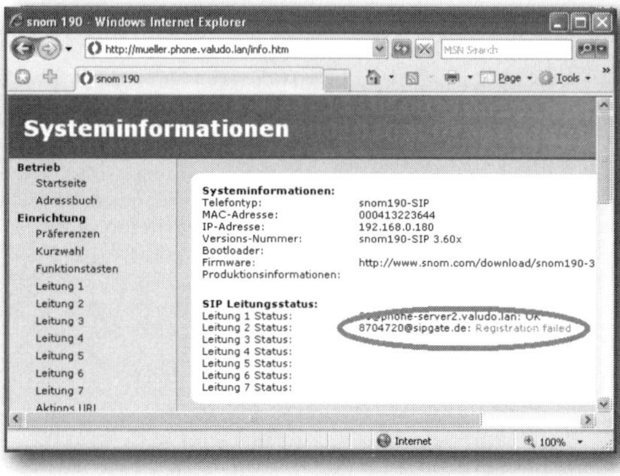

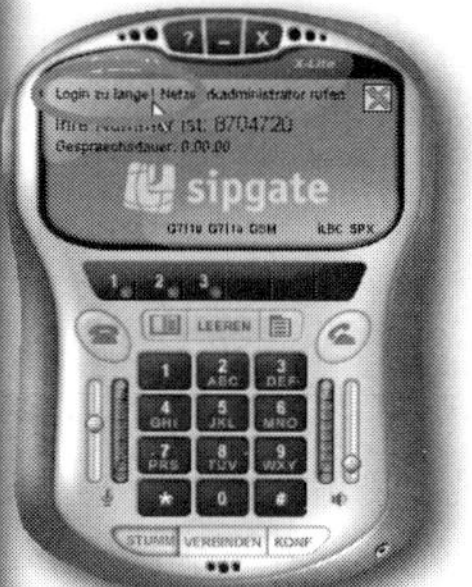

Wenn Sie für den Internetzugang eine FRITZ!Box Fon oder einen anderen VoIP-fähigen DSL-Router einsetzen, sind Sie fein raus. Diese Router sind optimal auf die Internet-Telefonie vorbereitet und lassen VoIP-Gespräche ungehindert durch. Änderungen an der Konfiguration sind hier nicht erforderlich.

Probleme machen sich oft in Statusmeldungen auf dem Softphone oder dem Internet-Telefon bemerkbar.

Bei «normalen» Routern ist hingegen die interne Firewall des Routers zu «scharf» eingestellt. Zwei Lösungen bieten sich dann an:

- **UPnP – Universal Plug and Play**
  Einige DSL-Router unterstützen das so genannte Universal Plug and Play (UPnP) für Netzwerkgeräte. Das sorgt dafür, dass sich die Firewall praktisch selbst umkonfiguriert und VoIP-Gespräche durchlässt.
- **STUN – Trickreich an der Firewall vorbei**
  Die gängigste und zuverlässigste Methode bietet STUN. Es ermöglicht das Telefonieren durch eine Firewall ganz ohne Änderung an den Firewall-Einstellungen.

Wie Sie die beiden Lösungen anwenden können, damit Sie endlich durch die Firewall hindurch telefonieren können, wird auf den nachfolgenden Seiten ausführlich erläutert.

UPnP – Praktisch, aber kaum verfügbar

Der Plug-and-Play-Mechanismus UPnP ist eine feine Sache – sofern er funktioniert. Ziel der «Anschließen-und-Loslegen»-Lösung ist es, dass sich Netzwerkgeräte und Firewall gegenseitig einfach selbst konfigurieren.

Und das geht so: Das VoIP-Telefon fragt beim Router nach, über welche IP-Adressen und Ports es nach draußen telefonieren darf. Das Telefon verwendet dann in Zukunft nur noch die «zugelassenen» Ports. Im Gegenzug leitet die Firewall eingehende Gespräche direkt an das Telefon weiter. Telefon und Firewall einigen sich praktisch selbst auf ein geeignetes Verfahren.

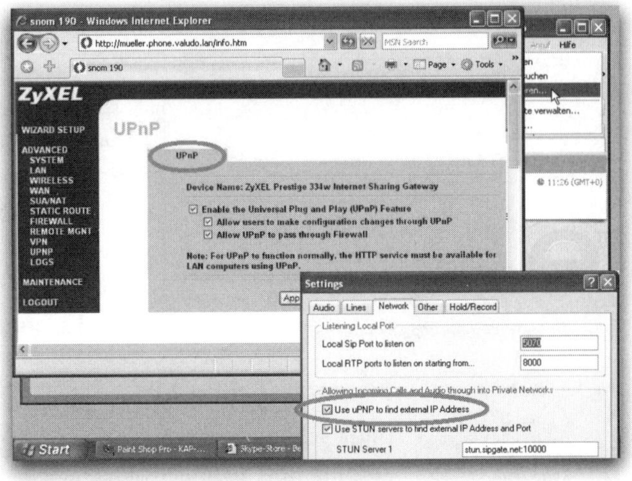

Mit Universal Plug and Play (UPnP) konfiguriert sich die Firewall praktisch selbst – vorausgesetzt, Internet-Telefon und Router sind UPnP-fähig.

Die Krux an der Sache: Damit UPnP funktioniert, müssen beide Partner – Telefon und Router – das Universal Plug and Play unterstützen. Hierzu gehören beispielsweise die VoIP-Telefone von snom (www.snom.de) oder das Softphone SIPPS (www.nero.com/sippstar/deu/SIPPS_Light.html). Achten Sie darauf, dass sowohl am Router als auch beim Internet-Telefon das Universal Plug and Play (UPnP) aktiviert ist.

Sollte es damit nicht funktionieren, können Sie auf die zweite Variante STUN setzen. Weitere Informationen hierzu finden Sie im nächsten Abschnitt.

Übrigens: Sicherheitsexperten betrachten UPnP als unkontrollierbare Sicherheitslücke und raten vom Einsatz ab. In vielen Geräten ist daher UPnP von Haus aus deaktiviert. Verwenden Sie im Zweifelsfall statt UPnP besser die ebenso elegante Lösung STUN, die Thema des nächsten Abschnitts ist.

STUN – Der beste Weg durch die Firewall

Der eleganteste und einfachste Weg durch die Firewall bietet STUN (Simple Traversal of UDP Through NATs). Dahinter verbirgt sich eine clevere Technik, um ohne Änderungen an der Firewallkonfiguration VoIP-Telefongespräche zu führen.

Der Trick: Beim VoIP-Anbieter steht ein so genannter STUN-Server. Das VoIP-Telefon sendet eine Testnachricht an den STUN-Server des VoIP-Anbieters. Der wiederum nimmt die Nachricht entgegen und erkennt darin sofort, über welche Adresse und welchen Port die Nachricht gekommen ist – welcher

Port praktisch für VoIP offen ist. Und genau die Informationen verwendet Ihr VoIP-Anbieter während des kompletten Gesprächs.

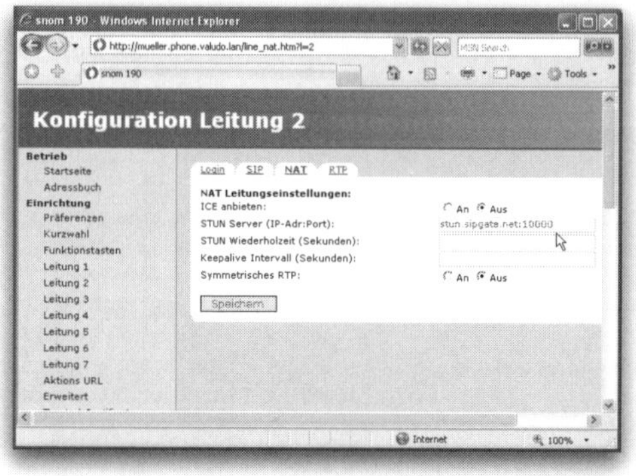

Tragen Sie die Adresse des STUN-Servers Ihres VoIP-Anbieters ein, und schon klappt es auch durch die Firewall.

Das hört sich simpel an. Ist es auch. Mittlerweile besitzt fast jeder VoIP-Anbieter einen eigenen STUN-Server, um den Firewalltrick anwenden zu können. Wie die Adresse des STUN-Servers lautet, erfahren Sie auf den Webseiten Ihres VoIP-Anbieters. Oder im Kapitel Den richtigen Anbieter finden.

Sie müssen beim Konfigurieren Ihres VoIP-Telefons nur noch darauf achten, dass Sie die Adresse des STUN-Servers Ihres VoIP-Providers korrekt eintragen. Und schon klappt es auch durch die Firewall.

Aussetzer und Ruckler

Ganz schön ärgerlich, wenn es während des Telefonats ständig zu Aussetzern kommt und lediglich abgehackte Gesprächsfetzen beim Gegenüber ankommen.

Haben Sie es allerdings regelmäßig oder schlimmstenfalls bei jedem Gespräch mit Rucklern zu tun, sollten Sie rasch handeln. Zunächst gilt es, die Ursache herauszufinden und danach die geeigneten Maßnahmen zu ergreifen.

aufgepasst

Einmal ist keinmal

Wenn es nur sporadisch zu Rucklern kommt, besteht nicht unbedingt gleich Handlungsbedarf. Kurzzeitige Aussetzer können immer mal vorkommen – sie sind auch nicht weiter tragisch, wenn es nur vereinzelt auftritt.

Die meisten Aussetzer und Ruckler werden durch folgende Faktoren und Umstände verursacht:

- **Zu langsame Internetverbindung**
  Eine zu langsame Internetverbindung lässt die VoIP-Datenpakete nicht schnell genug durch. Es ist einfach zu wenig Bandbreite (Platz) da. Ein ISDN-Internetzugang ist für VoIP beispielsweise generell zu langsam.
  Wenn die Internetverbindung zu langsam ist, helfen sparsamere Audio-

Codecs. Die verringern zwar die Sprachqualität, dafür sparen Sie sich die Investition in eine schnellere Leitung. Welchen Codec Sie in diesem Fall verwenden sollten und wie Sie ihn einstellen, erfahren Sie weiter unten Abschnitt *Erste Hilfe: Ein anderer Codec kann helfen.*

- **Verstopfte Leitung**
  VoIP-Telefonate sind datenhungrig; sie verbrauchen eine Menge Bandbreite. Wenn dann noch neben dem Telefonat ein umfangreicher Download stattfindet, wird es schnell eng auf der Leitung. Sogar bei schnellen DSL-Anschlüssen.
  Die Folge: Das Gespräch wird abgehackt, da nicht mehr alle Datenpakete schnell genug den Weg durch Ihre Internetverbindung finden. Die Lösung ist aber einfach: Verzichten Sie während des Telefonats auf Downloads, Internet-Radio und ähnlich «hungrige» Internet-Anwendungen. Was aber, wenn während eines Downloads ein Internet-Telefonat hereinkommt? Den Download abzubrechen, eventuell sogar kurz bevor der Fortschrittsbalken die 100%-Marke erreicht hat, ist wenig elegant. Wesentlich pfiffiger ist da der Einsatz von so genannten Downloadmanagern. Damit können Sie per Mausklick die Downloadgeschwindigkeit stufenweise herunterschrauben. Oder notfalls den Download unterbrechen und nach dem Auflegen wieder exakt an der gleichen Stelle mit dem Herunterladen fortfahren. Eine praktische Sache. Eine gute Übersicht über Downloadmanager finden Sie auf der Webseite de.wikipedia.org/wiki/Downloadmanager.
  Sollte der Einsatz eines Downloadmanagers oder selbst der Verzicht auf Downloads auch nicht helfen, empfiehlt sich der Einsatz eines anderen Audio-Codecs. Mehr hierzu weiter unten im Abschnitt *Erste Hilfe: Ein anderer Codec kann helfen.*

Zweigleisig geht doch

schieb-tipp

Telefonieren und Downloaden gleichzeitig geht übrigens doch: Wenn Ihr DSL-Router Techniken wie das Traffic Shaping oder QoS unterstützt, können Sie während des Telefonats so viele Downloads durchführen, wie Sie möchten. Wie das geht, erfahren Sie weiter unten im Abschnitt «Vorfahrt für VoIP mit Quality of Service (QoS)».

Erste Hilfe: Ein anderer Codec muss her

Wenn das Telefongespräch häufig ruckelt und nur noch Sprachfetzen ankommen, ist es Zeit, einen anderen Audio-Codec auszuprobieren. Der Codec ist das Herzstück der Internet-Telefonie: Er sorgt für die Umwandlung der Sprache in digitale Internet-Daten und bestimmt die Sprachqualität. Aber auch wie viel Bandbreite dabei verbraucht wird.

Generell gilt: In Sachen Codec haben Sie beim Internet-Telefon die Qual der Wahl. Es stehen gleich mehrere Codecs zur Verfügung und damit auch unterschiedliche Qualitäten. Vom scheppernden Klang im Stile der ersten Handys bis zur glasklaren Qualität à la ISDN ist alles drin.

Warum also nicht gleich immer den besten Codec verwenden und immer mit ISDN-Qualität telefonieren? Das liegt an den unterschiedlichen Ansprüchen der einzelnen Codecs. Ein Codec mit guter Sprachqualität ist «hungriger», er verbraucht mehr Bandbreite als ein Codec mit etwas schlechterer Qualität. Kommt es zur Rucklern und Aussetzern, ist der verwendete Codec zu «hungrig» – er verbraucht zu viel Bandbreite. Oder andersherum gesagt: Der Internetanschluss ist für den gewählten Codec zu langsam.

beispiel

Machen Sie mit.

Ein Beispiel: Der zurzeit beste Codec namens G.711 mit ISDN-Qualität verbraucht knapp 90 kBit/s pro Richtung – insgesamt also etwa 180 kBit pro Sekunde. Kein Problem für eine DSL-Leitung, aber viel zu viel für einen ISDN-Internet-Anschluss mit maximal 64 kBit pro Sekunde oder gar ein Modem mit 33,6 kBit pro Sekunde. In diesem Fall sollten Sie auf einen anderen Codec zurückgreifen, der die Sprachdaten in komprimierter (verkleinerter) Form verschickt. Der verbraucht zwar weniger Bandbreite, ist oftmals aber auch hörbar schlechter.

Interessant: Es gibt ein Messverfahren, um die Sprachqualität der verschiedenen Codecs objektiv miteinander vergleichen zu können. Die Qualität wird in einem so genannten MOS-Wert (Mean Opinion Score, deutsch: durchschnittlicher Meinungswert) ausgedrückt. Hierbei bestimmt eine repräsentative Gruppe, wie nahe der eingesetzte Codec der menschlichen Sprache im Original kommt. Sie Skala reicht von 1 (schlechteste Qualität) bis 5 (beste Qualität).

Die nachfolgende Tabelle zeigt die MOS-Werte der einzelnen Codecs und wie viel Bandbreite sie benötigen. Der Wert für die Bandbreite bezieht sich dabei auf ein komplettes Gespräch in beide Richtungen:

Codec	Bandbreite	MOS-Wert	Qualität
G.711u (PCMU, u-law)	155 kBit/s	4,3	gut
G.711a (PCMA, a-law)	180 kBit/s	4,4	sehr gut
G.722	180 kBit/s	4,5	sehr gut
G.723	60 kBit/s	3,8	befriedigend
G.726-24	100 kBit/s	3,8	befriedigend
G.726-32	120 kBit/s	3,85	befriedigend
G.728	85 kBit/s	3,61	ausreichend
G.729	70 kBit/s	3,92	befriedigend
GSM	60-90 kBit/s	3,8	befriedigend
iLBC	80 kBit/s	4	gut
iSAC	110-170 kBit/s	> 4	sehr gut
Speex	60-120 kBit/s	> 4	sehr gut

Die meisten VoIP-Telefone verwenden automatisch den bewährten G.711-Codec, der VoIP-Gespräch in ISDN-Qualität ermöglicht. Den G.711-Codec gibt es in zwei Varianten: G.711u – auch PCMU oder u-law genannt – kommt hauptsächlich in den USA und Japan zum Einsatz, G.711a oder PCMA bzw. a-law findet vor allem in Europa Verwendung.

Machen Sie mit.

Besonders interessant für «dünne» oder langsame Internet-Leitungen sind neben Speex der iLBC- oder der iSAC-Audio-Codec. Beide bieten eine gute bis sehr gute Sprachqualität bei wesentlich geringerem Bandbreitenverbrauch.

schieb-tipp

Die erste Maßnahme bei Rucklern und Aussetzern lautet: Codec wechseln. Stellen Sie in Ihrem Telefon einfach einen anderen, «sparsameren» Codec ein, und prüfen Sie dann, ob es immer noch ruckelt.

In jedem Internet-Telefon können Sie selbst bestimmen, welcher Codec beim Telefonieren zum Einsatz kommen soll. Hierzu platzieren Sie den gewünschten Codec einfach in der «Hitliste» der Codecs ganz nach oben. Gehen Sie hierzu folgendermaßen vor:

Bei Rucklern und Aussetzern empfiehlt sich ein Wechsel des Audio-Codec. Den stellen Sie in der Weboberfläche des Internet-Telefons ein.

1. Starten Sie Ihre Telefonsoftware oder öffnen Sie die Weboberfläche Ihres VoIP-Telefons. Bei den meisten VoIP-Telefonen geben Sie hierzu im Internet Explorer die IP-Adresse oder den Namen Ihres Telefons ein.
2. Im Internet Explorer (oder einem anderen Browser) wechseln Sie zur Konfigurations-Seite, auf der Sie die Codecs einstellen können. Beim VoIP-Telefon snom 360 klicken Sie beispielsweise auf Leitung 1 und dann auf RTP.
3. Es erscheint eine Liste der Codecs. Und die ist besonders wichtig für die Codec-Verhandlungen. Die Liste bestimmt, welche Codecs zum Einsatz kommen; und in welcher Reihenfolge.

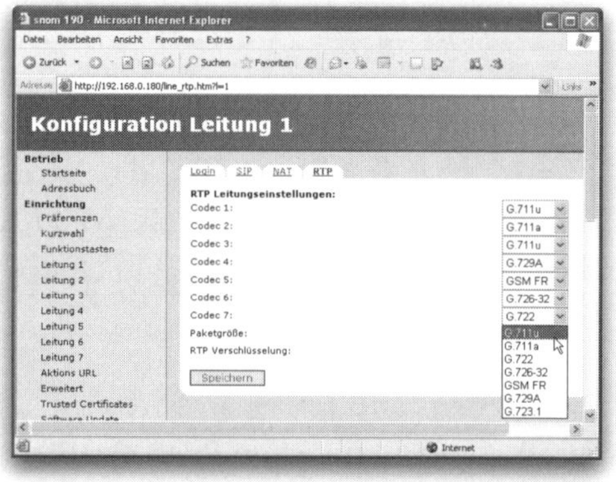

Generell gilt: Das Telefon versucht zuerst, den obersten Codec mit der Nummer 1 zu verwenden. Ist das nicht möglich, weil z. B. die Gegenstelle den Codec nicht kennt, wird der Codec 2 versucht usw.

3. Bestimmen Sie auf der Konfigurationsseite, welche Codecs in welcher Reihenfolge zum Einsatz kommen sollen. Falls Sie nicht sicher sind, welche Codecs Sie verwenden sollten, hilft Ihnen ein Blick auf die Tabelle weiter oben in diesem Abschnitt.

   Probieren Sie am besten folgende Codecs nacheinander auf Platz 1 aus. So lange, bis es nicht mehr ruckelt: G.711, G.729, iLBC, iSAC, Speex, G.726, G.723, GSM, G.728

4. Speichern Sie die Einstellungen, und schließen Sie die Konfigurationsseite des Telefons. Ab dem nächsten Telefongespräch werden die Codecs nach Ihren Vorgaben ausgehandelt.

Vorfahrt für VoIP mit Traffic Shaping und Quality of Service (QoS)

Auf Ihrer Internetleitung kann es schnell eng werden. Wenn Sie über das Internet telefonieren und während des Gesprächs auch noch einen Download durchführen oder eine E-Mail mit großem Anhang verschicken, kann die Qualität der Gesprächsverbindung rapide abnehmen. Der Grund: Das Downloaden oder Verschicken von großen Datenmengen beansprucht wertvolle Bandbreite, die dann dem VoIP-Telefon fehlt.

Damit das nicht passiert, gibt es zwei wirksame Mechanismen: Traffic Shaping und Quality of Service, kurz QoS. Die sorgen praktisch dafür, dass die VoIP-Datenpakete Vorfahrt bekommen und vor allen anderen Daten übertragen werden.

Ganz schön pfiffig: Techniken wie Traffic Shaping oder QoS geben Telefonaten Vorfahrt auf der Datenleitung.

Die einfachste Variante ist das Traffic Shaping. Einige DSL-Router sind bereits von Haus mit dieser praktischen Funktion ausgestattet, beispielsweise die Fritz!Box-Fon-Reihe von AVM.

Traffic Shaping ist ganz schön pfiffig: Es sorgt dafür, dass den VoIP-Datenpaketen immer genügend Bandbreite zur Verfügung steht. Sollte es auf der Leitung eng werden und die Gefahr bestehen, dass die Qualität sich verschlechtert, drosselt die Traffic-Shaping-Funktion einfach allen anderen Datenverkehr durch den Router. E-Mails mit großen Anhängen oder Downloads werden dann einfach langsamer durchgelassen, damit die VoIP-Datenpakete immer noch schnell genug durch die Leitung gehen. Eine clevere Funktion, die praktisch automatisch für eine gute Sprachqualität sorgt.

wichtig

Shaping aktivieren

Sofern Ihr DSL-Router Traffic Shaping unterstützt, sollten Sie die Funktion unbedingt aktivieren. In den Routern von AVM geschieht dies auf der Konfigurationsseite Internet / DSL-Einstellungen oder Internet / Zugangsdaten. Ab sofort regelt der Router den Datenverkehr automatisch und gewährt Internet-Telefonaten Vorfahrt vor allen anderen Datenpaketen.

Traffic Shaping ist eine feine Sache. In den meisten Fällen gehören Ruckler damit der Vergangenheit an. Neben Traffic Shaping gibt es noch eine weitere Variante namens QoS, Quality of Service. QoS ist praktisch ein Traffic Shaping deluxe.

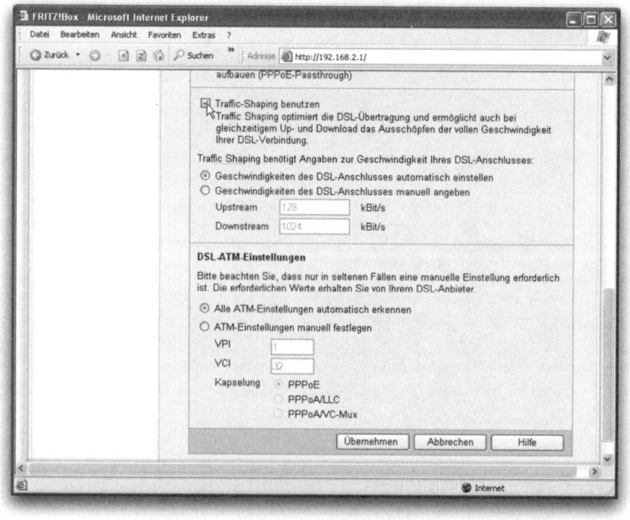

Traffic Shaping sollte – sofern verfügbar – immer aktiviert sein. Das garantiert beste Sprachqualität selbst bei umfangreichen Up- und Downloads.

Traffic Shaping hat eigentlich einen kleinen Nachteil: Es wirkt sich nur lokal in Ihrem heimischen Netzwerk bzw. an Ihrem Router zu Hause aus. Der Router lässt zwar VoIP-Gespräche bevorzugt durch. Danach geht es aber ins weltweite Internet, und dort könnte es wieder eng werden. Hinter Ihrem Router ist damit praktisch Schluss mit der bevorzugten Behandlung.

Einen Schritt weiter geht QoS, Quality of Service. Im weitesten Sinne ist QoS eine aufgebohrtes Traffic Shaping, das nicht an Ihrem Router halt macht, sondern auf der gesamten Strecke durch das Internet für eine bevorzugte Behandlung der VoIP-Pakete sorgt.

Der Trick bei QoS: Jedes VoIP-Datenpaket wird vom Telefon oder Router als «wichtig» gekennzeichnet – es erhält praktisch ein V.I.P.-Ticket für die Fahrt durch das Internet verpasst.

Und damit geht's rund: Jedes QoS-fähige Netzwerkgerät – und dazu gehören neben dem heimischen Router auch alle anderen Netzwerkgeräte im Internet – hält penibel Ausschau nach Datenpakten mit V.I.P.-Ticket. Kommt ein V.I.P.-Datenpakt vorbei, schrillen die Alarmglocken: Es erhält Vorrang vor allen anderen Daten. Und das nicht nur am heimischen Router, sondern auf dem gesamten Weg durch das Internet. Das VoIP-Datenpaket behält den V.I.P.-Status auf der kompletten Strecke.

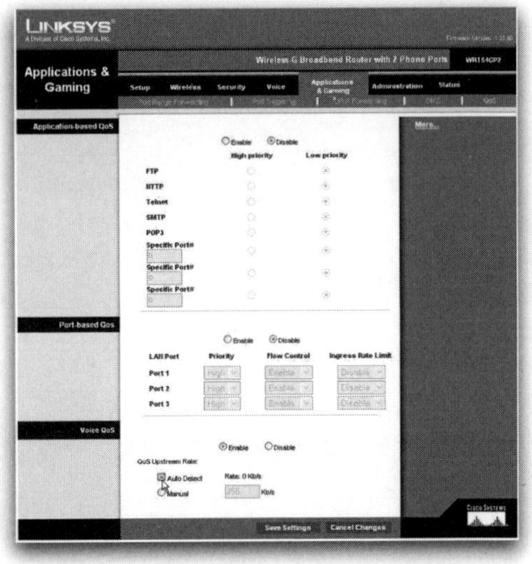

Die schöne QoS-Welt hat leider ebenfalls einen Haken: Damit das V.I.P.-Prinzip durchgängig auf dem kompletten Weg durch das Internet funktioniert, müssen alle beteiligten Server und Netze diese Technik unterstützen. Und das sind auf dem Weg durch das Internet eine Menge Geräte. Mitunter ist unterwegs aber ein Server oder Netzwerkverteiler nicht QoS-fähig und schon ist die bevorzugte Behandlung dahin – zumindest auf dem betreffenden Server.

Trotzdem: Sofern Ihr DSL-Router oder Telefon QoS-fähig ist, sollten Sie die Funktion einschalten. Die Chancen, dass damit die Sprachqualität auch bei Downloads gleich bleibend hoch bleibt, stehen damit sehr gut. Bei den DSL-Routern von LinkSys stellen Sie QoS beispielsweise im Bereich *Applications & Gaming | QoS* ein.

Wenn Ihr DSL-Router über QoS verfügt, sollten Sie es stets aktivieren. Damit werden Ihre VoIP-Datenpakete für den weiteren Weg als «besonders wichtig» gekennzeichnet.

Gesprächsabbrüche

Erfreulicherweise passieren Gesprächsabbrüche sehr selten. Die Technik der Internet-Telefonie ist so ausgereift, dass es kaum zu kompletten Abbrüchen mitten im Gespräch kommt.

Falls doch, hat das meist eine Ursache: Die so genannte Zwangstrennung Ihres Internet-Anbieters. Fast alle Anbieter kappen eine bestehende Leitung nach spätestens 24 Stunden. Sie müssen aber schon 24 Stunden am Stück online sein, damit es zur Zwangstrennung kommt. Fällt der Zeitpunkt der Trennung gerade in ein laufendes Internet-Telefonat, ist das Gespräch sofort weg. Es lässt sich aber unmittelbar danach direkt wieder aufbauen.

Besonders praktisch: Bei einigen DSL-Routern können Sie selbst festlegen, wann im Falle eines Falles die Zwangstrennung erfolgen soll. Bei den

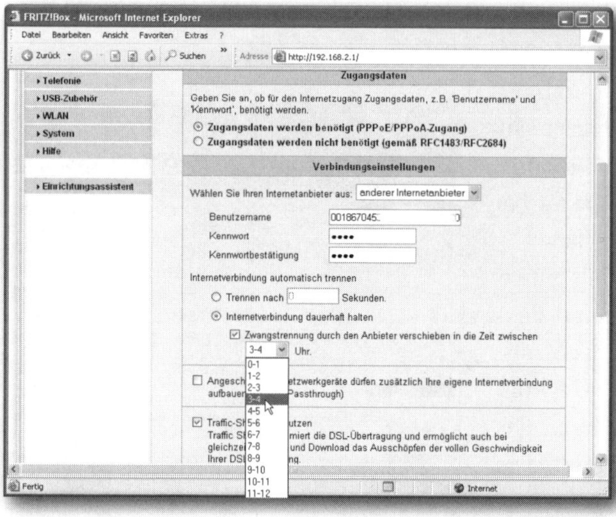

Fritz!Boxen von AVM können Sie beispielsweise die Trennung auf die Nachtzeit zwischen 3 und 4 Uhr legen.

Hall und Echos

Sehr unangenehm sind Telefonate, die von den Echos der eigenen Stimme oder der des Gesprächspartners geprägt sind. Kommt es dauerhaft zu einem Hall- oder Echo-Effekt, gibt es einige Tricks und Kniffe um das Problem in den Griff zu bekommen.

Sehr praktisch: Bei einigen DSL-Routern bestimmen Sie selbst, wann die Zwangstrennung erfolgen soll.

Erstaunlich, aber wahr: Häufig liegt der Grund für Echos in einem zu laut eingestellten Kopfhörer oder Lautsprecher. Dadurch dringt das Tonsignal des Gesprächspartners nach außen, gelangt zum eigenen Mikrofon und wird von dort wieder zurück zum Gesprächspartner übertragen. Die Folge: Der Teilnehmer am anderen Ende hört ein perfektes Echo seiner eigenen Stimme. Die erste Maßnahme sollte dann die Verringerung der Kopfhörer-/Lautsprecher-Lautstärke sein.

Mitunter liegt das Problem aber nicht an einem zu laut eingestellten Telefonhörer. Nicht selten kommt es aufgrund der verzögerten Datenübermittlung im Internet zu verstärkten Echos. Dagegen ist glücklicherweise ein Kraut gewachsen. Das Zauberwort heißt: Echounterdrückung.

In den meisten Internet-Telefonen sind hierzu zwei wirksame Funktionen eingebaut, die Echos praktisch «auslöschen»:

- **Echo Suppression**
  Mit Hilfe ausgeklügelter Algorithmen und Filter versucht das Telefon, Echos zu erkennen und herauszufiltern.
- **Echo Cancellation**
  Noch raffinierter geht die Echo-Cancellation-Funktion vor. Hier findet praktisch eine Echoauslöschung vor. Das Verfahren schätzt im Vorfeld das entstehende Echosignal und subtrahiert es einfach. Die Folge: Das Echo bleibt aus.

Viele VoIP-Telefone verwenden automatisch Echounterdrückungsfunktionen. Oft können Sie in der Konfiguration aber auch selbst Hand anlegen und die Funktion manuell ein- oder ausschalten.

Prävention

Damit Echos erst gar nicht entstehen, sollten Sie die in Ihrem VoIP-Telefon eingebauten Funktionen Echo Suppression und/oder Echo Cancellation stets einschalten.

schieb-tipp

Rauschen

Ein leichtes Hintergrundrauschen gehört beim Telefonieren dazu. Sowohl beim traditionellen Festnetzanschluss – zumindest beim Analoganschluss – als auch beim Internettelefon.

Problematisch wird es, wenn das Hintergrundrauschen so stark wird, dass Sie Ihren Gesprächspartner kaum noch verstehen. Das Verringern der Lautstärke bringt dann auch nichts, da zwar damit das Rauschen aber auch die Stimme des Gesprächspartners leiser wird.

Die Ursachen für zu starkes Rauschen sind vielfältig. Oft liegt es an fehlerhafter Hardware (Telefon, Headset, Kopfhörer), Firmware oder Software. Am besten probieren Sie verschiedene Headsets, Internet-Telefone oder Softphones aus, um dem Rauschen auf den Grund zu gehen.

Fehlermeldungen entschlüsselt

Früher oder später werden sie Ihnen begegnen: Den VoIP-Fehlermeldungen. Sollte in Sachen Internet-Telefonie etwas nicht klappen, erscheint im Display des Telefons eine Fehlermeldung. Das können bei benutzerfreundlich entwi-

Oft erscheinen im Display des Telefons wenig aussagekräftige Fehlernummern.

ckelten Geräten ganz klare Ansagen à la VoIP-Anbieter nicht erreichbar aber auch nichts sagende Fehlernummer wie 480 Temporarily Unavailable sein.

Gerade wenn nur Fehlernummern erscheinen, ist guter Rat teuer. Damit Sie in einem solchen Fall nicht alleine im Regen stehen, finden Sie auf den nachfolgenden Seiten die Entschlüsselung der VoIP-Fehlernummern. Die häufigsten Fehlernummern und deren Bedeutungen sind:

- **400 Bad Request**
  Falscher Aufruf. Aufgrund einer ungültigen SIP Nachricht konnte die Anfrage nicht verarbeitet werden. Der Grund sind fehlende Informationen innerhalb der SIP Nachrichten, die benötigt werden, um eine Anfrage bearbeiten zu können.
- **401 Unauthorized**
  Nicht autorisiert. Es wurde eine Anfrage gestellt, die eine Benutzeridentifikation erforderlich macht. Überprüfen Sie die Zugangsdaten zur Ihrem VoIP-Anbieter.
- **402 Payment Required**
  Zahlung erforderlich. Dieser Fehlercode erscheint, wenn für die gestellte Anfrage – z. B. den Gesprächsaufbau – eine Bezahlung erforderlich ist. Etwa für den Übergang zum Festnetz. Sollte Ihr Konto beim VoIP-Anbieter keine ausreichende Deckung für das Gespräch aufweisen, erscheint diese Fehlermeldung.
- **403 Forbidden**
  Nicht erlaubt. Sie bzw. das Telefon sind für eine gestellte Anfrage nicht berechtigt. Diese Meldung erscheint zum Beispiel, wenn Sie gesperrte Rufnummer wählen möchten.

- **404 Not Found**
  Teilnehmer nicht gefunden. Diese Fehlermeldung erscheint, wenn der Gesprächspartner nicht gefunden werden kann bzw. eine Rufnummer nicht stimmt. In den meisten Fällen haben Sie sich einfach nur verwählt.
- **408 Request Timeout**
  Keine Antwort. Die gestellte Anfrage konnte nicht in der Zeit bearbeitet werden, die für diese Anfrage vorgesehen ist.
- **410 Gone**
  Nicht mehr erreichbar. Diese Meldung erscheint, wenn ein Gesprächspartner nicht erreichbar ist, weil beispielsweise der Account gelöscht wurde und keine Weiterleitung existiert.
- **414 Request-URI Too Long**
  Rufnummer zu lang. Ihr VoIP-Anbieter lehnt die Anfrage ab, weil der Teilnehmername oder die Rufnummer zu lang ist.
- **480 Temporarily Unavailable**
  Zurzeit nicht erreichbar. Die Anwahl war zwar erfolgreich, aber der Angerufene ist derzeit nicht in der Lage den Anruf entgegenzunehmen. Etwa weil er nicht beim VoIP-Anbieter eingeloggt ist oder das Telefon gerade konfiguriert wird.
- **484 Address Incomplete**
  Falsche Adresse. Ihr VoIP-Anbieter lehnt die Anfrage ab, weil die angegebene Adresse bzw. Telefonnummer nicht vollständig ist. In den meisten Fällen haben Sie einfach nur eine oder mehrere Zahlen in der Telefonnummer vergessen.
- **486 Busy Here**
  Beim Angerufenen ist zurzeit besetzt.

Hilfe im Internet – Das IP-Phone-Forum

Sie wissen nicht mehr weiter? Ihr Telefon bringt Sie zur Verzweiflung? Dann habe ich einen ganz heißen Tipp für Sie: Im Internet finden Sie professionelle Hilfe. Schnell und kostenlos.

Meine Lieblings-Anlaufstelle, wenn es Probleme mit Konfiguration, Anbietern oder Telefonen gibt ist das IP-Phone-Forum unter der Webadresse:

`www.ip-phone-forum.de`

Hier finden Sie rund um die Uhr kompetente Ansprechpartner in Sachen VoIP. Egal, ob es um allgemeine Fragen zur Internet-Telefonie geht, um Anbieter, Hardware oder Software. Im IP-Phone-Forum sind Ihre Fragen gerne gesehen und werden in der Regel rasch beantwortet. Dabei spielt es keine Rolle, ob Sie ein blutiger Anfänger oder ein ausgebuffter VoIP-Profi sind.

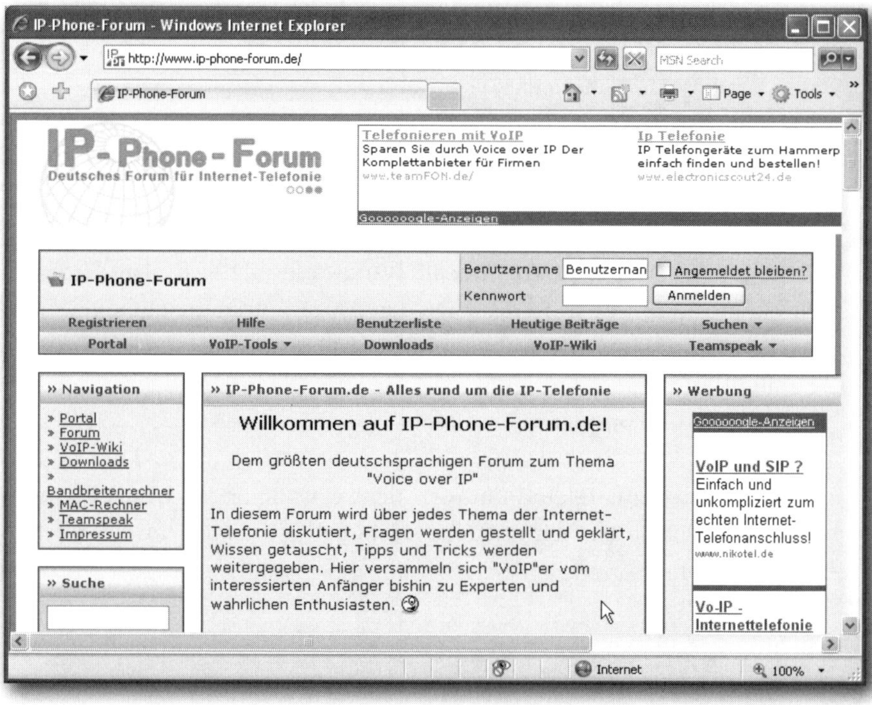

Vom Anfänger bis zum VoIP-Experten: Im IP-Phone-Forum treffen sich tausende «VoIPer», um gemeinsam Probleme zu lösen, Tipps und Tricks auszutauschen oder einfach nur zum Chatten.

Kapitel 10

Voice over IP
Telefonieren übers Internet

Telefon-Knigge

Kostenloses Telefonieren ist kein Freibrief fürs muntere Losplappern. Selbst wenn VoIP-Gespräche meist gratis sind, eines kosten sie immer: Zeit. Auch beim Gratis-Telefonieren sollten daher die gewohnten Gepflogenheiten gewahrt bleiben. Der kleine Telefon-Knigge zeigt, was vor, während und nach einem Gespräch oder beim «Sprechen» mit dem Anrufbeantworter zu beachten ist.

Telefon-Knigge

Vor dem Telefonat: Gespräche richtig vorbereiten

Ein gutes Telefonat beginnt bereits vor dem Gespräch. Bereiten Sie sich kurz auf das Telefonat vor. Das dauert nur wenige Sekunden:

- **Die richtige Uhrzeit**
  Überlegen Sie, ob Ihr Gesprächspartner überhaupt zu Hause oder auf dem Handy erreichbar ist. Bei guten Freunden und Verwandten kennen Sie die «gängigen» Zeiten sicherlich gut. Ansonsten gilt zum Beispiel bei geschäftlichen Gesprächen: Die besten Telefonzeiten sind zwischen 9.00 Uhr und 11.30 Uhr sowie am Nachmittag zwischen 14.00 Uhr und 16.00 Uhr.

- **Die korrekte Nummer**
  3814 oder 3184? Überprüfen Sie noch einmal kurz, ob Sie die richtige Nummer gewählt haben. Ein kurzer Blick aufs Display genügt. Und falls Sie sich doch verwählt haben: Nicht einfach auflegen, sondern kurz und freundlich entschuldigen.

- **Am besten mit Rufnummernübermittlung**
  Schalten Sie am Telefon die Rufnummernübermittlung ein. Dann kann der Angerufene auf Anhieb erkennen, wer am anderen Ende der Leitung ist. Anrufer mit unterdrückter Rufnummer haben oft etwas zu verbergen oder rufen unerwünscht an. Zumindest liegt der Verdacht nahe.
  Ein weiterer Vorteil der übermittelten Nummer: Bei erfolglosen Anrufen erscheint Ihr Anrufversuch beim Gegenüber in der Liste der entgangenen Anrufe. Oft ruft der Gesprächspartner dann zurück, noch bevor Sie einen zweiten Versuch starten.

- **Nicht zu lange klingeln lassen**
  Im Allgemeinen genügt es, das Telefon fünf bis sechs Mal klingeln zu lassen. Oft hört der Angerufene zwar das Telefon, ist derzeit aber verhindert. Um auszuschließen, dass Sie sich verwählt haben, können Sie eventuell ei-

nen zweiten Versuch starten. Geht auch dann niemand ans Telefon, sollten weitere Versuche erst nach einer Viertelstunde stattfinden. Meist springt nach sechs- bis achtmaligem Klingeln sowieso der Anrufbeantworter an. Einzige Ausnahme des ungeschriebenen Klingel-Gesetzes: Wenn Sie wissen, dass der Angerufene einen weiten Weg zum Telefon hat – etwa durch eine Behinderung – oder das Klingelzeichen schlecht wahrnehmbar ist, ist längeres Klingeln lassen angebracht.

Erhöhte Klingelgrenze

aufgepasst

Wenn Sie von einem VoIP-Telefon aus anrufen, können Sie die Klingelgrenze ruhig von sechs auf acht Klingelzeichen erhöhen. Der Grund: Bei den meisten VoIP-Telefonen hören Sie schon ein Klingelzeichen, obwohl es beim Gegenüber noch gar nicht klingelt. Das liegt daran, dass Internettelefone zur Vermittlung etwas länger brauchen als normale Festnetztelefone. Bis es wirklich klingelt, können einige Sekunden vergehen. Der Weg durch das Internet kann eben manchmal lang sein.

Testen Sie Ihr Telefonverhalten

schieb-tipp

Im Internet gibt es einen interessanten Telefon-Test, der Ihnen genau sagt, wie gut Sie telefonieren können. Das Manager Magazin hat einen Fragenkatalog mit 20 Fragen zu Ihrem Telefonverhalten zusammengestellt. Probieren Sie es aus. Das Ergebnis ist meist verblüffend:

www1.manager-magazin.de/active/karrierechk/fcgi/karrierechk-4451.fcgi

Wie gut können Sie telefonieren? Nach 20 Fragen und Antworten wissen Sie es.

Während des Telefonats

Auch wenn Sie beim Telefonieren Ihren Gesprächspartner nicht sehen; Benimmregeln und etwas Stil und Etikette sollten schon sein. Wenn Sie während des Gesprächs folgende Regeln beherzigen, macht das Telefonieren Spaß – nicht nur im Internet.

- **Die richtige Begrüßung**
  Fallen Sie nicht gleich mit der Tür ins Haus. An erster Stelle stehen die Begrüßung, sowie die Nennung des eigenen Namens. Ein freundliches «Guten Tag» gehört zum Standard, eventuell ergänzt um «Haben Sie einen Moment Zeit für mich?». Das gibt dem Gesprächspartner die Gelegenheit sich auf Sie und das Gespräch einzustellen.

- **Freundlichkeit ist Trumpf**
  Geizen Sie nicht mit «bitte» und «danke». Sprechen Sie Ihr Gegenüber persönlich an. Und lächeln Sie – es ist auf der anderen Seite zu hören. Die Stimme ist ein sehr sensibles Instrument. Der Gesprächspartner findet anhand Ihrer Stimme schnell heraus, ob Sie genervt, wütend, traurig oder fröhlich sind.
  Sprechen Sie zur Person, nicht zum Telefon. Wenn Sie sich Ihren Gesprächspartner statt des Telefonhörers vor Augen führen, wirken Sie gleich viel menschlicher und sympathischer.

schieb-tipp

Mit gradem Rücken ...

Telefonieren Sie öfter mal im Stehen oder beim Handy bzw. Funktelefeon im Gehen. Das tut nicht nur Ihrer Bandscheibe gut, sondern verbessert gleich den Klang der Stimme.

- **Unterbrechung? Kein Problem**
  Ein laufendes Gespräch kann ungewollt schnell unterbrochen werden. Gelegenheiten gibt es viele, etwa der klingelnde Postbote, die angebrannte Suppe oder ein zweiter Anruf. Alles kein Problem: Bei unverhoffter, wichtiger Gesprächsunterbrechung entschuldigen Sie die kurze Unterbre-

chung. Und falls es länger dauern sollte, vereinbaren Sie einfach einen erneuten Rückruf.

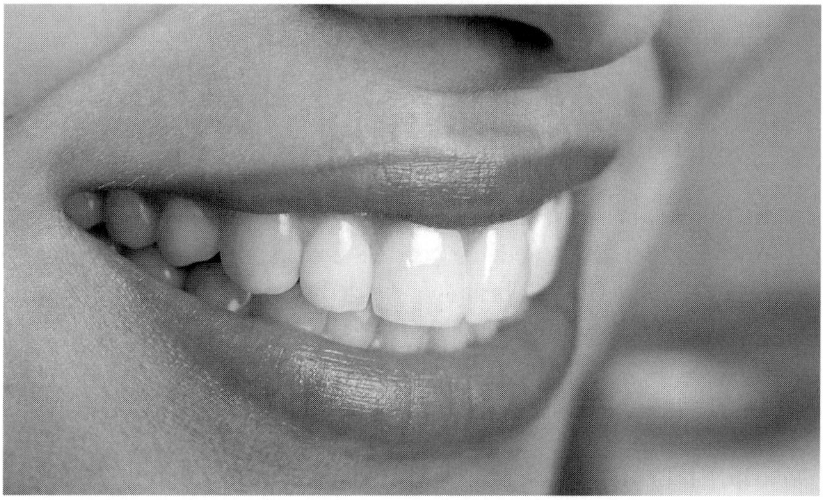

Bitte Lächeln: Ihr Gesprächspartner kann es zwar nicht sehen aber hören.

- **Aktiv zuhören**
  Lassen Sie Ihren Gesprächspartner spüren, dass Sie an dem Telefonat interessiert sind. Dazu gehört, dass Sie aktiv zuhören und Ihrem Gegenüber signalisieren, dass Sie ihn verstanden haben.

- **Nachfragen erlaubt**
  Wenn Sie etwas nicht verstehen, einfach nachfragen. Das ist kein Zeichen von mangelnder Intelligenz oder Auffassungsgabe, sondern von Aufmerksamkeit und Interesse.

- **Verzögerungen erklären**
  Sollte es während des Telefonats zu Verzögerungen kommen – etwa weil Ihnen etwas heruntergefallen ist oder jemand ins Zimmer stürmt – erklären Sie den Grund der Verzögerung. Ihr Gegenüber kann sie ja nur hören, und nicht sehen, was Sie gerade machen oder wer oder was gerade stört.

- **Wer ruft zurück?**
  Wenn ein Gespräch unvermittelt abreißt – etwa durch Stromausfall oder

eine andere Störung – gilt generell: Der Anrufer ruft zurück. Unabhängig davon, wen die Schuld am Gesprächsabbruch trifft.

- **Privates bitte nicht am Arbeitsplatz**
  Vermeiden Sie bei Telefonaten am Arbeitsplatz intime private Schwätzchen. Ein «Sag mir, dass du mich liebst» ist am Arbeitsplatz einfach lästig, wenn nicht sogar lächerlich.

- **Richtig Schluss machen**
  Auch das richtige Beenden eines Telefonats ist wichtig. Nicht einfach das Gespräch unvermittelt beenden, sondern noch einmal kurz dafür bedanken und sich freundlich verabschieden. Und keinesfalls die Gabel auf den Hörer knallen – das hört sich auf der Gegenseite schrecklich an.

So bitte nicht

Vorsicht, Stolperfallen. Beim Telefonieren gibt es einige Fettnäpfchen und Klippen, die es zu umschiffen gilt. Zu den störendsten und unfreundlichsten Unarten am Telefon gehören:

- **Essen und Trinken**
  Schmatzen, Schlucken und andere Schluckgeräusche zählen nicht gerade zum guten Ton. «Mit vollem Mund spricht man nicht» gilt auch beim Telefonieren.

- **Rauchen**
  Auch wenn es noch kein Geruchstelefon gibt, das Ausblasen des Zigarettenrauchs erzeugt irritierende Geräusche.

- **Störende Geräusche**
  Mit Papier rascheln, den Schreibtisch durchsuchen, mit dem Kugelschreiber knipsen – alle unnötigen Geräusche stören das Telefongespräch nur und vermitteln den Eindruck, als seien Sie unkonzentriert und nicht an dem Gespräch interessiert.

- **Brüllen oder Flüstern**
  Beide Extreme sind am Telefon unpassend. Sprechen Sie weder aggressiv laut noch betont leise. Plaudern Sie einfach im normalen Tonfall.

Was tun bei Dauerquatschern?

Na toll. Da gibt es mit der Internet-Telefonie endlich kostenlose Ferngespräche, und schon wird die Freiheit gnadenlos ausgenutzt. Nur weil die Gespräche nichts mehr kosten, wird stundenlang drauflos geplaudert. Ohne daran zu denken, dass auch Gratis-Gespräche etwas kosten, nämlich Zeit.

Wenn Ihnen Ihre Zeit zu kostbar ist, sind Dauerquatscher ein echtes Problem. Wie lassen sich Plaudertaschen loswerden, ohne gleich unhöflich zu sein. Einfach auflegen geht nicht. Besser sind folgende Taktiken:

- **Einsilbig werden**
  Bringen Sie Ihren Gesprächspartner durch gezielte Einsilbigkeit zum Ende. Verzichten Sie dabei auch auf Zwischenbemerkungen wie «Ach so» oder «Na so was» – das ermuntert nur zum fröhlichen Weiterplaudern. Nur die hartnäckigsten Fälle plaudern trotz Einsilbigkeit munter weiter.

- **Jetzt ist aber Schluss**
  Nutzen Sie Gesprächspausen, um freundlich, aber bestimmt zum Ende zu kommen. Etwa mit «Schön, dass wir mal wieder miteinander geplaudert haben; aber jetzt muss ich leider Schluss machen» oder ganz einfach «Entschuldige, ich muss jetzt leider Schluss machen». In ganz hartnäckigen Fällen ist auch eine Notlüge erlaubt, etwa «Entschuldige, meine Suppe verkocht auf dem Herd – ich muss jetzt aufhören». Oft geht es aber auch ohne Notlüge: Ein freundlicher Hinweis auf die anstehende Arbeit oder fehlende Zeit wird von den meisten Dauerquatschern akzeptiert.

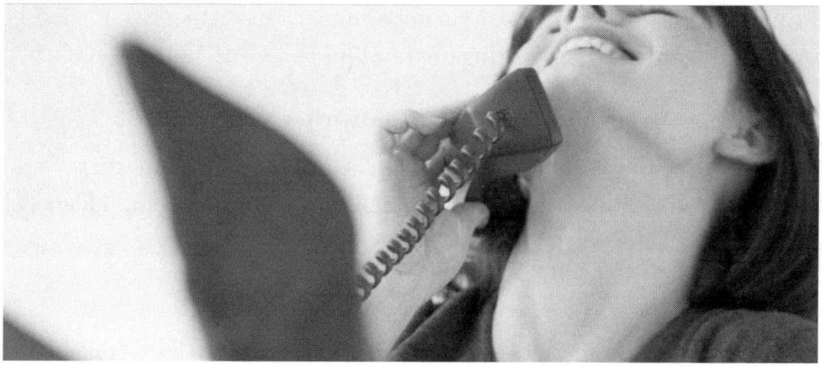

Wenn Dauerquatscher einfach nicht zum Ende kommen, müssen Tricks her.

Wenn Sie angerufen werden

Auch das Entgegennehmen eines Telefonats will gelernt sein. Fettnäpfchen und andere Fehler vermeiden Sie, wenn Sie Folgendes beherzigen:

- **Rasch rangehen**
  Gehen Sie zügig ans Telefon. Sonst denkt Ihr Gesprächspartner, Sie seien nicht da oder hätten keine Lust zum Telefonieren.

- **Nette Begrüßung statt «Hä?»**
  Nennen Sie nach dem Abheben langsam, klar und deutlich Ihren Namen. Im Büro kann auch gerne eine freundliche Grußformel dazu. Ein anonymes «Hallo» oder «Ja, bitte» vermittelt nicht nur einen schlechten Eindruck, es verwirrt und kostet unnötig Zeit. Unhöflich ist es sowieso.

- **Freundlich abheben**
  Melden Sie sich von Beginn an freundlich. Schließlich kann man nie wissen, wer dran ist. Es kann ihr bester Freund oder ein Familienmitglied sein.

Der richtige Umgang mit dem Anrufbeantworter

Es ist schon eigenartig, welche Wirkung so ein kleiner Kasten haben kann. Für die einen ist der Anrufbeantworter eine tote Maschine, mit der man nur ungern «spricht» – für die anderen ein praktisches Instrument, um rasch Informationen zu hinterlassen. Wie auch immer; zu fast jedem Telefon gehört ein Anrufbeantworter. Der Umgang mit ihm ist eigentlich ganz einfach.

Die richtige Ansage für den Anrufbeantworter

Beim Anrufbeantworter lassen sich fast die meisten Fehler machen. Damit Ihr eigener Anrufbeantworter nicht zum Stadtgespräch wird, empfehlen sich folgende Ratschläge:

- **Sachliche Ansage**
  Auch wenn er dazu verleitet: Verzichten Sie auf witzige oder originelle

Ansagen. Auch Hintergrundmusik oder Einleitungsfanfaren haben auf dem Anrufbeantworter nichts zu suchen. Die bewirken oft nur Ärger und Ablehnung beim Anrufer. Besser ist eine sachliche Ansage. Dabei sollte der Ansagetext möglichst kurz sein: Name, Grußformel und der Hinweis, dass Sie zurückrufen, reicht meist aus.

- **Langsam und deutlich**
  Sprechen Sie den Ansagetext langsam und deutlich. Wichtige Angaben wie Telefonnummern sollten Sie wiederholen. Dann hat der unvorbereitete Anrufer auch eine Chance, diese mitzuschreiben oder in seinem Handy zu speichern.

- **Nachricht hinterlassen möglich?**
  Bei Anrufbeantwortern haben Sie die Wahl, ob der Anrufer eine Nachricht hinterlassen kann oder nicht. Weisen Sie in der Ansage darauf hin, ob das möglich ist oder nicht.

Tun Sie's wirklich!

Wenn Sie erwähnen, dass Sie zurückrufen, sollten Sie das auch tatsächlich tun. Im Zweifelsfall verzichten Sie besser auf den Hinweis

schieb-tipp

Wenn der Anrufbeantworter abnimmt

Sobald der «AB» abnimmt, gibt es bei Vielen nur eine Reaktion: Auflegen. Das ist gar nicht nötig, denn der Anrufbeantworter ist eine praktische Sache. So machen Sie das Beste aus der Situation:

- **Vorbereitet sein**
  Stellen Sie sich bei einem Anruf immer darauf ein, dass eventuell eine Maschine antwortet und Sie eine Nachricht hinterlassen müssen. Hilfreich sind auch Papier und Bleistift, um sich während der Ansage rasch eine alternative Telefonnummer notieren zu können.

- **Richtig draufsprechen**
  Die ideale Nachricht sieht folgendermaßen aus: Nennen Sie Ihren Namen, Tag und Uhrzeit des Anrufes, Ihre Telefonnummer und den Termin, zu

dem Sie erreichbar sind. Bei guten Freunden, mit denen Sie sowieso ständig plaudern reicht auch ein lockeres «Hier ist Mirko. Bitte rufe mich kurz zurück. Danke.»

Damit sich der Angerufene auf den Rückruf vorbereiten kann, ist die Nennung des Anrufgrundes hilfreich. Oft führt das aber auch dazu, das gerade deshalb kein Rückruf erfolgt.

Sprechen Sie dabei langsam und deutlich, damit der Angerufene die Ansage nicht mehrmals zurückspulen muss. Insbesondere, wenn der Angerufene eine Rückrufnummer notieren muss. Am besten wiederholen Sie wichtige Informationen wie eine Rückrufnummer, damit die Chance besteht, diese auch ohne Zurückspulen notieren zu können.

Glossar

Voice over was?

Und andere Erläuterungen

edition
jörg schieb

Glossar

032 Spezielle Vorwahl in Deutschland, die ausschließlich für VoIP-Telefonanschlüsse reserviert ist. Das Besondere an der 032-Vorwahl und der große Unterschied zu normalen Ortsvorwahlen: Es gibt keinen geografischen Bezug, keine Bindung an einen bestimmten Ort. 032-Rufnummern werden von der Bundesnetzagentur seit August 2005 zugeteilt.

ADSL Abkürzung für Asymmetric Digital Subscriber Line. Typische DSL-Anschlüsse der Telekom, von Arcor oder 1&1 sind ADSL-Anschlüsse. Asymmetric bedeutet dabei, dass die Geschwindigkeiten nicht in beide Richtungen gleich sind. Bei einem DSL-2000-Anschluss gehen Downloads beispielsweise mit 2.000 kbit/s durch die Leitung, Uploads in die andere Richtung – zum Beispiel beim Verschicken von E-Mails – sind dagegen maximal 192 kbit/s schnell.

ATA Abkürzung für Analog-Telefonadapter. Der Telefonadapter ermöglicht den Anschluss von «alten» analogen Telefonen oder Faxgeräten an das Internet. VoIP-Gespräche sind dann auch mit alten analogen Telefonen möglich. Ausführliche Informationen zu Telefonadaptern finden Sie im Kapitel *Telefonieren und Faxen ganz ohne PC.*

Bandbreite Die Bandbreite bezeichnet die maximale Geschwindigkeit einer Internetverbindung. Ein DSL-2000-Anschluss hat beispielsweise eine maximale Bandbreite von 2.000 kBit/s – es können maximal 2.000 Kilobit pro Sekunde übertragen werden.

BDSG Abkürzung für Bundesdatenschutzgesetz.

Bit Ein Bit ist die kleinste Informationseinheit des PC. Alle Daten des PCs sind in Form von Bits gespeichert. Ein Bit kann dabei nur zwei Werte annehmen: 0 oder 1.

Bit/s Bezeichnet die Übertragungsgeschwindigkeit, z. B. einer Internetleitung. Bei einer Geschwindigkeit von 100 Bit/s wandern 100 Bits pro Sekunde durch die Leitung. Da Internetleitungen immer schneller werden, wird heute in Kbit/s (Kilobit pro Sekunde, 1 Kilobit = 1.000 Bit) und Mbit/s

(Megabit pro Sekunde, 1 Megabit = 1.000 Kbit = 1.000.000 Bit) gemessen.

Bps Englisch für Bits pro Sekunde. Siehe Bit/s.

Byte Ein Byte setzt sich aus 8 Bits zusammen (siehe Bit). Den Buchstaben A speichert der PC beispielsweise als Byte mit den acht Bits 01000001. Mit einem Byte lassen sich insgesamt 256 Zeichen darstellen.

Codec Codec steht für Kodierer/Dekodierer. Der Codec ist ein Algorithmus, um Sprachdaten in digitale Daten und zurück umzuwandeln. Die digitalen Daten können dann per Internet verschickt werden. Für VoIP stehen unterschiedliche Codecs zur Verfügung. Weitere Informationen hierzu finden Sie im Kapitel *Was Sie wissen sollten.*

DSL Siehe ADSL.

E.164 Weltweit standardisiertes Adressformat für Telefonnummern. Weitere Informationen hierzu finden Sie im Kapitel *VoIP-Tools und Zusatzprogramme.*

ENUM Abkürzung für Telephone Number Mapping, einem weltweit standardisierten Adressformat für Telefonnummern. Weitere Informationen hierzu finden Sie im Kapitel *VoIP-Tools und Zusatzprogramme.*

EVN Abkürzung für Einzelverbindungsnachweis. Im EVN finden Sie alle von Ihrem Telefonanschluss aus geführten Telefongespräche inklusive Datum, Uhrzeit, Dauer und gewählter Rufnummer. In den meisten Fällen sind aus datenschutzrechtlichen Gründen alle gewählten Rufnummern gekürzt.

FoIP Abkürzung für Fax over IP (Faxen über das Internet). Ausführliche Informationen über FoIP finden Sie im Kapitel *Telefonieren und Faxen ganz ohne PC.*

Outbound Proxy Der Outbound Proxy ist ein spezieller Server Ihres Internet-Anbieters, der für die Gesprächsvermittlung zuständig ist. Der Proxy verbindet Anrufe in das Internet und zum Festnetz.

PoE Abkürzung für Power over Ethernet (Strom über das Netzwerk). Hierbei erfolgt über das Netzwerkkabel auch die Stromversorgung des Internet-Telefons. Der Vorteil: Das Internet-Telefon braucht kein eigenes Netzteil mehr; es reicht ein PoE-Netzwerkanschluss.

Power over Ethernet Siehe PoE.

QoS Abkürzung für Quality of Service. QoS sorgt dafür, dass Internet-Telefonate im Internet bevorzugt übermittelt werden, damit es nicht zu Aussetzern und Rucklern kommt. Weitere Informationen über die Vorzüge von QoS finden Sie im Kapitel *Wenn es hakt*.

Quality of Service Siehe QoS.

Registrar Der Registrar ist ein spezieller Server bei Ihrem VoIP-Anbieter, bei dem sich das VoIP-Telefon mit Ihren Zugangsdaten anmeldet. Somit weiß der Internet-Anbieter bei eingehenden Anrufen, welches Ihrer Internet-Telefone klingeln soll und wo es sich befindet.

RegTP Abkürzung für Regulierungsbehörde für Telekommunikation und Post, heute Bundesnetzagentur.

RTP Abkürzung für Realtime Transport Protocol. RTP ist ein spezielles Protokoll zum Übertragen von Daten – auch VoIP-Telefongespräche – in Echtzeit. RTP sorgt unter anderem dafür, dass die Datenpakete beim Empfänger wieder in der richtigen zeitlichen Reihenfolge zusammengesetzt werden.

SIP Abkürzung für Session Initiation Protocol. SIP ist die zentrale Technologie für VoIP. Es regelt genau, wie und in welchem Format Telefonate über das Internet übertragen werden.

Silence Suppression Mithilfe der Sprechpausenunterdrückung erkennen einige Telefone automatisch, wenn nicht gesprochen wird und stoppen die Datenübertragung. Wenn nicht gesprochen wird, muss auch nichts über das Internet übertragen werden. Das spart Bandbreite und Datenvolumen.

SPIT Abkürzung für Spam über Internet Telefonie, zu Deutsch: Unerwünschte Werbung per Telefon. Weitere Informationen zu SPIT finden Sie im Kapitel *Sicherheit und Datenschutz*.

SRTP Abkürzung für Secure Realtime Transport Protocol. SRTP ist eine Erweiterung des RTP-Protokolls (siehe RTP), das die übertragenen Daten verschlüsselt. Ein Abhören von VoIP-Telefongesprächen ist damit nicht mehr möglich. Weitere Informationen hierzu finden Sie im Kapitel *Sicherheit und Datenschutz.*

STUN Abkürzung für Simple Traversal of UDP through NAT, eine spezielle Technologie, um VoIP-Gespräche auch durch Firewalls hindurchführen zu können. Weitere Informationen zu STUN finden Sie im Kapitel *Wenn es hakt.*

Telephone Number Mapping Siehe ENUM.

Traffic Shaping Viele DSL-Router verfügen über eine Traffic-Shaping-Funktion, die dafür sorgt, dass dem Internet-Telefongespräch stets genügend Bandbreite zur Verfügung steht. VoIP-Datenpakete erhalten dabei Vorfahrt vor allen anderen Daten wie Downloads oder E-Mails. Damit kommt es während des Gesprächs seltener zu Aussetzern oder Rucklern. Weitere Informationen zu Traffic Shaping finden Sie im Kapitel *Wenn es hakt.*

UPnP Abkürzung für Universal Plug & Play. Einige Telefone können mittels UPnP automatisch die Firewall so konfigurieren, dass Gespräche auch durch die Firewall hindurch möglich sind. Weitere Informationen zu UPnP finden Sie im Kapitel *Wenn es hakt.*

URI Abkürzung für Uniform Resource Identifier. Die URI-Adresse sieht aus wie eine E-Mail-Adresse – z. B. mueller@phone.valudo.de – ist aber eine Telefon-«Nummer». Die meisten VoIP-Telefonanschlüsse lassen sich nicht nur per klassischer Telefonnummer, sondern auch über die URI-Adresse erreichen. Weitere Informationen hierzu finden Sie im Kapitel *Was Sie wissen sollten.*

Index

edition jörg schieb

Voice over wo?

Alle Stichworte

Index

G

H

P

Q

R

S

T

U

V

W

X

Z

edition
jörg schieb

Jörg Schieb gilt als einer der bekanntesten Autoren von Computerbüchern in Deutschland. Seine über 100 Bücher erreichen eine Gesamtauflage von mehr als drei Millionen Exemplaren.

Mit der **Edition Jörg Schieb** gibt er eine Fachbuch-Reihe heraus, in der sich seine langjährige Erfahrung aufs Beste versammelt: leicht verständlich, ganz ohne Fachchinesisch, immer kompetent.

Die Edition Jörg Schieb.

PC-Tuning
So wird Ihr Rechner wieder richtig schnell

Es scheint eine Art Naturgesetz zu sein: Mit der Zeit wird jeder Computer langsam und träge, ganz egal, wie gross Festplatte und Speicher sind. Dieses Buch zeigt Einsteigern und Profis, wie sie ihre Rechner wieder flott bekommen – mit Bordmitteln, Tipps und Tricks, aber auch mit hilfreichen Spezialprogrammen und kostenlosen Helfern aus dem Internet.

PC-Tuning
Jörg Schieb, Mirko Müller
480 Seiten, CHF 43,70
ISBN 3-908497-32-9

Digitalfotos
Aufnahme, Bearbeitung am PC und Druck

Die Zeiten, in denen ein Bild entweder gelang oder nicht, sind vorbei: Der kreative und technische Spielraum beim digitalen Fotografieren ist immens. Wo liegen die Stärken und Schwächen der Digitalfotografie? Wie lassen sich optimale Ergebnisse erzielen? Dieses Buch zeigt, was zu beachten ist – vom Kauf der Kamera bis zum Ausdruck der fertigen Fotos.

Digitalfotos
Jörg Schieb,
Michael Müller
vierfarbig, ca. 380 Seiten, CHF 69,50
ISBN 3-908497-31-0

SmartBooks Publishing AG

Dorfstrasse 147
CH-8802 Kilchberg

www.smartbooks.ch
info@smartbooks.ch

Bestellungen
Fon: 0041 (0)44 - 716 14 24
Fax: 0041 (0)44 - 716 14 25

SMART BOOKS

iLife '06

Musik, Fotos, Filme, Podcasts, Websites – genial ei

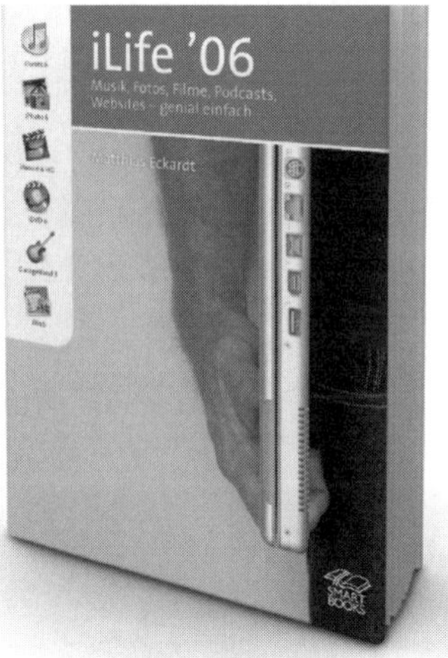

Es ist ein schönes Gefühl, immer alles dabei zu haben und sich keine Gedanken darüber machen zu müssen, was man alles braucht. Mit iLife '06 ist das möglich. Es ist das Wohnmobil für den digitalen Alltag – und steht direkt vor der Tür. Fehlen nur die Schlüssel. Mit Hilfe dieses Buchs können Sie sich entspannt auf den Weg machen und jeden Stau umkurven. Alle Programme von iLife '06 werden ausführlich erklärt – für Anfänger gibt es die Grundlagen, für Fortgeschrittene das Profiwissen. Also dann: Gute Reise.

iLife '06
Matthias Eckardt
vierfarbig, ca. 480 Seiten
€ 29,95 | CHF 52,30
ISBN 3-908497-27-2

Aktuelle Bücher von SmartBooks

Eine Million oder ein Jahr

Hinter den Kulissen der IT – ein Insider berichtet

Mit diesem Buch gelingt es Claude Roeltgen, den «Dschungel Informationstechnologie» zu lichten – in unterhaltsamer und leicht lesbarer Form. Überraschendes tritt dabei zutage: Die Ursachen für alltägliche Probleme bei der Computernutzung liegen nicht beim Anwender! Es ist vielmehr die eklatante Unreife der Industrie, die ohne Bedenken fehlerhafte Produkte auf den Markt wirft. Claude Roeltgen gewährt Einblicke in Bereiche, die jedem normalen Anwender bisher verborgen blieben – eine spannende Lektüre für Laien und Experten gleichermassen.

Mit einem Vorwort von Jean-Claude Juncker, Premierminister von Luxemburg.

Eine Million oder ein Jahr
Claude Roeltgen
224 Seiten
€ 24,95 | CHF 43,70
ISBN 3-908497-27-2

«Das Buch bietet Spaß, Erkenntnisse auf jeder Ebene und klar formulierte Sachinformationen.» (c't 15/2006)

SmartBooks Publishing AG

Dorfstrasse 147
CH-8802 Kilchberg

www.smartbooks.ch
info@smartbooks.ch

Fon: 0041 (0)44 - 716 14 24
Fax: 0041 (0)44 - 716 14 25

SMART BOOKS